国家林业和草原局职业教育"十三五"规划教材

森林康养概论

雷巍峨 主编

中国林业出版社

图书在版编目(CIP)数据

森林康养概论／雷巍娥主编. —北京：中国林业出版社，2016.10（2022.9重印）
国家林业和草原局职业教育"十三五"规划教材
ISBN 978-7-5038-8678-2

Ⅰ.①森… Ⅱ.①雷… Ⅲ.①森林资源－应用－服务业－高等职业教育－教材
Ⅳ.①S788

中国版本图书馆 CIP 数据核字(2016)第 207581 号

国家林业和草原局生态文明教材及林业高校教材建设项目

中国林业出版社·教育出版分社

策划编辑：吴 卉　肖基浒
责任编辑：高兴荣　张 佳
电话：(010)83143611　(010)83143561

出版发行	中国林业出版社(100009　北京市西城区德内大街刘海胡同 7 号) 电话：(010)83143500
经　　销	新华书店
印　　刷	河北京平诚乾印刷有限公司
版　　次	2016 年 10 月第 1 版
印　　次	2022 年 9 月第 8 次印刷
开　　本	787mm×1092mm　1/16
印　　张	16
字　　数	280 千字
定　　价	45.00 元

未经许可，不得以任何方式复制或抄袭本书之部分或全部内容。

版权所有　侵权必究

《森林康养概论》编写人员

主　编

　　雷巍娥

副主编

　　陈雄新　赵其辉　将祁桂

编写人员（按姓氏笔画排序）

　　何凤英　陈雄新　罗　文　赵其辉

　　段微秀　将祁桂　雷巍娥　蔡岳华

前 言

森林康养是国际新型休闲康养理念,通过依托优质的森林资源,将医学和养生学有机结合,开展森林康复、疗养、休闲等一系列有益人类身心健康的活动。科学研究表明,这种活动具有缓和心理紧张、提高免疫细胞活性、增加抗癌蛋白数量等作用,对患者辅助替代治疗的效果不但得到了医学界认可,而且为广大患者所接受,已成为公众关注的焦点。

一些发达国家如德国、日本和韩国等,立足西医理论开展现代森林疗养,在理念、技术、标准及其认证体系方面日臻成熟。德国是森林医疗产业的鼻祖,率先建立了以西医理论为基础的"森林医疗"体系,重点在医疗环节的健康恢复方面。日本的森林医学侧重于医学方面的健康保健,所倡导的森林浴作为预防疾病和促进健康的方法正在为公众熟知。韩国从1982年就开始提出建设自然休养林,具备了较为完善的森林疗养基地标准体系。另外,在荷兰,其每公顷林地每年接待森林游憩、疗养参与者达千人。

近年来,我国已出现了森林康养活动,一些省、市正在进行小范围的探索与实践。国家林业局已与德国、日本、韩国等国开展森林疗养的合作;2012年北京率先引入森林疗养的概念并开始探索,目前正在建设数处森林疗养示范区;四川省正积极地就森林康养进行先行先试,开展森林康养的产业化探索,已取得一定的成效;黑龙江省伊春市围绕"保生态、兴产业、促城建"三条主线,在实现经济社会协调共进的同时,也为森林康养产业奠定了良好的基础;湖南省在"十三五"期间,全面规划发展森林康养产业,绥宁县依托环境,发挥自身的资源优势,已经开始稳步推进森林生态康养经济的发展。

森林康养产业政策依赖性强、产业融合度高、受社会经济发展水平影响大。目前,我国处于森林康养产业的萌芽期——森林康养产业的起步阶段。为了更好推进我国森林康养产业向专业化发展,提升专业化水平,在湖南环境生物职业技术学院党委和行政高度重视，在院长左家哺教授极力倡导下，成立了《森林康养概论》教材编写组，并提交编写大纲。全书共分五章，内容涉及森林康养绪论、森林环境与人类健康、森林环境对人体健康的作用、森林环境与养生以及森林疗养。

本书编者均以高度认真负责的态度参与编写工作，在此，谨向各位参编作者致以诚挚的谢意！同时，在编写过程中，得到了湖南省林业厅副厅长柏方敏高级工程师、国家林业局对外合作中心副主任刘立军先生、中国林业科学研究院叶兵先生、北京园林绿化局合作办公室副主任马红女士、浙江省老年医学研究所毛根祥博士等领导及专家的悉心指导，付梓之际一并表示衷心的感谢！

全书稿经过多次修改及审定，但由于时间仓促、编写水平有限，书中不当之处在所难免，真诚希望广大同行和师生在使用过程中提出宝贵意见。

编　者

2016 年 5 月 15 日

目　录

前言

第一章　绪论 1
第一节　森林康养概述 2
一、森林康养的背景 3
二、森林康养的相关概念 4
三、森林康养的意义 10
第二节　大健康产业与森林康养 12
一、大健康的提出及意义 12
二、大健康产业集群 13
三、大健康产业的发展趋势 13
四、大健康产业与森林康养 14
第三节　森林康养发展态势 15
一、全球森林资源概况 15
二、国外森林康养概况 16
三、我国森林资源概况 17
四、国内森林康养概况 17

第二章　森林环境与人类健康 23
第一节　森林环境的评价 24
一、森林对人类环境的作用 24
二、森林在保持水土、涵养水源等方面的影响 28
三、森林中有益于人体健康的因素 31
四、森林中不利于人体健康的因素 43
第二节　影响健康与长寿的相关因素 46
一、健康与长寿的含义 46
二、影响人类健康的相关因素 46
三、健康长寿地区自然环境条件及生活特点 49

四、长寿地区生活地理环境的流行病学特点与人类居住环境的选择 …… 55
　第三节　森林环境影响人类健康的流行病学研究 ………………………… 57

第三章　森林环境对人体健康的作用 …………………………………………… 60
　第一节　森林有益因子对人体健康作用 …………………………………… 61
　　一、植物杀菌素对人体的作用 …………………………………………… 61
　　二、负离子对人体健康的作用 …………………………………………… 62
　第二节　森林环境对人体生理与心理健康的作用 ………………………… 65
　　一、森林环境对人体生理健康的作用 …………………………………… 65
　　二、森林环境对人体心理健康的作用 …………………………………… 67
　第三节　森林环境对人体各系统的影响 …………………………………… 69
　　一、森林环境对人体免疫系统的影响 …………………………………… 70
　　二、森林环境对人体内分泌系统的影响 ………………………………… 76
　　三、森林环境对人体心血管系统的影响 ………………………………… 84
　　四、森林环境对人体神经系统的影响 …………………………………… 91

第四章　森林环境与养生 ………………………………………………………… 99
　第一节　森林对人体的保健功能 …………………………………………… 100
　　一、天然长寿素—负离子 ………………………………………………… 100
　　二、杀菌保健作用 ………………………………………………………… 100
　　三、森林氧疗作用 ………………………………………………………… 100
　　四、防治肿瘤的作用 ……………………………………………………… 101
　　五、减少环境辐射对人体的危害 ………………………………………… 102
　　六、减少噪声对人体的危害 ……………………………………………… 103
　　七、森林的其他保健作用 ………………………………………………… 103
　　八、具有保健作用的林木简介 …………………………………………… 104
　第二节　森林运动与健康 …………………………………………………… 117
　　一、运动与健康 …………………………………………………………… 117
　　二、森林运动 ……………………………………………………………… 120
　　三、森林运动与健康 ……………………………………………………… 122
　　四、森林运动项目 ………………………………………………………… 123
　第三节　森林食品与健康 …………………………………………………… 131
　　一、森林食品的概念 ……………………………………………………… 131
　　二、森林食品的特点 ……………………………………………………… 131

三、森林食品的分类 …………………………………………… 132

第四节　森林环境与中医药养生 ……………………………………… 177

一、环境养生 …………………………………………………… 178

二、起居养生 …………………………………………………… 180

三、坚持精神情志养生 ………………………………………… 183

四、注意饮食养生 ……………………………………………… 184

五、药膳养生 …………………………………………………… 186

六、颜色养生 …………………………………………………… 190

七、五行音乐养生 ……………………………………………… 192

八、传统运动养生 ……………………………………………… 193

第五章　森林疗养 …………………………………………………………… 199

第一节　森林疗养概述 ………………………………………………… 200

一、森林疗养的含义 …………………………………………… 200

二、森林疗养的层次 …………………………………………… 203

三、森林疗养的形态 …………………………………………… 205

四、森林疗养的要素 …………………………………………… 212

五、森林疗养的适用人群 ……………………………………… 214

六、森林疗养的发展趋势 ……………………………………… 217

第二节　森林疗养对不同人群的作用 ………………………………… 220

一、森林疗养对亚健康人群的作用 …………………………… 220

二、森林疗养对慢性病患者的作用 …………………………… 224

三、森林疗养对老年人群的作用 ……………………………… 237

参考文献 ……………………………………………………………………… 241

第一章
绪 论

第一节　森林康养概述

党的十八大以来，以习近平同志为总书记的党中央从中国特色社会主义事业"五位一体"总布局的战略高度，对生态文明建设提出了绿色化、绿色发展等一系列新思想、新观点、新论断。践行绿色化，坚持绿色发展，落脚在绿色惠民，行动在加强绿色供给，目标在供给侧结构性改革的大背景下，推动形成绿色发展方式和生活方式，打造人与自然和谐发展的新格局。良好的生态环境是提高人民生活水平、改善人民生活质量、提升人民幸福感的基础和保障，是最公平的公共产品和最普惠的民生福祉，是全面建成小康社会的必然要求。依托良好生态环境基础逐渐兴起的森林康养产业，无疑十分契合绿色惠民的理念。

森林康养具有强烈的医学意义，即生命意义，这是其他健康产业所不具备的特殊社会价值。医学的本质是人的生命，提升生命质量是人的最大需求，问题是传统意义的医学思想根本不能解决当今社会的生命问题，而森林康养创新医学思想，化被动为主动，化机械为灵活，在森林中进行生理与心理的康养，具备医院所不具有的医疗功能。森林康养是一次医学革命，也是人类健康史上的一次质的飞跃，让传统意义的医疗手段升级到心理保健与心灵净化的新境界。森林康养一个重要的医学意义就是改变医疗观念，从消极型转变为积极型，从高风险型转变为低风险型。这一医学观念的转变相当深刻，成为21世纪先进的医学理念。

森林康养不仅具有生理医疗的自然功能，而且还具有广泛的市场经济功能。在市场经济环境下，人的一切活动均属于市场经济范畴，森林康养需要投入相关产业，包括养老、养生、旅游、文化、体育、体验、休闲、娱乐等高水平的服务业，这些产业一旦集聚在森林这一天然载体上，就可以构成一个高度密集且相互融合的现代产业集群，互补互生，协同发展。森林康养的市场功能，可以培育出超大系统的产业链、产业网、产业集群、产业基地。森林康养是发展林业，打造"林业4.0"升级版的新引擎，是推进供给侧结构性改革，加强绿色供给的重要内容。

森林康养是在我国新常态下，发展健康产业的创新模式，是撬动整个健康全产业链的杠杆，不仅迎合现代人预防疾病、追求健康、崇尚自然的要求，更是把生态旅游、休闲运动与健康长寿有机地结合在一起，形成内涵丰富、功能突出、效益明显的新产业模式。目前我国已经成为了世界第二大经济体，经济增长速度位列国际前茅，庞大的人口基数及消费能力，可以为森林康养事业和产业的发展提供巨大的发展空间和市场潜力。

一、森林康养的背景

人们在尽情享受现代文明成果的同时，文明病，即慢性生活方式疾病正日益流行。随着老龄化、人们生活水平以及城市化程度的提高，慢性生活方式疾病的患病率持续上升，处于亚健康状态的人群越来越多，慢性生活方式疾病已经成为21世纪危害人类健康的主要问题。如我国高血压、血脂紊乱的患者均将近2亿。

近年来，医学界一致认为引起成人病的主要元凶是压迫感，而森林是释放压迫感的最佳场所。森林植物有诱导正气性基因表达，提高适应性、免疫力等的阳性作用。森林康养正是利用森林中的各种疗养因子，对患有循环、神经、血液、呼吸等系统疾病的患者起到了较好的治疗和康复作用，而且具有经济实用、易于推广、适应广泛等优点，为疗养医学及康复事业增添了新的内容和手段。日本的一项研究表明，工人的健康保健，尤其是与压力有关的疾病，已成为一个重大的社会问题，而且疾病的预防需要有效的新方法。

从医学维度看，森林康养属于一种超前的医学理论创新。传统意义上的医学理论，人们往往是被动者，当身体出现不适后才进行诊治，这种医疗方式属于被动型、抢救式、高风险的"生命赌博"，因为一旦身体病入膏肓，无论多么先进的医疗手段都是徒劳的。同时，人们不得不面对"看病贵、就医难"的问题。当今社会，解决"看病贵、就医难"的一个途径是实施医疗体制改革的行政途径；另一个就是实施医疗专业改革的技术途径——向预防医学转型。早在2000年初，李岚清同志在《预防与控制疾病讲话》中就指出：预防工作花的是小钱，防的是大病。

随着中国工业化和城镇化步伐加快，环境污染、生态环境恶化等一系列问题也集中暴露出来。生态环境恶化和环境污染造成的疾病和生态资源枯竭也在不断威胁着人们的生存安全，按照世界联合国健康组织的调查结果显示，商业社会中的人群中有20%的人是患者、75%为亚健康人群、只有5%是健康人群，亚健康人群十分庞大，这是相当严峻的社会问题。在治疗方面，单纯的药物治疗或许可以解决一时，但却不能解决根本。城市化的生活方式带来的心理疾病，药物根本不能解决。唯有寻找一片生活的净土，让人们心灵得到放松，而森林康养则是最好的现实选择。城市里的人们走进宁静秀美的森林里，心情会逐渐变得舒坦，精神处于轻松状态，心理疾病就会逐步消除，森林氧吧的特殊功能也就显现出来。如果人们每个月能在森林里度过一周，每年进行 12 次森林康养，亚健康状态将减轻。森林康养与城市化发展具有高度的跨界相关度，养生需求将是未来最旺盛的市场需求，也将成为都市居民的重要需求。

另一方面，伴随着现代社会的快节奏、高压力，精神类疾病成为全社会的"头号杀手"。目前我国精神类疾病患者超过 1 亿人，其中，严重精神病患者超过 1 600 万人。森林康养将从精神层面放松人们的心情，回归大自然的宁静，感受幽静环境的美妙，这种生理治疗方式，也许是治疗精神病的最佳选择，特别是对初期的精神病患者来说，将是心灵层面一次难得的修复、休养和滋润，从而消除本来并不严重的精神疾病。这是森林康养的一大社会价值，也是社会安定和谐的一个特殊贡献。

老年社会的到来是一个世界性问题，我国属于"未富先老"的国家，养老将成为一个社会难题。现在的各类养老模式均面临不少问题，而森林康养将为我国的养老事业提供一条新途径。森林康养是具有广泛社会基础的新事业，其主要社会职能是养生养老。广大市民的切身需要，将为森林康养带来巨大的市场潜力。

森林是人类最后一块净土，也是最珍贵的天然资源。森林是人类最早的家园，"走出森林"是人类文明的第一个起点。如今为了寻找我们的精神家园和健康乐园，我们又要"回归森林"，这一轮回具有特殊的人文意义和时代价值。

二、森林康养的相关概念

人类在类人猿时期便一直生活在被绿色环境环抱的大自然之中，在之后直到工业文明出现之前的大部分时间也都在田野中与植物（栽培农作物）和动物（豢养家畜）一起度过。因而，可以说人类自诞生以来，就与森林呈现相互依存、不可分割的亲密关系，人类绝大部分时间都是在充满绿色植物的环境中度过的。而且，"生物喜好理论"认为，随着人类的进化，这种被植物包围、被植物哺育过的感觉也深深地印刻在人们的心灵深处，形成遗传基因。所以，人类有回归自然的情怀，人们可以从植物中获取平静，看到植物后心灵可得到慰藉。即使当工业文明出现之后，人类生活环境急速向无机化方向迈进的今天，人类生活环境也脱离不了自然因素与绿色植物。

(一) 森林

森林（Forest）指的是由乔木、直径1.5cm以上的竹子组成且郁闭度0.20以上，以及符合森林经营目的的灌木组成且覆盖度30%以上的植物群落。包括郁闭度0.20以上的乔木林、竹林和红树林，国家特别规定的灌木林、农田林网以及村旁、路旁、水旁、宅旁的林木等。

森林是以乔木为主体的生物群落，是集中的乔木与其他植物、动物、微生物和土壤之间相互依存、相互制约，并与环境相互影响，从而形成一个生态系统总体。森林具有丰富的物种、复杂的结构、多种多样的功能。

在我国古籍医书中早有记载，自然环境的优劣可以直接影响人的寿命长短。《素问·五常政大论》指出："一州之气，生化寿夭不同……高者其气寿，下者其气夭……"其大意是指：居住在空气清新、气候寒冷的高山地区的人多长寿；居住在空气污浊、气候炎热的低洼地区的人常短命。由此可见，生态环境的优劣对人类的健康长寿起着至关重要的作用。而森林具有独特的自然资源，它为人们提供的有益物质是其他环境无法比拟的，森林是最适宜人类居住的地区，是改善人们生活质量的最佳场所。《中国可持续发展林业战略研究》报告中指出："离开了森林的庇护，人类的生存与发展就会失去依托。"

随着经济的发展、生活质量的提高，人们回归大自然的意识逐渐增强。神奇的森林与一般医院相比，有其独特之处，具有防病、疗养疾病、延年益寿的作用。

(二) 森林浴

森林浴（Forest bathing）是指通过森林散步将森林具有的疗养效果用于人们的健康增进、疾病预防的活动。它是由日光浴、桑拿浴等衍生出来的一种时尚流行语，其构想是由德国的森林环境"自然健康调养法"、欧美的步行健康法等加以综合运用的一套健康方法。意思是到森林中去沐浴感受那里特有的氛围和气息，充分地放松人的身心，森林浴的基本理念是人在林荫下漫步、小憩、娱乐，通过充分吸入森林中散发的具有药理效果的芳香物，直接刺激植物神经，从而达到促进身心健康的目的。森林浴男女老幼皆宜，没有初学和行家之分。1982年，日本林野厅首次提出将森林浴纳入健康的生活方式，并且在日本西北部的长野县举行了第一次森林浴大会。2005年9月，日本在长野县饭山市进行森林康养实验，实验对象是在东京工作的12名37~55岁男性公司职员,在森林浴后的第二天和第三天,对实验对象体内杀死癌细胞的自然杀伤细胞的活性度,即 NK 细胞活性进行检测,结果是第二天上升 26.5%,第三天上升了 52.6%,血液中的 NK 细胞数、抗癌蛋白质数量均明显增加。研究发现,从树林中散发的植物杀菌素(芬多精)舒缓了人体的紧张,使得抑制 NK 细胞机能的"压力"降低,从而增强人们的抗癌能力。据日本森林综合研究所对森林浴的一项最新研究成果表明,吸入杉树、柏树的香味,可降低血压,稳定情绪。在森林中散步时,血压和抑郁荷尔蒙的含量都会降低。这些作用过去只是停留在人们的感觉上,如今已经从数据上得到科学验证。除了植物发出的香气之外,林中小溪的流水声,触摸树皮时的感觉,也会让人心旷神怡。一些医院开始引进森林浴疗法,让不便出行的患者接受香气氛围的熏陶,均产生了医疗效果。

(三)森林医学

森林医学(Forest medicine)是研究森林环境对人类健康影响的科学,这是从医学的角度研究森林对人体所具有的治疗、康复、保健和疗养功能的一门边缘学科。森林医学属于替代医学、环境医学和预防医学的范畴,已成为新的跨学科的科学和公众的关注焦点。利用森林环境对相关患者开展辅助替代治疗,其治疗效果以及为人体带来的放松效果,不但为广大患者所接受和认同,并得到了医学界的认可。

2004 年,日本森林环境与人类健康相关的研究("森林医学")正式开始。此外,日本农林水产省在 2004—2006 年还发起了一项研究,从科学的角度来调查森林对人类健康的治疗效果。该项目获得了与森林环境功效相关的大量数据,证明森林可通过减轻压力从而促进生理及心理健康的功效。

随着森林有益于人类健康证据的增加,许多国际研究机构、学术团体纷纷推出项目,研究森林与人类健康之间的关系。2007 年,作为学术团体,日本森林医学研究会成立。森林医学这一专业术语,首次于 2007 年在日本提出。日本森林医学研究会的目标是促进森林医学研究,包括森林浴和森林对人类健康的影响及其治疗效果,该协会与日本森林综合研究所、日本森林疗法协会及其他相关林业学术团体合作,开展森林医学研究,收集和编辑关于森林及人类健康主题的文件资料,针对森林浴的实施展开教育培训。2007 年,最大的全球性森林研究合作组织——国际林业研究组织联盟(The International Union of Forest Research Organizations,IUFRO),成立了森林与人类健康的专题研究组,目的是为对利用森林资源进行压力管理、健康促进、疾病预防和疗养感兴趣的企业、大学和地方政府提供一个平台。专题研究组有两个主要目标，一是支持在这一领域的各种人员（不同学科的科学家、决策者、执行机构和其他利益相关者）之间的对话和信息交流，特别是林业和卫生专业人员之间的交流；二是促进将森林对健康的益处和风险的有关知识应用于实践。2004年，欧洲委员会资助的科学和技术研究领域合作（the European Commission-funded Co-operation in the Field of Science and Technical Research，COST）行动计划发起了 E39 行动，这是一个欧洲国家政府间的研究协调网络，该行动的主要目标是增加对森林、林木和自然作出的贡献进行了解，以用于欧洲人民的健康和福祉。2011 年是国际森林年，国际自然和森林医学会（the International Society of Nature and Forest Medicine，INFOM）于 2011 年成立。INFOM 的目的是促进对自然和森林医学的研究，包括对世界各地的、全球视野的森林和自然环境的影响研究。INFOM 将与国际林业研究组织联盟合作，与其他相关学术团体联合开展自然和森林医学的研究，并收集和编辑与森林和人体健康有关的资料。在国际各种组织的强力支持下，森林医学将得到持续发展和进步。

（四）森林康养

"森林康养"是一种国际潮流，是国际新型休闲康养理念，它起源于德国，流行于美国、日本与韩国等发达国家，在国外被誉为世界上没有被人类文明所污染与破坏的最后原生态，也是人类唯一不用人工医疗手段可以进行一定自我康复的"天然医院"。

什么是森林康养？目前学术界对于森林康养并没有一个清晰的、科学的定义，从产生历史和现实意义来看，森林康养是以丰富多彩的森林景观、优质富氧的森林环境、健康美味的森林食品、深厚浓郁的森林养生文化等主要资源，配备相应的养生休闲及医疗服务设施，开展以修身养性、延缓衰老为目的的森林游憩、度假、疗养、保健、养老、养生等服务活动。也就是我们常说的"洗肺"和"过滤心情"。因此，可以给森林康养下一个初步的学术定义：森林康养是指依托优质的森林资源，将医学和养生学有机结合，开展森林康复、疗养、休闲等一系列有益人类身心健康的活动。也可以说，森林康养是森林旅游业的升级版，是把我们的森林旅游从走马观花的旅游过渡到以森林康养、休闲、养生度假的旅游。森林康养是人类在森林内的一种经常性的健康养生状态和行为。

森林康养的核心概念是其特殊的身心健康功能。为什么森林具有特殊的身心健康功能？森林的特殊自然性质产生特殊的功能，人们在茂盛的森林里融入大自然之中，感受森林环境中的特殊心灵体验，享受大自然的美景，彻底放松精神世界，获得愉悦的心情。"精神盛餐"是森林康养的一个特殊功能，也只有在森林里才有这一独特的感受。森林释放出一种特殊的物质——植物杀菌素（芬多精），可以增强人体的免疫力，明显抑制癌细胞的生长，具有特殊的医学功能。正因为具有这一特殊的功能，森林才让现代都市人迷恋，吸引他们回归。身心健康功能是森林康养的核心概念之一，具有独特内涵和价值。而森林康养的其他功能，将与其身心健康功能完美融合起来，形成一个多维度的、超时空的、大范围的、深层次的大健康产业链。森林康养借助森林天然资源的多维度功能给予人们的健康功能，并以此诞生出新的产业链，具有强烈的生命保健意义和生态经济意义。

森林康养在中国早已有之，养生的方式多种多样，大致可以划分为环境养生、药食养生、理疗养生和气功养生。养生的核心是环境，而森林是养生的最好环境。森林及地貌组合形成了非常适合人类生存的森林环境，其具有的杀菌、净化空气、降低噪音、产生负氧离子等影响人类生理健康的功能以及对人类心理的调节作用，已经为现代医学所证明。

（五）森林疗养

森林疗养（Forest therapy）是指到自然景观优美、生态环境良好、空气清新的森林环境中，利用森林内特殊的生态环境和一定的设施，结合医学原理，达到休闲、保健目的的一种休养方式，是现代人改善疲劳和"亚健康"状况的有效手段。森林疗养以森林医疗为主，主要目的是针对疾病的预防，压力的缓解，病体的康复。

森林疗养是在森林浴基础上提出来的，是森林浴的进一步发展。不同的是森林疗养需要对森林环境进行认证，疗养课程需要得到医学证实，一般需要森林疗养师现场指导。目前，与健康有关的话题包含健康生活方式、保健和治疗三个层面，而森林疗养正是介于保健和治疗二个层面的过渡区域。森林疗养是个全新事物，在日本和德国称为森林疗法，韩国称为森林休养，我国台湾地区称之为森林调养。称谓虽有区别，但本质相同。

森林疗养与森林康养有异同之处。森林康养的说法是中国人发明的，又符合我国目前的现状。十八届五中全会提出了"健康中国"的口号，其与之不谋而合。我们需要从大局出发，正面理解森林康养。森林康养涵盖的内容很宽泛，只要是人类在森林中的相关活动基本上都涵盖成了康养的范畴，而以医疗为目的的成分只是其中的一部分。所以说，在一个森林康养基地里可以有若干个疗养基地。森林疗养与森林康养不同之处在于，一是二者的性质和目的不完全相同，森林疗养以森林医疗为主，主要目的是针对疾病的预防，压力的缓解，病体的康复。而森林康养以娱乐为主，目的是休闲、养生、游憩、休养、休假，当然这关系到人体的健康，但二者的靶向目的是有区别的。二是对象群体不完全相同，森林疗养的对象群体是亚健康人、老年人和病体康复群体，而森林康养适合所有群体。三是设施设备不完全相同，在森林疗养基地以步道和人的休息场所为主要形式，步道设计精细，事前检测、事后对比检测，同时辅助有其他定向的疗养方式，如温泉、瑜伽、餐饮等，而森林康养则可以包罗万象。四是根本性的区别，森林疗养是以森林医学为出发点和落脚点，必须以医学为基准，以实验数据为依据；而森林康养则不需要医学的佐证和数据。

（六）森林康养产业

森林康养产业是指包括森林康养环境培育、森林养生、康复、保健，森林旅游、森林康养产品的研发和生产的新兴健康产业。只有首先有了森林康养，才可能诞生森林康养产业。任何一个产业的形成与发育过程是一个自然的市场经济过程。森林康养首先以人们的生命意义为基础，自然地集聚了与此相关的产业链，涉及土地、房产、旅游、税收、交通、医疗、保险、文化、休闲、娱乐等多个行业，形成一个庞大的产业集群，具有生态经济发展新模式，创新了商业模式。

目前我国 24 个大产业中有六大朝阳产业，六大朝阳产业中就有大健康及旅游产业。一方面大健康产业发展如日中天；另一方面中国的度假消费结构正在改变。度假时代的来临，推动着原来以观光休闲为主体的旅游市场逐渐转化成以旅游度假、居住为核心，结合观光、休闲的度假市场，将形成观光、餐饮、休闲、康养、运动、文化、购物七大消费。2014 年国内旅游达到 36.11 亿人次，而其中 1/4 人次的旅游跟森林有关。据相关研究机构预测，国际森林旅游的人数将以每年两位数的百分比持续增长，全球旅游人数中将有一半以上的人走进森林。因此，森林康养度假市场前景必然光明。

人们已经将森林观光的脚步慢下来、停下来了，在森林里进行休闲度假，这时候将森林康养注入，将极大地丰富森林休闲度假的内容，形成森林休闲康养度假的新形态。同时也延伸了大健康产业中的康养产业的链条，更重要的是从整体上提升了森林休闲度假产业及康养产业的档次，使森林休闲度假产生质的变化，扩大了森林休闲度假产业及康养产业规模。也就是说，当森林旅游与森林康养共融，与养生养老交汇，大健康及旅游两大朝阳产业跟森林相关且延伸并交叉，复合后必然的结果是形成"森林康养产业"。

随着我国经济转型发展已成为国家战略，森林康养产业作为一个复合产业，集聚了保健、康养、康复、治疗、观光、休闲、度假等产业为，同时还涉及旅游、旅游地产、生态农业、交通、医疗、保险、文化、娱乐等行业，形成一个庞大的泛大健康、泛旅游的产业集群。作为一种具有生态经济发展的新业态，并建立在"定位创新＋内容创新＋模式创新"基础上，升级为"现代服务业"，将显现出其强大的市场潜力。这一"现代服务业"的新产业、新业态可快速地基地化、规模化，培育出相当大的产业规模，将会成为我国新的国民经济支柱产业。

目前我国以林业管理部门为主导开展的"森林疗养"，如果不与大健康产业及旅游度假产业融合，其规模将很难做大，将使"森林疗养"在林业产业中难以发挥重要作用。因此，"森林疗养"其规模要做大，提高在林业产业中的重要作用和地位，就要与大健康产业及森林旅游度假产业融合，走向"森林康养"，逐步形成"森林康养"产业，带动林业走向更加广阔的市场。

三、森林康养的意义

森林康养首先以人的生命意义为基础，涉及林学、医学、心理学、养生学、运动学、老年学、经济学及健康管理学等多门学科；其次集聚了与此相关的产业链，涉及土地、房产、旅游、税收、交通、医疗、保险等多个政府部门，也融合了养老、养生、旅游、文化、体育、体验、休闲、娱乐等多个行业，第二，森林康养产业是一个跨部门、跨行业的重大系统工程，也是一项对资源、资金、人才、技术要求高的创新产业，并具有广阔的市场前景空间。为社会提供多样化、多层次的康养服务，既能极大提升人民群众的民生福祉，又能有效扩大内需、增加就业、推动经济转型升级，因此加快发展森林康养产业意义重大。

（一）增进公众健康，有效减少医疗支出

亚健康是现代人的常态，保持健康已成为重大社会问题。公众对健康服务的需求不断增加，发达国家医疗支出占GDP的13%~15%，高额医疗支出已成为巨大的财政负担。在人口老龄化日益严重的日本，2013年全国医疗支出创纪录达到39.3万亿日元，人均31万日元。通过森林疗养可以实现疗养

者心理与生理的双重改善，满足公众健康需求，从而有效减少医疗支出。据韩国的一项调查，全面普及森林疗养能够使医疗支出降低10%~20%。因此，推广森林疗养前景广阔。国家林业局对外合作项目中心副主任刘立军在2016年初的北京森林康养研讨会上指出，充分开展森林疗养以后，国家社会医疗开支能够节省30%，据此测算，中国可节省开支上万亿元。鉴于国内老龄化社会趋势、养老服务短缺加剧的现状，更需要加快发展森林疗养产业。

（二）契合时代需求，加快林业转型发展

森林康养不仅能为国民带来巨大福祉，而且产业前景也相当可观，逐渐成为国际林业发展新趋势。在国家《林业发展"十二五"规划》确定的林业发展目标有：林业特色产业和新兴产业在林业产业中的比重要大幅度提高，产业结构布局更趋合理。规划目标中要突出培育十大主导产业，其中就有森林旅游产业。规划中林业发展的指导思想有：加快转变林业发展方式、提升林业质量效益，加强森林经营，加快培育主导产业。发展森林康养产业，是国际林业发展的一个新趋势，是新常态下林业改革的创新模式，是"十三五"国家林业发展目标的最佳切入点。近期出台的中央6号文件为发展森林康养产业在政策上提供了有利支持，明确了国有林区"发挥生态功能、维护生态安全"的战略定位，并将"提供生态服务、维护生态安全"确定为国有林区的基本职能；明确了国有林区改革总体目标和改革的主要内容；完善了国有林区改革的政策支持体系。因此，森林康养是盘活林区资源的新途径，是林业转型发展的必然趋势。

另外，森林康养是经济发展达到一定水平的产物。在满足衣食住行之后，市民必然考虑更高层次物质与精神需求，传统森林旅游逐渐回归理性，森林康养这一高端休闲方式契合时代需求。

（三）振兴偏远地域经济，带动山区农民就业

森林康养是振兴地域经济的一剂良药，尤其是对人口流失严重的林业社区。森林康养可以带动旅游、餐饮、住宿等第三产业的发展，吸纳农业人口就业，改善民生。在德国的巴特·威利斯赫恩，人口仅有1.5万，却拥有70名专业医生和280名森林理疗师，每年接纳7万客人，约60%当地居民的工作与森林疗养有关。在日本长野县信浓町，被认证为森林疗养基地后，不仅创造了大量就业机会，而且让年轻人找到了当地传统生活方式的自豪感，改变了人口向大城市单向流动的趋势。

(四)转变康养方式,促进经济转型升级

森林康养是一种环境养生方式,是社会发展到一定阶段,公众享受生态产品和追求美好生活的必然需求和迫切需要。在人口老龄化和亚健康化背景下,森林康养应运而生。森林康养侧重于以较长时间的方式在森林环境中利用相关设施有针对性地开展游憩、度假、疗养、保健等活动,这可以起到让森林走进城市,走进人们的生活,走进人们的健康,并改善城市居民生活质量的作用。时至今日,随着物质生活的极大改善,"康养"作为一项产业必将并将逐步发展,蓬勃兴起,成为一项大产业。

目前"森林康养"的先行先试,不仅是一个优化利用森林资源的新创举,而且对推动我国的大健康产业、旅游产业的发展,促进我国地方经济转型升级与生态经济可持续发展,提供了新的支撑,完全符合习近平总书记关于实行全面经济改革、优化产业结构、探索新业态新商业模式、促进经济发展的系列战略思想。

森林康养产业的生态经济模式十分可取,依托森林这一"人类最后一块净土",集聚养老、养生、休闲、娱乐、旅游、文化、体育、保健等各个关联产业,快速地集群化、基地化、规模化,培育出相当大的产业规模,这一新业态、新产业对于新常态下的中国经济而言,是一次难得的转型机遇,有望成为我国国民经济新的支柱产业,产生强大的国家利益和社会利益。

第二节 大健康产业与森林康养

一、大健康的提出及意义

中国共产党第十八届五中全会审议通过的《中共中央关于制定国民经济和社会发展第十三个五年规划的建议》,把发展健康和以健康促发展作为国家战略。健康中国建设,将全面从"大健康、大卫生、大医学"的高度,将健康战略融入到经济社会发展之中,促进和保障全民的健康和幸福,是全面建成小康社会的重要内容。

从"健康"到"大健康",其本质就是将"治疗"前移到"预防、保健、治未病",通过保健、康养,消除亚健康,提高身体素质,从对抗疾病的方式转向呵护健康、预防疾病的新健康模式。

英国著名生物学家巴封最近发表的研究成果表明,哺乳动物的寿命一般

为生长期的 5~7 倍，人类的生长期为 20~25 年，自然寿命应为 100~175 岁。但这样的寿命人类并没有实现，其原因是人类自身造成的，诸如不注意科学保健和饮食，不重视优化环境等。随着经济发展和人们生活水平的迅速提高，人们在尽情享受现代文明成果的同时，文明病，即生活方式病正日益流行，处于亚健康状态的人群越来越多。生活条件提高了，生活质量反而不断下降。一些慢性病问题严重影响人们的身体健康。美国在第二次世界大战后经济高速发展，心脑血管病、糖尿病等随之而来，这种困扰至今仍在。发达国家已将重点转移到预防领域，就是为应对生活方式变化带来的挑战。解决了温饱，全面向小康社会过渡的中国，也存在同样的健康挑战，亚健康人群日益增多、慢性病发病率上升、重大公共卫生事件等频敲警钟，促使政府提出"预防前移"的大健康战略。

二、大健康产业集群

大健康产业是随着健康理念的延伸而形成的健康关联产业的集合。目前业界一般认为大健康产业形成五大基本产业集群，即：以医疗服务机构为主体的医疗产业；以药品、医疗器械以及其他医疗耗材产销为主体的医药产业；以保健食品、健康产品产销为主体的传统保健品产业；以个性化健康检测评估、咨询服务、保障促进等为主体的健康管理服务产业；以及以追求身心健康的养老、养生、调理康复的康养服务产业。只有"五大基本产业集群"全面发展，才能完整的支撑起国家的"大健康"战略。

三、大健康产业的发展趋势

国内外的经济学家普遍认为全球经济已经经历了三次产业革命，即以蒸汽机发明为标志的第一次机械化革命，以电灯发明为标志的第二次电气化革命，以计算机发明为标志的第三次自动化和信息化（简称 IT）革命。现如今有些专家断言，健康产业将是第四次产业革命，成为推动世界经济发展的新引擎、21 世纪经济的核心产业。作为中国经济的新亮点和增长点，健康产业是具有巨大市场潜力的新型产业。国务院近期公布的《关于促进健康服务业发展的若干意见》提出，在 2020 年左右，力促健康服务业达到 8 万亿元的市场规模，健康产业的产值规模有望占到 GDP 的 10% 以上，以 2013 年 2 万亿元为基数，相当于未来 6 年内健康服务业增长 3 倍，年均增长达 26%。然而，健康产业内容广泛，产业链长，涵盖了医疗制药、健康服务、生态农业、生态旅游、娱乐运动、养生养老等，特别是健康服务业属于现代服务业，在我国仍处在起步阶段，有着巨大的发展潜力。在老龄化趋势加快、亚健康状态日益普遍的背景下，健康服务产业面临重大的发展机遇，健康产业将成为经济发展强有力的新支撑。未来康养产业一定会随大健康产业的发展而迎来巨大的增长空间。

21世纪将是一个大健康产业获得极大发展的时代，大健康产业是21世纪经济的核心产业，具有拉动内需增长和改善民生的重要功能，是其他产业突破困局的催化剂。业界的共识是医药事业将是21世纪的黄金行业，但如果把整个大健康产业比做海上的一座冰山，那么治病救人的医药事业只是浮在海面上的冰山一角，而治未病、主动康养的保健事业则是沉在水面下的更加惊人的一大部分。而为人们提供健康生活解决方案，是大健康产业最大的商机。

大健康产业是辐射面广、吸纳就业人数多、拉动消费作用大的复合型产业，大健康产业随着经济社会的发展其内容在不断延伸，当大健康与森林资源相融合，大健康产业的延伸就会是大健康产业—康养产业—森林康养产业。

四、大健康产业与森林康养

康养就是一种以追求身、心健康为目标的养生、养老生活方式。康养产业是指围绕养生、养老两个方面而形成的相关产业体系，是大健康产业的重要组成部分。康养产业特点是各种业态相互融合、相互促进，是推动国家经济发展的重要产业模式。

国外发达国家的康养产业以"医养结合"的服务模式最为普遍，主要是将医疗资源与养老资源有机结合，实现社会资源利用的最大化。"医"包括医疗康复保健服务，具体有医疗服务、健康咨询服务、健康检查服务、疾病诊治和护理服务、大病康复服务以及临终关怀服务等；"养"包括生活照护服务、精神心理服务、文化活动服务。外国人讲度假则是更多地强调外出进行身心的放松；而中国人讲养生，多是从内在修为、食补、修炼等角度出发。养生度假是一种中西合璧的说法，但更能体现现代人的一种需求。

全国人大常委会副委员长、民革中央主席万鄂湘指出："康养产业是顺应中国社会结构新变化的产业，具有强大的生命力"。康养产业作为现代服务业的重要组成部分，蕴含着拉动经济发展的巨大潜力，它一头连接民生福祉，一头连接经济社会发展，正在成为我国又一个新兴的战略性支柱产业。康养产业属于大健康服务业中的新兴产业，其覆盖面广、产业链长，能推动健康、养生、养老、医疗、旅游、体育、保险、文化、科技信息、绿色农业等诸多领域产业的有机融合,能对众多上下游产业发展产生强劲的推动效应,具有强大的生命力。

森林康养是大健康产业中最有生命力的延伸产业。当前,随着人口老龄化加剧、环境污染加重、生活压力加大,亚健康化背景加保等因素,使得去深山老林"洗肺"等已成时尚,森林康养也逐渐走进人们的视野,各种森林康养活动应运而生。森林康养活动的开展将推动森林康养产业的形成。

森林康养产业从属于大健康产业五大基本产业集群中的"以追求身心健康的养老、养生调理康复"的康养服务产业,是康养产业的子产业,是属于服务业中的新兴产业,能对众多上下游产业发展产生强劲的括动效应,具有强大的生命力。

从产业延伸的角度看,康养产业是大健康产业的子产业,森林康养产业是康养产业的子产业,森林康养产业与大健康产业一脉相承。

第三节 森林康养发展态势

森林康养的初衷就是让人们享受森林的恩惠,使他们零距离地接触自然、感受自然、亲近自然,在享受森林恩惠的同时也接受森林及大自然的教育,使人们更加了解自然、最终热爱自然,进而激发全民走进森林、热爱森林的新热潮。森林康养作为一项新生事物,尽管还处在萌芽阶段,但具有广阔的市场空间和发展前景。

一、全球森林资源概况

世界森林覆盖率为31%。世界森林总面积超过$40 \times 10^8 \mathrm{hm}^2$,相当于人均$0.6 \mathrm{hm}^2$。世界森林面积最大的10个国家是俄罗斯、巴西、加拿大、美国、中国、刚果(金)、澳大利亚、印度尼西亚、苏丹、印度。分别拥有1×10^8以上森林的国家有7个,森林资源最丰富的10个国家占森林总面积的67%。其余的33%则分布在213个国家和地区。世界各国森林覆盖率排前的国家是日本64%、韩国61%、挪威60%左右、瑞典54%、巴西50%~60%、加拿大44%、美国33%、德国30%、法国29%、印度23%、中国21.63%。

二、国外森林康养概况

(一)德国

德国最早开始关注预防疾病、保持身体和心理健康的研究。德国是森林康养产业的鼻祖。1962年,德国科学家K. Franke发现人体在自然环境中会自觉调整平衡神经,恢复身体韵律,认为清新的空气以及树体、树干散发出来的挥发性物质,对支气管哮喘、肺部炎症、食道炎症、肺结核等疾病疗效显著。20世纪80年代,森林康养成为一项国策,德国公务员被强制性地进行森林医疗,结果显示德国公费医疗费用下降30%,且公务员的健康状况大为好转。在德国,森林康养产业的发展,不仅带动了住宿、餐饮、交通等的发展,还催生了康养导游、康养师、康养治疗师等职业。德国的森林疗养发展模式有两个特点,一是森林疗养偏重于治疗功效,森林疗养课程已被纳入了医疗保障体系,经医生处方后,患者进行森林疗养是不需要额外支付费用的;二是森林经营过程中,以疗养为主导功能的定位清晰。

(二)日本

1982年,日本引进德国的"森林疗法"及苏联的"芬多精科学",1983年,发起"入森林、浴精气、锻炼身心"的森林浴运动,开放92处共1.2×10^6 hm^2的森林游乐区。

截至2012年年底,日本已建立森林疗法基地57处,每年有近8亿人次进行森林浴。此外,日本制定了严格的森林疗养基地认证制度和森林疗养师资格考试制度,森林疗养场所和参与人员得到了规范化,森林疗养取得了快速发展。与德国森林疗养不同之处,一是森林疗养偏重于预防功效,社会对通过森林疗养预防生活习惯病认可度高;二是通过森林疗养缓解压力的研究水平世界领先,森林疗养课程已相对固定化;三是建立了完备的森林疗养基地认证制度和森林理疗师考核制度,森林疗养管理工作非常规范。

(三)韩国

韩国于1982年提出建设自然休养林,2005年制定了《森林文化·休养法》,并成立了国立自然休养林管理所。

当前,韩国已营建158处自然休养林、173处森林浴场,修建4处森林疗养基地和1 148 km的林道,并形成了森林讲解员和理疗师培训体系。韩国的森林疗养起步较晚,但是发展迅速,其森林疗养发展模式有3个特点,一是专门为森林疗养立法,成立了专门管理机构,森林疗养基地建设和运营管理均由国家出资,政策和机构保障实施得好;二是森林疗养偏重于保健功效,建立了服务胎儿、幼儿、中小学生、成年人和老年人等各年龄段的森林讲解体系;三是预约制入园,公众参与热情高,通常一票难求,经营管理工作做得非常好。

三、我国森林资源概况

国务院发布的第八次全国森林资源清查结果显示:我国森林面积 $2.08 \times 10^8 hm^2$,森林覆盖率 21.63%(《森林法实施细则》第十四条规定全国森林覆盖率的奋斗目标为 30%),森林蓄积量 $151.37 \times 10^8 m^3$,森林每公顷蓄积量 $89.79 m^3$;全国森林植被总碳储量 $84.27 \times 10^8 t$,生态服务功能年价值超过 13 万亿元。

国家林业局和国家统计局公布的中国森林资源核算研究成果显示,全国林地林木资产总价值为 21.29 万亿元。按 2012 年末全国人口 13.54 亿人计算,相当于我国国民人均拥有"森林财富"1.57 万元。核算结果显示,第八次全国森林资源清查期间(2009—2013 年),全国森林生态系统每年提供的主要生态服务总价值为 12.68 万亿元。国家对森林资源资产进行核算,足以证明森林资源有形的物质量和无形的生态服务价值的重要性。实际上,森林的生态价值和社会价值是经济价值的 6~7 倍。林业所创的 GDP 在 50 年代占全国整个 GDP 的 6%~7%,到 70 年代就降为 2%~3%,现在还不到 1%。可见国民经济体系中"木头经济"的份量已越来越轻。

据统计,湖南有 208 个国有林场、130 个国家和省级森林公园,其中国家森林公园 59 个;有 191 个自然保护区,60 个国家湿地公园。湖南省森林覆盖率达到 59.57%,高于全国 21.63% 的平均水平。

清查结果表明,我国森林资源进入了数量增长、质量提升的稳步发展时期。我国森林资源主要分布在:东北地区(黑龙江、吉林、辽宁三省和内蒙古的呼伦贝尔、兴安、哲里木三盟、赤峰),东北地区的森林资源主要集中在大兴安岭、小兴安岭和长白山;西南地区(四川、重庆、云南、西藏);南方地区(浙江、安徽、江西、福建、湖北、湖南、广东、广西、海南、贵州等),南方地区是我国自然条件最好的地区。

四、国内森林康养概况

我国台湾地区发展森林浴较早,自 1965 年以来,已建设森林浴场 40 余处。大陆地区20世纪80年代以来，建立了各种等级的森林公园，其中一些明确设置了森林浴场所，如北京"红螺松林浴园"、浙江天目山"森林康复医院"、广东肇庆鼎湖山"品氧谷"等。2012年，北京率先引入森林康养概念，目前我国有四五个省份正在试验之中，走在前列的是四川省，已经进入小范围试验阶段。2015年"中国（四川）首届森林康养年会"的召开，首次对构建新业态、发展新产业、形成新的生态经济模式进行了探讨。

近年来，国家林业局就该项目的引进与推广，积极与德、日、韩等国开展国际合作，且已获得初步进展。具体发展状况如下所示：

（1）国家林业局　近年来，国家林业局就森林疗养等与德国、日本、韩国等开展项目合作。中韩合作的"北京八达岭森林体验中心"，中德共建的"甘肃秦州森林体验教育中心"，福建旗山国家森林公园与法国某公司合建的"飞越丛林冒险乐园"，陕西省筹建的多处"森林体验基地"等。

（2）北京市　2012年，北京率先引入森林疗养的概念，并开始探索，目前，正在建设几处森林疗养示范区，今后会在各区、县都建森林疗养基地。如果能在北京建立、认证并运营50处森林疗法基地，同时开展森林疗法医师资格考试，将至少开辟1万个就业岗位。

（3）四川省　四川省作为森林资源大省，拥有林地面积0.24×10^9 hm^2，建成自然保护区123个，森林公园123个，重点森工企业28个。森林康养是四川省国有林区改革发展的一个新方向，受到四川省政府高度重视。目前，洪雅林场玉屏山景区（图1-1）的森林康养基地雏形已粗具规模。2015年7月，空山国家森林公园（图1-2）被评为四川首届"森林康养最佳目的地""四川森林康养试点示范基地""网络推选最佳森林康养目的地"称号，为推进空山国家森林公园建设，高端打造森林康养产业打下坚实的基础。四川的森林康养由省林业厅负责规划布局，正在建立标准与认证体系。目前在强化森林康养国际合作交流，借鉴森林康养发达国家在森林康养基地认证、管理等方面的经验和做法，探索构建欧亚地区森林康养国际合作交流平台，全面服务森林康养事业的国际化发展。将出台省级森林康养产业规划，建立森林康养基地的星级评分标准，加强人才培养和技术创新，推进森林康养基地建设。将适时成立全省森林康养产业联盟，协调各地合作和打造品牌。同时，将借助互联网手段，四川境内的保护区、森林公园、森工企业实施集群化打造，用互联网将四川省森林康养基地串联成线，实现抱团发展，力争做强森林康养产业。

图 1-1 洪雅林场玉屏山景区

(本图片来自 http://www.hylyzxw.com/content/?338.html)

图 1-2 空山国家森林公园

(本图片来自 http://news.bzgd.com/shgc/2015/08/1438676086229857.html)

(4)黑龙江省 黑龙江伊春"天蓝、水清、地洁",是世界上为数不多的"净土"之一。近年来,伊春紧紧围绕"保生态、兴产业、促城建"三条主线,以绿色崛起为目标,加快恢复和提升森林生态功能,全力构建生态主导型产业体系,着力提升城市品位和功能,全面加快转型步伐,在实现经济社会协调共进的同时,也为森林康养产业奠定了良好的基础。2014年8月25日,伊春举办了首届森林健康养生养老投资论坛,来自全国各地的专家、学者、研究人员和企业家共同就康养投资这一课题进行探讨交流。针对伊春发展实际，伊春市确立了其发展总体思路和目标。将充分发挥伊春市的森林、生态、空气等资源的优势，打造"森林避暑康养度假"产业。

（5）湖南省　湖南绥宁依托环境，发挥自身的资源禀赋，稳步推进森林生态康养经济的发展。已确立了"生态文化"的"康体养生"差异化发展的战略定位，按照"目标明确，分步实施"的原则，拟采取分三步走的策略，构建"平台明朗，布局清晰，重点突出"的集观光、度假、养生、运动于一体的森林康养经济发展体系。2012年起，先后投资上亿元率先在湖南省林科院实验林场建立起全国首个由林业部门、企业集团和知名医院长期合作的森立康养基地——湖南林业森林康养中心（图1-3）。2012年，湖南省林业厅在宁乡县成立首个省属国有林场——湖南省青羊湖国有林场（图1-4），以此为基地开始谋划全省森林康养基地建设。2016年5月27日，湖南省森林康养发展领导小组正式成立，下设8个专业组，目前正在筹备成立湖南森林康养协会，拟搭建一个跨部门、跨行业、跨地域的社会团体，推进森林康养学术理论和产业的融合发展。

图1-3　湖南林业森林康养中心

（本图片来自http：//www.greentimes.com/green/index/index01.htm）

湖南林业将加大推进森林康养产业发展力度，争取到2020年，全省建设森林康养基地100个，年吸聚康养人群1 000万人次，培育2家以上年营业额超过10亿元的国内一流的森林康养企业集团，使森林康养产业进入1 000亿产业行业，打造湖南林业新业态。

图1-4 青羊湖国有林场

（本图片来自http://diyitui.com/content-1438457485.33188641.html）

综观全国，森林康养目前处于摸索、尝试阶段，其新业态、政策依赖性强、产业融合度高、受社会发展程度和经济发展水平影响大，但规划滞后、服务设施少、政策支持和要素保障不足、社会资本投入不多等问题突出，目前尚处于初级发展阶段，还没有大面积铺开。已开展的森林康养活动主要也还停留在以满足感官体验为主要形式的阶段，业态也没有全面展开。虽然一些地方开始规划建立了森林浴场，以满足日益增长的保健需求，但整体规模小，模式单一，产生的影响有限。森林康养还没有形成相应的规模与经济效应，规模是形成产业的基本标志，因此，目前的状况只是处于森林康养产业的萌芽期——森林康养产业的起步阶段。

森林康养作为一个新兴的行业，还面临着困难。一是国家缺乏整体规划，发展森林康养产业涉及产业用地、道路、保健、市场、医疗、卫生等行业，这些在法律上基本是空白。二是基础设施、人才队伍还比较薄弱，没有相应的森林康养的环境，像很多高山老林里面根本进不去，更没有基础硬件配套设施和森林康养师。三是产品单一，没有形成产业链，现在的森林旅游还停留在走马观花式的旅游方式，还只是达到"养眼"的作用，没有起到养身休闲的作用。

> **专栏一：湖南森林康养十大重点任务**
>
> 湖南省林业发展"十三五"规划明确了湖南发展森林康养产业10大重点任务：提升森林康养环境质量、建设特色森林康养基地、开展森林康养科学研究、构建森林康养技术标准体系、培育森林康养产业集群、加强森林康养文化建设与传播、构建森林康养信息平台、保护森林资源和生物多样性、加强森林康养国内外合作、加强森林康养人才建设。

目前我国森林资源虽然相对不足（世界森林覆盖率为31%，人均0.6 hm^2；中国森林覆盖率21.63%，人均0.15 hm^2），但是，我国森林资源绝对可用量大，在世界森林资源最丰富的国家中国排第五，森林面积有$2.08 \times 10^8 hm^2$。虽然我国平均森林覆盖率只有21.63%，但森林覆盖率超过30%的有福建（62.9%）、江西（60.5%）、浙江（60.5%）、广东（57.9%）、海南（51.9%）、四川（37%）、贵州、云南、黑龙江、湖南、吉林等省。

因此，从局部绝对量大这个角度看，中国相对丰富的森林资源为森林康养形成产业提供了物质基础支撑，因此，森林康养产业有巨大的想象、发展空间。据《中国林业产业》2015年第6期资料显示，截至2014年年底，全国共建立森林公园3 101处，规划总面积$1 779.11 \times 10^4 hm^2$。其中，国家级森林公园791处（新设立12处）、国家级森林旅游区1处，面积1 226.12万hm^2；省级森林公园1 428处，县（市）级森林公园881处。10个省的森林公园总数超100处，分别是广东（532处）、山东（251处）、浙江（199处）、福建（178处）、江西（175处）、河南（170处）、山西（127处）、湖南（123处）、四川（123处）和河北（101处）。森林公园和自然保护区及旅游小区的建设，大大推动了森林生态旅游产业的发展，缓解了保护与发展之间的矛盾，走出了一条以不消耗森林资源的林产业可持续发展之路。森林康养产业的发展将带动一系列相关产业的发展，并且极大地带动国民经济的发展。

人类从森林里出来，最后又回到森林……从历史的角度去看，这是一种文明的进步，从文化的角度去看，它又是人类生命必然的回归。从历史与文化两个角度去研究，必然会更深刻地理解并把握"森林康养"的本质与发展趋势，使之成为人类健康事业一个新的支点。

第二章
森林环境与人类健康

随着国家社会经济的快速发展，人民的物质生活极大丰富，人们对自身健康的关注度和期望值也在不断提高。自然环境是影响人类健康的决定性因素之一，良好的自然环境不仅能提供人体所需的物质基础，还能提供给人们愉悦的休闲空间。森林作为自然环境的重要组成部分，它具有吸收二氧化碳并释放氧气、吸毒、除尘、杀菌和降低噪声等作用，还可以释放出一些对身体有益的稀有物质。因此，在人们走进大森林时，总能感觉到神清气爽，在不知不觉中恢复了健康，消除了疲劳，提高了工作和学习效率。

第一节　森林环境的评价

森林对人类生存的影响，虽然不像粮食和水那样，一旦缺少就会很快致命，但森林作为一种"调节剂"，却在诸多方面影响着人类的生存环境，制约着人类的安危。

一、森林对人类环境的作用

（一）森林是空气的净化器

随着工矿企业的迅猛发展和人类生活用矿物燃料的剧增，受污染的空气中混杂着一定含量的有毒有害气体，威胁着人类健康，其中二氧化硫（SO_2）就是其中的分布广泛、危害又大的有害气体。生物都有吸收 SO_2 的本领，但吸收速度和能力是不同的。植物叶面积巨大，吸收 SO_2 要比其他物种大的多。据测定，森林中空气的 SO_2 要比空旷地少 15%~50%。若是在高温高湿的夏季，随着林木旺盛的生理活动功能，森林吸收 SO_2 的速度还会加快。相对湿度在 85% 以上，森林吸收 SO_2 的速度是相对湿度 15% 的 5~10 倍。

森林是大气二氧化碳（CO_2）的贮存库。森林植物在其生产过程中通过光合作用，吸收大气中的 CO_2，将其固定在森林生物量（树干、枝、叶、根）中。森林每生产 1g 干物质需吸收 1.84g CO_2，或每生产出 $1m^3$ 的木材，大约需要吸收 850kg 的 CO_2，或折合成 230kg 碳。CO_2 是大气中的主要污染物之一，通常空气中 CO_2 的含量约为 0.03%。当空气中 CO_2 的含量超过一定限量时，就会危害人的健康。如果 CO_2 含量超过 0.05% 时，人就会感到胸闷、头晕；达到 4% 时，就会出现心悸、呕吐等症状；达到 20%，就会导致机体死亡。而森林能使空气中 CO_2 的含量维持在正常水平。

此外，森林植物还能吸收有害气体和吸附空气中的尘埃。如松林每天可从 $1m^3$ 空气中吸收 20mg 的 SO_2，$1 hm^2$ 柳杉每年可吸收 720kg SO_2。

（二）森林有杀菌抑菌和自然防疫作用

森林里丰富的植物资源，提供了源源不断的植物精气和氧气。其中绝大多数不仅能杀虫、杀菌，还有防病、治病、健身强体的功效。森林能挥发植物精气和臭氧，起到杀菌和抑菌的作用。因此，森林中空气细菌含量普遍较低。松林就具有保健功能，松树的针叶细长，数量多，针叶和松脂氧化会放出臭氧，并挥发出具有保健功能的植物精气。稀薄的臭氧具有清新的感受，使人轻松愉快，植物精气也对肺病有一定治疗作用。因此，许多疗养医院都建在松林之中或者建在松树分布较多的地区。树木能分泌出杀伤力很强的杀菌素，杀死空气中的病菌和微生物，对人类有一定保健作用。有人曾对不同环境空气中含菌量作过测定：在人群流动的公园为 1 000 个/m³，街道闹市区为 3 万~4 万个/m³，而在林区仅有 55 个/m³。另外，树木分泌出的杀菌素数量也是相当可观的。例如，1hm² 圆柏林每天能分泌出 30kg 杀菌素，可杀死白喉、结核、痢疾等病源菌。

（三）森林是天然制氧厂

氧气（O_2）是人类维持生命的基本条件，人体每时每刻都要呼吸氧气，排出 CO_2。一个健康的人三两天不吃不喝不会致命，而短暂的几分钟缺氧就会死亡，这是人所共知的常识。文献记载，一个人要生存，每天需要吸进 0.8kg O_2，排出 0.9kg CO_2。森林在生长过程中要吸收大量 CO_2，释放出 O_2。据研究测定，树木每吸收 44g 的 CO_2，就能释放出 32g O_2；树木的叶子通过光合作用产生 1g 葡萄糖，就能消耗 2 500L 空气中所含有的 CO_2。照理论计算，森林每生长 1m³ 木材，可吸收大气中的 CO_2 约 850kg。若是树木生长旺季，1m³ 的阔叶林，每天能吸收 1 000kg CO_2，制造生产出 750kg O_2。据资料介绍，10m² 的森林或 25m² 的草地就能把一个人呼吸出的 CO_2 全部吸收，供给所需 O_2。诚然，林木在夜间也有吸收 O_2 排出 CO_2 的特性，但因白天吸进 CO_2 量很大，差不多是夜晚的 20 倍，相比之下夜间的副作用就很小了。就全球来说，森林绿地每年为人类处理近千亿吨 CO_2，为空气提供 60% 的洁净 O_2。

（四）森林是天然的消声器

凡是干扰人们休息、学习和工作的声音，即不需要的声音，统称为噪声。环境中远近不同、方向不同、自身或周围反射的所有噪声组合，统称为环境噪声。环境噪声的高低直接影响到人们生活环境质量。噪声超过人的生活和生产活动所能容许的程度就形成污染。噪声污染的危害主要有三个方面：一是降低听力；二是影响人们休息和工作，降低劳动生产率；三是干扰语言通讯联络。噪声对人类的危害随着工业、交通运输业的发展越来越严重，特别是城镇尤为突出。据研究噪声在 50 分贝（dB）以下，对人没有什么影响；当噪声达到 70 dB，对人就会有明显危害；如果噪声超出 90 dB，人就无法持久工作了。森林作为天然的消声器有着很好的防噪声效果。实验测得，公园或成片林地可降低噪声 5~40 dB，比离声源同距离的空旷地自然衰减效果多 5~25 dB；汽车高音喇叭在穿过 40m 宽的草坪、灌木、乔木组成的多层次林带，噪声可以消减 10~20 dB，比空旷地的自然衰减效果要多 4~8 dB。城市街道上种树，也可消减噪声 7~10 dB。要使消声有好的效果，在城里，最少要有宽 6m（林冠）、高 10.5m 的林带，林带不应离声源太远，一般以 6~15m 间为宜。据中国林业科学研究院、北京市园林局研究表明，不同乔灌树种绿化带相对减噪率达 21%~11.6%，个别落叶乔木和灌木为 8%~11%，草皮带相对减噪声为 8%~11%。尤以 1 行绿篱 + 1 行油松（高 5m、株距 5m）+ 1 行灌木（黄刺梅）效果显著，其相对减噪值为 83%。一般 40m 宽的林带，可降低噪声 10~15 dB，因此，森林被人们称为天然隔音墙。

（五）森林对气候有调节作用

森林浓密的树冠在夏季能吸收和散射、反射掉一部分太阳辐射能，减少地面增温。冬季森林叶片虽大都凋零，但密集的枝干仍能削减吹过地面的风速，使空气流量减少，起到控温保暖作用，森林具有庞大的林冠层，在地表与大气之间形成一个绿色调温器，它不仅使林内有特殊的变化，而且对森林周围的温度也有很大的影响。与无林地相比，林内冬暖夏凉、夜暖昼凉，温差较小，有利于林下植物生长和动物栖息。夏季，太阳辐射投射到林冠后，被林冠吸收一部分，这部分太阳辐射能绝大部分转化为热能，主要由林冠层的蒸腾作用消耗掉。由于林冠遮蔽阳光，林内的太阳辐射很弱，林内土壤不受阳光直接照射，可以降低地面温度，从而使林内年均温较无林地低。到了冬季由于林冠的覆被，阻缓了热量的散发，从而使林内气温反而比林外高。气温低时森林又具有保温御寒作用，由于树冠的阻挡，减少上升热气流的产生，从而减少冬季夜晚林内的热量散发，林内气温、土温散失迟缓。冬季气温越低保温御寒作用越大。据测定夏季森林里气温比城市空阔地低 2~4℃，相对湿度则高 15%~25%，比柏油混凝土的水泥路面气温要低 10~20℃。由于林木根系深入地下，源源不断的吸取深层土壤里的水分供树木蒸腾，使林地正常形成雾气，增加了降水。通过分析对比，林区比无林区年降水量多 10%~30%。据国外报导，要使森林发挥对自然环境的保护作用，其绿化覆盖率要占总面积的 25% 以上。

在整个一年中，森林的冷却作用强于保温作用。森林能降低每日最高温度，而提高每日最低温度，在夏季较其他季节更为显著。森林使夏季降温，冬季增温，有利于植物夏季躲避大气的高温胁迫，对植物越冬十分有利。夏季森林使地面温度降低，空气垂直温差变化减少，上升气流速度减弱，因而还可削弱形成雹灾的条件。

(六)森林改变低空气流，有防止风沙、减轻洪灾、涵养水源的作用

由于森林树干、枝叶的阻挡和摩擦消耗，进入林区风速会明显减弱。据资料介绍，夏季浓密树冠可减弱风速，最多可减少50%。风在入林前200m以外，风速变化不大；过林之后，大约要经过500~1 000m才能恢复过林前的速度。人类便利用森林的这一功能造林治沙和营建农田防护林。

森林地表枯枝落叶腐烂层不断增多，形成较厚的腐质层，具有很强的吸水、延缓径流、削弱洪峰的功能。另外，树冠对雨水有截流作用，能减少雨水对地面的冲击力，保持水土。据计算，林冠能阻截10%~20%的降水，其中大部分蒸发到大气中，余下的降落到地面或沿树干渗透到土壤中成为地下水。

(七)森林的滞尘功能

工业发展、排放的烟灰、粉尘、废气严重污染空气，威胁着人类健康。高大树木叶片上的褶皱、茸毛及从气孔中分泌出的黏性油脂、汁浆能黏截到大量微尘，有明显阻挡、过滤和吸附作用。森林的滞尘作用表现为：一方面由于森林和树木的枝叶茂密，可以阻挡气流和减低风速，随着风速的降低，使烟尘在大气中失去移动的动力而降落；另一方面，树木叶片有一个较强的蒸腾面，晴天要蒸腾大量水分，使树冠周围和森林表面保持较大湿度，使烟尘湿润增加重量，加上湿润的树木叶片吸附能力增加，这样烟尘较容易降落吸附，雨天树木叶片的烟尘被雨水淋洗后，待雨序下后又会重新吸附。受污染的空气经过森林反复洗涤过程后，便变成清洁的空气。再一方面树木的花、果、叶、枝等能分泌多种黏性汁液，同时表面粗糙多毛，空气中的尘烟经过森林便附着于叶面及枝干的下凹部分。据资料记载，每$1m^2$的云杉，每天可吸滞粉尘8.14g，松林为9.86g，榆树林为3.39g。一般说，林区大气中飘尘浓度比非森林地区低10%~25%。

(八)森林的污水过滤作用

森林具有净化水质的作用，绿色植物分泌的植物杀菌素可杀灭水中的细菌，植物的根系能截留吸收流水中的有机物和可溶性矿物质。有学者实验证明，通过50 m宽、30年生杨桦杂交林带，水中的细菌量减少90%以上，氨气量减少为原来的1/2~2/3，各种溶解物质也大为减少。洁净的水源还含有

多种微量元素，饮用森林水有利于促进疾病康复和增强抗病能力。

二、森林在保持水土、涵养水源等方面的影响

森林生态系统是地球上最活跃的生态系统之一，森林不仅能过滤和吸附水中的污染物质，还向水体释放一些元素，研究森林与降水、径流间的物质交换，对人们保护和合理利用水资源具有重要意义。

（一）对水质的影响

从20世纪60年代中期开始，水文学家、环境学家、森林生态学家就开始了森林对水质影响的研究工作，尽管研究工作的最初目的是土壤稳定性问题。美国、前苏联、英国、加拿大、芬兰、日本等国，相继建立了一些森林生态系统定位研究站，对森林生态系统的结构、功能、动态，外界干扰及环境污染进行综合研究，其中也对森林与水质的关系进行了长期和系统的监测和研究。这一时期，美国的Coweeta观测站开始进行森林生态和水文的研究。在20世纪70年代，整地、除草剂以及林火对森林水质的影响是Coweeta森林生态和水文研究站主要研究内容之一。20世纪七八十年代酸雨成为影响河流水质和森林生态系统健康的主要环境问题，特别是欧洲中部严重的酸雨污染，引起土壤严重的酸化，导致了森林的严重破坏，进而使得流域径流受到不利影响。为了定量评价大气污染对森林流域水文循环、化学物质转移的影响，森林水质的研究受到了广泛的重视。近数十年来，世界上许多国家和地区极力关注着水源枯减、水源污染及水质恶化等问题，较多地开展了森林与水质关系的研究，诸如欧美、日本等一些国家，通过小集水区技术以及定位观测、对比试验等方法，大量研究不同的森林经营方式和程度对流域水质的影响，揭示森林在河流及湖泊的盐碱化、富营养化形成过程中的防治效益。

我国大约从20世纪50年代开始关注森林对水质的影响。当时国内绝大多数的研究着重于森林对河流悬移泥沙含量的影响。从20世纪60~90年代，先后在湖南、广东、吉林、黑龙江、陕西、甘肃、江苏、江西、山西、北京、西藏、内蒙古、新疆、福建、贵州、河南等省（自治区、直辖市）建站。开展热带、亚热带、暖温带、温带和寒温带，以及西部高山地带的森林生态系统定位研究。我国自20世纪70年代后期开展森林与水质的测定，论述森林生态系统对水质元素的调节、吸附、过滤及贮存功能。大约从20世纪80年代开始，一些定位站也开始了森林与水质的研究。

森林生态系统的林冠层、枯枝落叶层和土壤层具有特殊的结构和性质，

可以改变降水和径流的化学成分。陶豫萍等研究了四川乐山市沙湾区德胜钢铁公司附近的马尾松林、香樟林两种森林生态系统的大气降水、穿透雨和树干径流以及土壤渗透水的污染物离子浓度,并裸地的相对比,结果显示马尾松林、香樟林群落的穿透雨和树干径流中污染物质含量显著高于大气降水,表明森林对大气污染物具有显著的截留作用。

美国俄勒冈州立大学在新罕布什尔的 Hubbard 河的实验林的大面积养分释放研究表明,砍伐后第一年 NO_3^- 含量比未处理的流域高 41 倍,第二年高 56 倍。其他阳离子中,Ca^{2+} 增加 4.2 倍,Mg^{2+} 增加 4.1 倍,K^+ 增加 15.6 倍,Na^+ 增加 1.8 倍。

(二)对水中病原体的影响

水中含有大量的微生物,其中一些是对人类有害的病原体,而森林生态系统结构复杂、功能多样,降水或径流经过森林的过滤,其中的病原体数量会发生变化。不同的森林结构,这个方面的作用也是不同的。

研究表明,流经松树林的每 1L 水的细菌含量是流经农田水的 2%,流经橡树、榆树林的是其含量的 1%,流经相思树和榆树林的水细菌含量是流经农田水的 10%。

Seidler 在俄勒冈州西部进行了研究,流域上游是森林,下游有农民居住,发现溪流穿过居民区后,总杆菌量增加了 10 倍。他还测定了水样中沙门氏菌,发现这些生物体仅在林区水样出现一次,但却在林区下游地带水样中占 75%~100%。

(三)对河流泥沙含量的影响

河流的泥沙主要来源于雨水和地表径流对流域坡面的侵蚀,而森林生态系统能通过林冠和枯枝落叶层降低雨滴对土壤的冲击力,还通过根系对土壤的固持作用来缓解水土流失,进而减少河流泥沙含量。

在欧洲,特别是在英国,土壤侵蚀主要是地貌学家所关注的问题,而在美国又是农学家关注的热点。近年来,欧美地貌学家在探求生物在地貌发育过程的作用中,开创生物地貌学的研究,它强调生物在地貌发育过程中对侵蚀、搬运、沉积、风化等物理化学过程在景观尺度和时间尺度上的影响,最具代表性的是利用植被参数和土地利用参数来模拟流域产沙。

美国森林生态学家在对森林采伐与演替引起森林生态系统各种过程与格局变化的研究中,以生态系统为单元,研究森林植被变化对土壤侵蚀,以及采伐对河川径流泥沙含量的影响,结果表明,生物量积累过程是控制土壤侵蚀的主要生物学机制。

1950年以来,海南岛热带雨林由于不断乱砍盗伐,毁林植胶,森林覆盖率由25.3%下降到12.3%,年平均河流含沙量增加1~2倍。再如,云南省西双版纳的刀耕火种地区的表土流失量较有林地的增加149倍。

(四)人为活动对森林区域水质的影响

人为活动,如采伐、放牧、施用化学药剂和旅游活动等都会对森林区域水质产生影响。

加拿大的M. C. Feller等(1984)报道,局部森林流域被采伐或火烧后,各种化学元素均呈增加趋势,增加最明显的是K和N。其他养分的损失量分别为N、P、K、Mg不足10千克/每公顷每年[kg/(hm²·a)];Na、Cl不足20 kg/(hm²·a);Ca不足30kg/(hm²·a)。挪威的O. Haveraaen(1981)报道,采伐使N的损失量由伐前的1.5kg/hm²增至7~8kg/hm²(NO_3^-约6kg/hm²);K由2kg/hm²增至12~13kg/hm²;SO_4^{2-}由18kg/hm²增至24kg/hm²;Cl^-由16kg/hm²增至35kg/hm²。

Parkling和Coltharp对比犹他州Bear河区三个山地溪流的总杆菌、大肠杆菌、粪便链球菌进行比较,发现放牧1 500头牛和放牧1 000只羊的两个山地溪流中的总杆菌、大肠杆菌、粪便链球菌比未放牧的溪流高4~17倍。

(五)降水径流对森林生态系统养分输入和输出的影响

森林生态系统养分输入的一个重要途径是大气降水过程中的营养物质输入。大气降水一方面携带化学物质进入森林生态系统;另一方面淋洗或淋溶植物体枝叶和树干上的分泌物质,促进森林生态系统生物物质循环。

周光益(1998)研究了台风暴雨对海南尖峰岭热带山地雨林生态系统地球化学循环的影响,结果表明:台风暴雨对热带林生态系统地球化学循环的影响主要体现在:一方面是对大气降水养分的影响,特别是对降水中的K、Ca影响最大;另一方面对养分的地质输出影响,暴雨能加快森林生态系统中养分流失(尤其是P和Al)。养分元素的输入输出变化表现为N、Mg、Ca和K的输入大于输出,P、Al、Si的输出大于输入。

甘健民等(1995)以滇西南中山湿性常绿阔叶林为对象,研究了大气降水对该森林生态系统养分输入和输出的影响。结果表明,该地区在大气降水过程中养分输入:N以大气降水为主;P、K、Mg以穿透雨为主,它们分别占总输入量的 69.85%、77.33%、98.19% 和 80.40%；Ca 养分输入，大气降水和穿透雨约各占总输入量的一半，分别是 45.35% 和 54.38%。养分输出以地下土壤渗漏为主，N、P、K、Ca、Mg 分别占总输出量的 96.52%、86.79%、69.13%、98.17% 和 97.21%，在养分循环中 N、P、K、Ca 分别增加了 15.941kg/($hm^2 \cdot a$)、0.353kg/($hm^2 \cdot a$)、3.83kg/($hm^2 \cdot a$) 和 1.264kg/($hm^2 \cdot a$)，而 Mg 则减少了 0.654kg/($hm^2 \cdot a$)。

Sebastian 等（2000）对加拿大东部 Boreal Shield 流域森林砍伐和火烧迹地进行了研究，结果表明：砍伐和火烧迹地的 K、总磷、总氮的输出速率都增加了；砍伐迹地的 DOC 输出速率大于火烧迹地；火烧迹地的 Mg^{2+}、NO_3^- 和 SO_4^{2-} 输出速率大于砍伐迹地。

总之，森林在保持水土、涵养水源方面具有重要作用，人们对此已经有了比较深入的认识。随着环境污染的日益严重，人类越来越重视森林对水质的改善作用。

三、森林中有益于人体健康的因素

森林中有益于人体健康的因素主要有植物精气、空气负氧离子、植物精油、森林食用动物资源、森林食用植物资源等。

（一）植物精气

森林的植物精气又名植物杀菌素（phytoncide），是指植物的花、叶、木材、根、芽等油性细胞在自然状态下释放出的，可对其他有机体产生影响的挥发性或非挥发性的气态有机物。植物精气是植物杀菌素，也是很多物质的通用名，其化学制品因森林不同而有所不同，又名芬多精（Pythoncidere）。森林植物中所含的杀菌素多以萜烯类气态物质为主，主要包括单萜及倍半萜等挥发性芳香化合物（从树木中提取的挥发性有机化合物，如 α-蒎烯、柠檬烯等，两者的结构简式（图 2-1，图 2-2）。一般是指含有两个或多个异戊二烯单元的不饱和烃及其氢化物和含氮衍生物。萜类化合物广泛存在于自然界，是植

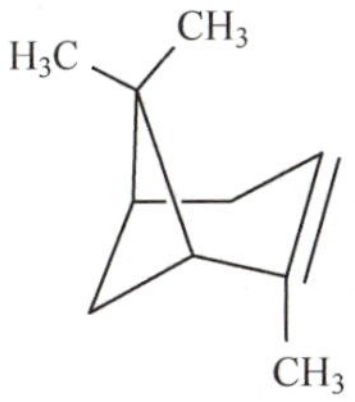

图 2-1　α-蒎烯结构简式 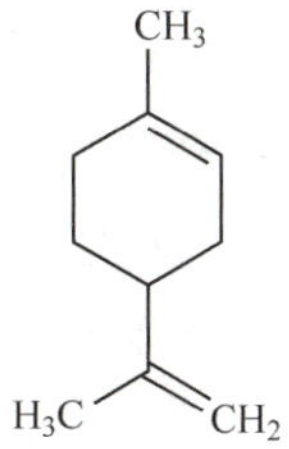　　　　图 2-2　柠檬烯结构简式

物香精油的主要成分。

植物精气主要成分是萜烯类化合物（不饱和的碳氢化合物）。花香能治病，树林可启智。人类利用植物释放的气体来消毒、治病，实际上已有几千年的历史，在我国一些古代医书中，早就有花香能治病的记载。早在四五千年前，埃及人就开始用香料消毒防腐。19世纪，人们曾利用针叶树的挥发油进行医学消毒。当时人们还知道百里香油、天竺油、肉桂油、柠檬油等具有杀菌作用。

植物精气的发现起源于20世纪30年代初。1930年，苏联的杜金博士研究发现，植物的花、叶、根、芽等组织的油腺会不断分泌出一种浓香的挥发性有机物，能杀死细菌和真菌，防止林木中的病虫危害和抑制杂草生长。他将这种挥发性有机物称之为"芬多精"（Phytoncidere），phyto意为植物，cide意为消灭，其字面含义为"植物杀菌素"。而植物精气的概念是由我国学者首先提出来的。中南林业科技大学森林旅游研究中心的吴楚材教授在经过7年的系统研究后，认为森林挥发出来的气态物质相当丰富，具有保健疗养等多种功效，他将这类气态物质命名为"植物精气"，并将植物精气定义为："植物的器官或组织在自然状态下释放出的气态有机物"。植物精气是指植物的花、叶、木材、根、芽等油性细胞在自然状态下释放出的气态有机物。植物精气主要成分为芳香性碳水化合萜烯（terpene），即半萜在生物体所结合化合物的统称。主要是包括单萜烯、倍半萜烯和双萜烯类物质。日本的只木良也博士对萜类化合物生理功效进行了研究，在现有的萜类物质中，单萜类化合物生理功效最有价值。植物组织在自然状态下释放出来的植物精气成分多达440种。

对植物而言，植物精气可以为植物招来蜂、蝶，帮助传授花粉和传播种子；可以杀死细菌，进行自我保护。植物精气是植物的油性细胞不断分泌出来的一种"气"，散发在空气中，通过呼吸道和人体皮肤表皮进入体内，最后为人体所吸收。萜烯类化学成分透过皮肤的速率是水的100倍、盐的1 000倍。萜烯类化合物被人体吸收后，有适度的刺激作用，可促进免疫蛋白增加，有效调节植物神经平衡，从而增强人体的抵抗力，达到抗菌、抗肿瘤、降血压、驱虫、抗炎、利尿、祛痰等健身强体的生理功效。植物精气若通过肺泡上皮细胞进入人体血液中，就能作用于延髓两侧的咳嗽中枢，具有止咳作用；如通过呼吸道黏膜进入平滑肌细胞内，就可以促使肌肉舒张，支气管口径扩大，从而解除哮喘；新鲜的植物精气可以增加空气中臭氧和负离子的含量，增强森林空气的舒适感和保健功能。因此精气可以治疗多种疾病，对咳嗽、哮喘、慢性气管炎、肺结核、神经官能症、心律不齐、冠心病、高血压、水肿、体癣、烫伤等都有一定疗效，尤其是对呼吸道疾病的效果十分显著。

从现有的研究来看，最有益的和最有利用价值的是松科、柏科的树木。科学家们经研究发现，在植物精气里的萜类化合物中，单萜类化合物生理功效最有价值。而马尾松、云南油杉、云南松、湿地松、火炬松、西伯利亚落叶松等松科植物的精气中，单萜烯含量均在90%以上。杉树的单萜烯含量也达81.84%。当然，也有些植物散发出来的精气中含有一定的有毒成分，如灵香草、夜来香等。因此，不应当把这类植物放在家里作盆景。

根据不同植物释放的精气成分的差别和人们保健康复的不同需求，设置不同的区域，分别选择不同的植物进行组合配置栽培，形成特殊的森林小环境。可以在这些不同的小区内设置一些运动、休憩、娱乐、散步的场地和设施。人们在这样的小区内休闲度假，沐浴于植物天然精气和负离子的清新空气中，不但可以放松身心，获得愉悦，而且能够取得保健康复的效果。

(二)空气负氧离子

空气中的导电微粒，被物理学家法拉第称为"离子"，"空气离子"因而得名。当今人们一般常说的环境中的"负离子"或"正离子"，即是不同极性的"大气离子"或"空气离子"。空气负离子又称负氧离子，是指获得1个或1个以上的电子带负电荷的氧气离子。空气主要成分是氮、氧、二氧化碳和水汽。氮占78%，氧占21%，二氧化碳占0.03%，氮对电子无亲和力，只有氧和二氧化碳对电子有亲和力，但氧含量是二氧化碳含量的700倍，因此，空气中生成的负离子绝大多数是空气负氧离子。它是空气中的氧分子结合了自由电子而形成的。自然界的放电(闪电)现象、光电效应、喷泉、瀑布等都能使周围空气电离，形成负氧离子。

医学研究表明：对人体有医疗保健作用的是小粒径负离子。因为只有小粒径的负离子才易于透过人体的血脑屏障，发挥其生物效应。很多长寿村中的小粒径的负离子比例高，是因为小粒径的负离子由于活性高、迁移距离远，从而在长寿地区上空形成负离子浴环境。负离子具有极佳的净化除尘，减少二手烟危害、改善预防呼吸道疾病、改善睡眠、抗氧化、防衰老、清除体内自由基、降低血液黏稠度的效果，在医学界享有"维他氧""空气维生素""长寿素""空气维他命"等美称。

一般情况下，森林环境中的空气负离子浓度都要高于城市居民区，人们开展森林生态旅游的一个重要目的，就是到森林中去进行以呼吸空气负离子为主要内容的"森林浴"。当人们离开城区污染的环境，步入森林中，会立即感觉到那里的空气分外清新，精神状态为之一振。这不仅是自然美，也是大气中的负离子对人体的影响。

人们长久待在都市密闭房间内，会觉得头昏脑涨，当来到森林海边、瀑布等地方的时候，我们会觉得神清气爽，这就是空气负离子的作用。山林、树冠上叶端的尖端放电，在雷电、瀑布、海浪的冲击下，形成较高浓度的小空气负离子，使空气清新，使人心旷神怡。而人烟稠密的大都市、工业污染地区、密闭的空调间，所产生的污染物及污染物的液体、固体和各种生物体与空气形成的气溶胶，使大量的小空气负离子结合成大离子而沉降、失去活性，使小的空气负离子浓度降低，并出现正、负离子很不平衡的状态，从而令人感到不适，甚至头昏、头痛、恶心、呕吐、情绪不安、呼吸困难、工作效率下降，以至引起一些症状不明的病变。自然界中空气正、负离子是在紫外线、宇宙射线、放射性物质、雷电、风暴、瀑布、海浪冲击下产生，既是不断产生，又在不断消失，保持某一动态平衡状态。同时因地面对于大气电离层形成的静电场，地面为负极，结果形成了空气负离子受地面排斥，空气正离子则受地面吸引的现象。所以在一般情况下，地表面正离子多于负离子，正、负离子浓度比值常大于 1，正、负离子浓度各为 400~700 个/ cm^3 左右。

1. 森林中空气负离子含量高的原因

（1）森林中有大量溪流、跌水、瀑布，由于瀑布的喷筒效应，水自上流下，由于重力作用，使其高速运动，促使其水分子分解，产生负离子（图 2-3）。

（2）森林中植被茂密，植物群落有不同的层次，植物能对光能有充分的利用，植物光合作用过程的光电效应也会产生负离子。

（3）森林土壤具有良好的通气性和较高渗透率，茂密的多层次的植物根系的作用使其表土具有良好的排水性，氧离子或氧离子团为主的负离子在被植物根系和土壤中微生物利用时被释放出来至土壤空气中，通过交换增加空气负离子浓度。

（4）森林污染少，空气清洁度高也是产生较多的负离子的一个重要原因。

图 2-3 森林中的高负离子区——瀑布

(图片来自:http//www.cgchina.net)

2. 森林空气中影响负离子含量的因素

空气中各种分子和原子在不断受到放射线、紫外线作用及气流、水流的撞击和树叶花草的摩擦,将失去外层电子而成为正离子,游离的电子附在另一个中性质子上成为负离子。由于森林表面起伏大,加上枝、干、叶的摩擦使得空气中能产生较多的负离子,同时由于森林空气的清洁度较高,能保存较多的负离子。大气中离子的含量一般为 400~700 个/m^3,正负离子并不相等,正负离子之比约为 1.2:1,负离子按其大小及迁移率可分为大、中、小 3 种,小离子具有生物活性,一般所指离子数即是小离子数。另外,大气中的离子数还受海拔高度和地理条件、土壤放射性物质的活动、气象条件(风、雨、雷、湿度、云等)和季节因素的影响。离地面越高,大气中的离子也越多。一般是山顶多于平地;街道多于住室;公园多于街道。

石强等(2002)提出了在实践中将森林环境中空气负离子浓度值划分为临界浓度(400 个/cm^3)、允许浓度(400~1 000 个/cm^3)及保健浓度(>1 000 个/cm^3)3 个范围区域,并对北方(北京门头沟小龙门森林公园)和南方(广州流溪河国家森林公园)进行空气负离子浓度检测,并用他本人提出的六级标准进行评价(表 2-1)。

表 2-1　森林旅游区空气负离子浓度评价

景区	功能区	空气负离子（个/cm³）	评价等级
北京	山鸡岭	750	V
门头沟	野猪林	1020	IV
小龙门	杜鹃山	940	IV
森林公园	接待区	360	V
广州	三桠塘	4 500	I
流溪河	植物园	4 100	I
国家森林	跌死龟	2 200	II
公园	接待区	1 160	IV

由上表可见，不同地域、不同环境的森林，甚至同一森林的不同地点，空气中负离子浓度均可能不同（图2-4，图2-5）。

图 2-4　北京门头沟小龙门森林公园
（图片来自 http：// www.xialv.com）

图 2-5　广州流溪河国家森林公园

（图片来自 http://www.quanjing.com）

　　由于自然环境的改变，都市丛林，森林树木减少，河川变浅，溪流加盖，现代人的居住环境中的负离子已大幅度减少，再者，因为大量的空气污染，以及室内的电器产品、空调等的使用，正离子大量的产生，严重地威胁到现代人健康。城市人应该多走出城市，走向森林，多做"空气浴"，在高浓度的空气负离子中漫步，增进身心健康。森林里的空气负氧离子浓度高，具有降尘、灭菌、提高人体血液氧含量以及强身健体、治疗疾病等多种功效。研究表明，空气中负氧离子浓度达到 700 个/cm^3 以上时，对人体具有保健作用；达到 10 000 个/cm^3 以上时，具有治疗效果。湖南神农谷珠帘瀑布景区，经测定空气负氧离子瞬间峰值达到 22.8 万个/cm^3，是亚洲负氧离子含量最高的地方之一（图 2-6，图 2-7）。

图 2-6 湖南炎陵神农谷国家森林公园

(图片来自 http://www.yododo.com)

图 2-7 湖南神农谷珠帘瀑布景区

(图片来自 http://blog.sina.com.cn)

我国台湾科技大学叶正涛教授通过对空气负离子多年研究，收集整理了不同浓度下，空气负离子和人体健康的影响，并对空气负离子浓度级别划分见表2-2。

表2-2　不同区域空气负离子水平与空气质量状况及对人体健康的影响

空气负离子（个/cm³）	地点	空气质量	人体健康影响
<50	密闭都市室内	较差	轻则头疼、失眠，重则导致各种疾病
100~2 000	都市公园	一般	可维持人体健康的基本需求
500~10 000	郊区田野	较好	可增强人体免疫力，具有抗菌作用
5 000~20 000	高山、海边	良好	杀菌作用明显，可减少疾病传播
10 000~50 000	森林、瀑布	优等	具有自然痊愈力

医学研究表明，当空气中负氧离子浓度超过20 000个/cm³时，则可达到治疗疾病的标准。

根据中国气象中心研究，一般来说，空气中负氧离子浓度含量越高，空气质量就越好（表2-3）。

表2-3　空气负氧离子含量与空气质量关系表

负氧离子（个/m³）	空气质量等级	空气状况
>2 000	1级	非常清新
1 500~2 000	2级	清新
1 000~1 500	3级	较清新
500~1 000	4级	一般
300~500	5级	不清新
<300	6级	非常不清新

（三）植物精油

植物精油是萃取植物特有的芳香物质，取自于草本植物的花、叶、根、树皮、果实、种子、树脂等，以蒸馏、压榨方式等提炼出来的。由于香薰精油挥发性高，且分子小，很容易被人体吸收，并能迅速渗透人体内器官，将多余的成分排出体外，整个过程只需要几分钟，而植物本身的香味，也直接刺激脑垂体分泌生长激素、促甲状腺激素、促肾上腺皮质激素、促性腺素低产素、催乳素等,平衡体内机能,起到美容护肤等理疗保健作用。精油是芳香植物的高度浓缩提取物。植物精油由一百多种以上的成分所构成,有些更高达数百种甚至上千种成分,一般而言,植物精油含有醇类、醛类、酸类、酚类、丙酮类、萜烯类。以玫瑰精油为例,其86%是由三百多种成分组成,14%是由许多微量化合物组成,这两部分的组成比率不同,也会影响味道及疗效。保加利亚玫瑰中含有33%~55%的香茅醇,3%~40%的牻牛儿醇和橙花醇,16%~22%的硬脂脑,1.5%~2%的苯乙醇,0.2%~2%的倍半萜环状醇,以及一些微量合成物。植物精油对人体健康的主要作用如下所示。

(1)净化空气与杀菌　由于精油含有抗菌防腐的成分,所以它有抗菌、抗微生物及抗病毒的特性,因此,精油具有净化空气与杀菌的作用。

(2)提供细胞营养　因为精油含有荷尔蒙、维生素,所以它能给我们身体细胞提供营养。

(3)平衡身体心灵　精油最重要的特质是气味,它会通过影响大脑的边缘系统,作用在嗅觉上,微小的芳香分子更会在中枢神经上引起心理以及生理不同层次的反应。

(4)免疫功能　精油其中最重要的特性是芳香精油有助于加强身体的免疫系统,帮助抵抗各种病菌、病毒的攻击。

图 2-8　植物精油的成品

(图片来自 http://www.baike.baidu.com)

(5)防腐特质 钱骅等(2010)报道,牛至、大蒜、山苍子和桉叶油对金黄色葡萄球菌、枯草芽孢杆菌和大肠杆菌有较强的抑杀作用,大蒜精油对金黄色葡萄球菌和枯草芽孢杆菌最小抑菌浓度(MIC)为0.125%,大蒜和花椒精油还具有很好的防腐作用,可抑制牛奶和圣女果的腐败变质。精油具有天然的防腐特质。植物精油的制成品如图2-8所示。

(四)森林食用动物资源

森林中植物种类繁多,常年供应不绝,成为动物的食物基础,森林的空间高大、结构复杂、生长周期长、更新调节能力强、群落稳定性大,形成特殊的环境条件,又为动物饮食、栖息、隐蔽和繁衍提供了最优良的场所。森林遭到破坏,常导致动物种类和数量的锐减,甚至濒临灭绝。森林动物是宝贵的物质财富,又是再生资源,可为人类生活、生产提供丰富的皮、肉、毛、羽、骨、蛋、角等,有些动物如驯鹿、象、猕猴、猩猩、苍鹰等经过驯化饲养,用以生产衣、食品和工艺品等。有的则是人类观赏为主的珍禽异兽,如虎、豹、孔雀、鹦鹉、大熊猫等。可供科学研究用的有树鼩、兔、猴、白鼠等。皮毛用动物有鼬、松鼠、兔、狐、貂、狸、熊、狍、狼、山羊、猞猁等。肉用动物有羊、猪、鹿、熊、狍、鸽、鸠、雉、鸡类等。药用动物有虎、鹿、麝、穿山甲、沟牙鼯鼠(五灵脂)等。随着科学研究的不断深入,对森林动物的开发利用将进一步向多功能、多效益方向发展,并将越来越多地利用其生态效益。动物资源作为一种再生资源,只要其猎取量不大于繁殖补充量,就能取之不尽,用之不竭。反之过量猎取,就会使森林动物锐减,甚至会导致某些野生动物的种族灭绝;而母兽雌禽的减少,更会导致种群数量难以恢复。滥伐森林则会使森林动物失去生存条件。因此,保护森林动物及其赖以生存的森林生态环境,已成为刻不容缓的任务。

(五)森林食用植物资源

是指来自森林,符合人类自然、环保、清洁生产技术要求,生态、优质、健康、营养的食用林产品。目前市场有森林蔬菜、森林饮料、森林药材、森林中药提取物等。

1. 森林蔬菜

森林蔬菜是林中珍品,我国可供食用的达6 000多种,包括以下六类。

(1)茎菜类 指的是蔬菜嫩茎、幼芽、嫩枝。如香毛竹笋、蕨菜、土当归、枸杞、虎杖、酸模、山芹菜、野豌豆、青苎麻等，共有30多种。

（2）叶菜类　指的是嫩叶及其嫩芽。如香椿、黄连木、槐树、刺楸、鱼腥草、朱蒡等，近30种。

（3）根菜类　指的是块根、块茎和鲜茎。如魔芋、土半夏、天门冬、卷丹、药百合、大麦冬等近10种，其中魔芋食品正风靡世界。

（4）花菜类　指的是花、花苞。如桂花、兰花、玉兰、刺槐、白菊花、金银花等，约20种。

（5）果菜类　指的是果实、种子、果荚。如板栗、苦槠、刺榆、酸豆、木通等，有10多种。

（6）菌菜类　包括真菌和地衣，共40多种。真菌如香菇、银耳、黑木耳、竹荪、猴头、松蕈、牛肝菌、冬菇等。地衣如地耳、石耳等。菌菜中不少是名贵的山珍。

2. 森林饮料

森林饮料是新型保健饮料之一，它的营养价值高，风味独特，无污染，并有很高的医疗价值。这种饮料一般都是利用树木茎叶和野生植物的果实、种子、花朵，以及森林植物的花粉等原料加工而成（详见第四章内容）。

3. 森林药材

森林是绿色宝库，在我国 $960 \times 10^4 km$ 的土地上，有许多山川，是树木花草的摇篮。据有关资料统计，树木种类达5 000多种，其中经济价值较大的乔、灌木树约有2 000多种，构成了一个浩瀚、壮阔的绿色世界。森林环境以森林的苍茫、树的挺拔、叶的婆娑、草的轻柔来美化和体现，丰富我们的生活，哺育我们的文明。森林环境不仅能改善环境，净化空气，作为大自然生态平衡的主体，还是国家的重要资源宝库，直接提供木材、果品、油料、药材、纤维、淀粉、香料、糖类、胶料、树脂、鞣料、饲料以及色素、皂素、甜味素、有机酸等众多的植物原料，广泛地应用在国防、机械、化工、食品、医药等各种生产上。根据文献研究，我国现有11 146种有记载的药用植物，其中临床常用的植物药材有700多种，如人参、三七、红花、杜仲、金鸡纳等，大多数传统的中药材采用森林的野生资源。

4. 森林中药提取物

几千年来传统中药主要是直接用原药材或饮片配成复方，由病人自己制备汤剂服用，此法目前仍在广泛应用。这种传统用药方法的缺点是显而易见的，如服用不方便、疗效不稳定、质量无法控制等。森林中药提取物是指按规范化的生产工艺制得的符合一定质量标准的提取物，植物提取物是国际天然医药保健品市场上的一种新的产品形态，是现代植物药先进技术的载体。我国现有应用于临床的森林中药提取物主要品种有银杏、贯叶连翘、刺五加、当归、人参等。

四、森林中不利于人体健康的因素

人类在森林的生产生活过程中，也有可能遇到一些不利于人类健康的因素，危害人体健康，需要引起重视。

(一) 森林有害生物

林业有害生物具有两重属性。一个属性是自然属性，即林业有害生物通过直接取食林木的根、茎、叶、花、果、种子，或以一定方式从林木的上述器官、组织中吸取营养，致使林木不能正常生长，甚至死亡，即对林木造成了一定的"危害"。这样的生物，应该说是非常多的，因为林木作为自养生物，通过光合作用固定太阳能，制造有机物，是其他很多异养生物存在的基石，数量繁多的异养生物都要通过"危害"林木获取营养而繁衍生息，这是自然世界的一个生态现象，大家遵循"物竞天择、适者生存"的生态法则竞争生存。如果没有人为对自然生态系统干扰的话，通过亿万年的自然选择，林业有害生物虽然"危害"林木，但却不置其于死地，大家你中有我，我中有你，保持着动态的平衡，林业有害生物因而也可认为实际是"无害"的。另一个属性是社会属性，它又表现为两个方面，第一，有害生物造成的危害是对人类利益相关的林木造成的危害。森林里的物种是非常多的，其中只有少数是人类获得利益的目的物种，只有这些物种遭受的危害对于人类来说才是"有害"，而其他物种遭受的危害对于人类则无所谓"害"与"不害"。第二，有害生物造成的危害对人类造成了利益损失。例如，病原物、害虫给水果造成了病斑、虫斑，对于果木的生长和繁殖来说影响不大，可以忍受，但对于人类来说，则影响了美观、销售，不能忍受，是有害的。如白蜡虫、紫胶虫刺吸寄主植物，对寄主植物是有害的，但它们的分泌物白蜡和紫胶对于人类是有用的资源，因此这两种昆虫被定为益虫。而如白僵菌，被广泛用于林业害虫防治，从这个角度讲，是有益的生物。但是，假如森林旁有种桑养蚕，则会导致家蚕僵死，这时白僵菌对于蚕桑业是有害生物。

(二)森林野生动物与自然疫源性疾病

若干种动物源性传染病(动物作为传染源的疾病),如鼠疫、森林脑炎、兔热病、蜱传回归热、钩端螺旋体病、恙虫病、肾综合征出血热、乙型脑炎、炭疽、狂犬病、莱姆病、布鲁氏菌病等,经常存在于某地区,是由于该地区具有该病的动物传染源、传播媒介及病原体在动物间传播的自然条件,当人类进入这种地区时可以被感染得病,这些地区称为自然疫源地,这些疾病称为自然疫源性疾病。这类疾病的病原体能在自然界动物中生存繁殖,在一定条件下,可传播给人。因此,在森林活动过程中,一般人尽量不要去接触森林野生动物,以免被感染。

(三)野生动物携带的新型冠状病毒及其变种

SARS 病毒是冠状病毒的一个变种,是引起非典型肺炎的病原体。变种冠状病毒与流感病毒具有亲缘关系,但它是非常独特的一种冠状病毒,在 2002 年冬到 2003 年春肆虐全球的严重急性呼吸综合征(Severe Acute Respiratory Syndrome,SARS)又称为"传染性非典型肺炎"的元凶就是这种冠状病毒。在中国南部及西南部,特别是云贵高原及广西、广西地区,果子狸常被用以食用(图 2-9),因此,医学界许多人士认为人类通过食用果子狸而感染到严重急性呼吸道综合征(SARS)。因为有不利的证据表明严重急性呼吸道综合征(SARS)与果子狸关系密切。致使果子狸在中国部分地区遭到大规模的宰杀。已有的流行病学证据和生物信息学分析显示,野生动物市场上的果子狸是 SARS 冠状病毒的直接来源。

虽然在世界各地的蝙蝠体内均发现与 SARS 病毒相似的 SARS 样冠状病毒,但这些病毒均不能利用人和果子狸的 ACE2(即人 SARS 病毒受体)作为受体,不是 SARS 病毒的近亲。中国科学院武汉病毒研究所研究员石正丽带领的国际研究团队分离到一株与 SARS 病毒高度同源的 SARS 样冠状病毒,进一步证实中华菊头蝠是 SARS 病毒的源头。SARS 冠状病毒是造成 2002 年至 2003 年 SARS 暴发的病原。该团队分离的 SARS 样冠状病毒可以利用人、果子狸和中华菊头蝠 ACE2 作为其功能受体,并且能感染人、猪、猴以及蝙蝠的多种细胞。这些实验结果为中华菊头蝠是 SARS 冠状病毒的自然宿主提供了更为直接的证据。

由于人类对新型冠状病毒知之甚少,来自何处、如何传播均不了解。所以这种新病毒已成为全球的一个威胁。目前全球仍然缺乏针对这种新病毒的有效治疗药物，也没有特殊的治疗方法和针对新型冠状病毒有效疫苗。但是，冠状病毒通常较为脆弱，离开人体后存活时间仅有24h左右。世界卫生组织专家建议普通民众勤洗手、减少与呼吸系统疾病患者的密切接触，避免食用未经烹饪的肉类或者未清洗的水果蔬菜，更不要随便去猎杀和食用森林中的野生动物。

(四)森林脑炎

森林脑炎是由黄病毒属中蜱传脑炎病毒所致的中枢神经系统急性传染病，蜱为其传播媒介。临床上以突起高热、头痛、意识障碍、脑膜刺激征、瘫痪为主要特征，常有后

图 2-9　果子狸

（图片来自 http：//sannong.cntv.cn）

遗症，病死率较高。本病是森林地区自然疫源性疾病，流行于我国东北和西北的原始森林地区、俄罗斯的远东地区及朝鲜北部林区。有严格的季节性，自5月上旬开始，6月高峰期，7~8月下降，呈散发状态。人群普遍易感，所有患者均有森林作业接触。森林脑炎又称蜱传脑炎、俄国春夏季脑炎、东方蜱传脑炎等。

(五)松毛虫皮炎

松蚀皮炎是指接触松毛虫体的毒毛后引起的一种急性皮炎，常伴有关节损害，多见于参加农业劳动的青壮年。临床表现为皮炎、关节炎、囊肿3种类型，伴有不同程度的发热、头痛、全身不适及病损附近浅表淋巴结肿大等症状。在山区丘陵有松树地区，应及时喷洒药物杀灭松毛虫。赤眼蜂、红头小茧蜂、莺、燕等是松毛虫的天敌，为这些天敌创造栖息及繁殖条件有利于灭松毛虫。在松毛虫盛发期的松林应实行封山管理，减少人为传播。做好个人防护，如接触到松毛虫或毒毛污染物应立即用肥皂水或碱水洗手。

第二节　影响健康与长寿的相关因素

一、健康与长寿的含义

(一)健康的定义

自古以来,健康与长寿便成为人类追求的永恒目标。那么,何为健康?健康是指一个人在身体、精神和社会等方面都处于良好的状态。健康包括两个方面的内容:一是主要脏器无疾病,身体形态发育良好,体形均匀,人体各系统具有良好的生理功能,有较强的身体活动能力和劳动能力,这是对健康最基本的要求;二是对疾病的抵抗能力较强,能够适应环境变化,各种生理刺激以及致病因素对身体的作用。传统的健康观是"无病即健康",现代人的健康观是整体健康,世界卫生组织提出"健康不仅是躯体没有疾病,还要具备心理健康、社会适应良好和有道德"。

(二)长寿的含义

何为长寿?长寿的标准有三个。一是长寿的代表性,即百岁老人占总人口的比例要达到国际共识的标准十万分之七点五;二是长寿的整体性,即人口平均预期寿命要明显高于全国平均水平3岁;三是长寿的持续性,即80岁及以上的老人占总人口的1.4%。联合国规定,长寿地区的标准是每百万人口中要有75位以上百岁老人。我国长寿之乡评审标准为百岁老人占总人口的比例达十万分之七。

二、影响人类健康的相关因素

影响健康有哪些相关因素呢?在20世纪之前,影响人类健康的疾病主要是传染病。随着现代医学的进步,控制传染病的能力不断增强,传染病在疾病谱、死因谱上的位置开始下降,并逐步为慢性病、癌症及意外伤害所取代,同时,人们开始意识到环境、生活方式等正逐渐成为影响人类健康的新因素。现代医学研究表明影响人体健康的因素是多方面的,主要有环境因素、生物遗传因素、行为生活方式因素和医疗卫生保健服务因素四大类。影响健康的主要因素,图2-10所示。

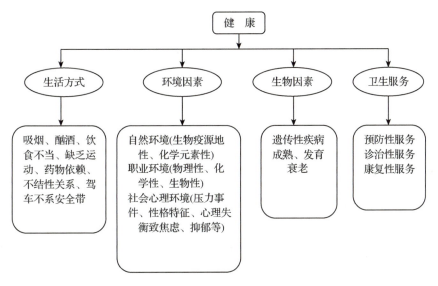

图 2-10 影响健康的主要因素

(一)环境因素

环境对人类健康影响极大,无论是自然环境还是社会环境,人类一方面要享受它的成果,一方面要接受它带来的危害。自然界养育了人类,同时也随时产生、存在和传播着危害人类健康的各种有害物质。气候、气流、气压的突变,不仅会影响人类健康,甚至会给人类带来灾害。在社会环境中,政治制度的变革,社会经济的发展,文化教育的进步与人类的健康紧密相连。例如,经济发展的同时带来了废水、废气、噪音、废渣,对人类健康危害极大。不良的风俗习惯、有害的意识形态,也有碍人类的健康。因此,人类要健康,就必须坚持不懈地做好改善环境、美化环境、净化环境和优化环境的工作。

(二)生物遗传因素

在生物因素中,影响人类健康最重要是遗传因素和心理因素。现代医学发现,遗传病不仅有二三千种之多,而且发病率高达20%。因此,重视遗传对健康的影响具有特殊意义。心理因素对疾病的产生、防治有密切关系,消极心理因素能引起许多疾病,积极的心理状态是保持和增进健康的必要条件。医学临床实践和科学研究证明,消极情绪如焦虑、怨恨、悲伤、恐惧、愤怒等可以使人体各系统机能失调,从而导致失眠、心动过速、血压升高、食欲减退、月经失调等不适症状。保持积极的、乐观的、向上的情绪,则能经得起胜利和失败的考验。总之,心理状态是社会环境与生活环境的反映,是影响健康的重要因素。

(三)行为生活方式因素

行为生活方式是指人们长期受一定文化、民族、经济、社会、风俗、家庭影响而形成的一系列生活习惯、生活制度和生活意识。人类在漫长的发展过程中,虽然很早就认识到行为生活方式与健康有关,但由于危害人类生命的各种传染病一直是人类死亡的主原因,就忽视了行为生活方式因素对健康的影响。直到19世纪60年代以后,人们才逐步发现行为生活方式因素在全部死因中的比重越来越大。例如,1975年美国年死亡人数中,近50%与不良行为生活方式有关(表2-4)。可见,养成良好的行为生活习惯对于健康是多么重要。

人们的行为生活方式与其健康有着极为密切的关系。研究表明健康的行为生活方式可以使人获得健康,可以使高血压发病率减少55%,脑卒中减少75%,糖尿病减少50%,恶性肿瘤减少35%,人均寿命延长10年,且大幅度提高生活质量,而不健康的行为生活方式则会给人带来疾病。行为生活方式的选择、生活习惯的改变完全是由自己决定的,这就是说预防疾病的主动性掌握在自己手里,健康需要自我管理保护。

表2-4 美国十大死因的相关因素(1975年) (%)

相关因素	百分比
生活方式	48
生物因素	26
环境因素	16
卫生服务系统	10
合计	100

(四)医疗卫生保健服务因素

决定健康的因素十分复杂,保健服务也是极为重要的因素。(表2-5)。世界卫生组织把卫生保健服务分为初级、二级和三级,实现初级卫生保健是当代世界各国的共同目标。其基本内容包括:健康教育;供给符合营养要求的食品;供给安全用水和基本环境卫生设施;妇幼保健和计划生育;开展预防接种;采取适用的治疗方法;提供基本药物。

表 2-5　我国 19 个城乡点 8 种主要死因与四类因素关系（1981—1982 年）　　%

死因	行为生活方式	环境因素	卫生服务	生物学因素
心脏病	47.6	18.1	5.7	28.6
脑血管病	43.2	14.8	6.0	36.1
恶性肿瘤	45.2	7.0	2.6	45.2
意外死亡	18.8	67.6	10.3	3.4
呼吸系统	39.1	17.2	13.3	30.5
消化系统	23.8	17.0	28.4	28.4
传染病	15.9	18.9	56.5	8.8
其他	8.7	19.6	18.9	52.9
合计	37.3	19.7	10.9	32.1

注：引自张枢贤. 社区医学[M]. 北京：北京大学医学出版社，1994。

三、健康长寿地区自然环境条件及生活特点

（一）中国五大长寿

根据联合国规定的长寿地区的标准进行的全世界范围调查，最后确定的世界五大长寿地区是分别巴基斯坦的罕萨、厄瓜多尔的比尔卡班巴、格鲁吉亚的阿布哈吉亚、中国新疆的和田与阿克苏及广西的巴马地区。在中国的五大长寿地区分别是：广东怀集世外桃源村、广西巴马、广东金林水乡、湖北钟祥娘娘寨、新疆和田。

1. 广西巴马

在中国南方，有一个神奇而美丽的地方，这里是著名的"世界长寿之乡"，自古以来就有很多长寿的老人，多数老人无疾而终，这里的百岁老人占比是国际上"世界长寿之乡"标准的近 200 倍。得益于这里相对原生态的自然环境，风景十分优美，据说当地的空气和水有延年益寿功效。长寿村位于广西盆地和云贵高原的斜坡地带，广西巴马瑶族自治县甲篆乡巴盘屯，这里背倚青山，盘阳河绕村而过，走过一座石拱桥一条小路便可进屯。在这里，90 岁和 100 岁以上的老人分别由第三次人口普查的 242 和 44 人，上升到第四次人口普查的 291 和 66 人，到第五次人口普查时，已经增加到 531 和 74 人，有 3 位老寿星达到了 110 岁以上，是五大长寿乡中唯一长寿老人不断增多的地方。

（1）自然环境好　巴马人长寿，首先得益于大自然良好环境的赐予。巴马

属于亚热带气候，空气清新，巴马瑶族自治县位于广西西北部，是世界五大长寿之乡中百岁老人分布率最高的地区。盘阳河是巴马长寿乡的母亲河、长寿河，含有十分丰富的矿物质，常年保持在17~18左右的恒温，全年适合洗浴。裸浴正是巴马村民返璞归真的古风，也是几千年人们长寿的秘诀。这里的空气负氧离子高达3 000~5 000个/m^3，而负氧离子被称为空气中的"维生素"和"长寿素"，对人的心、肺、神经系统等有积极的作用，适量的负离子对许多老年人的常见病、多发病具有预防和治疗作用。所以很多来自各地的中老年朋友，都会到离这里仅3km处的百魔洞（图2-12）里"吸氧"，在山泉中沐浴，络绎不绝。

（2）水富含矿物质　水也是这里的长寿秘诀，五行中的水对应人体的肾、耳。巴马泉水是地下水和富含矿物质的山泉水，又称小分子团水。国际自然医学会通过7年的研究表明巴马水珍稀的天然小分子团水，能够进入细胞核和DNA，活化细胞酶组织，激发生命活力。长期饮用，对身体有显著的增强体质、延缓衰老作用，是世界罕见的健康之水。

图2-12　巴马百魔洞负氧离子50 000个/m^3

（图片来自http：//www.mafengwo.cn）

（3）地磁场强　长寿村的秘诀之三在于巴马地磁比其他地方高，地磁对应金，是五行之首，万物之源。巴马有一条断裂带，直接切过地球地幔层，这条断裂带就在盘阳河地下，地球一般地区的地磁约在0.25高斯，而巴马的地磁高达0.58高斯，科学考证：人们生活在恰当的地磁场环境中，身体免疫力高，能协调脑电磁波，提高人的睡眠质量。长寿村的秘诀之四在于，巴马的食物，食物在五行中对应是土，巴马的土壤有丰富优质的双歧杆菌和乳酸杆菌。20世纪90年代日本专家到巴马，从百岁老人的肠胃液里提取了乳酸杆菌，回国后进行培养用于乳酸奶。另外，巴马的土壤中含锰和锌很高，在巴马百岁老人头发中，发现锰的含量是其他地区老人的10倍。锰对于血管有保护作用，是人体多种酶的激活剂，对血糖血脂血压均有影响。

另外巴马有"八山一水一分田"的美誉，空气中负氧离子含量甚至是首都北京的100至750倍，被誉为天然氧吧。由于巴马境内山多，人们出门多爬山，即使年过90的老人在山路上依然健步如飞，比年轻游客都快。巴马瑶族自治县，又称万岗（字面意思为群山），高高地矗立于中国西南部－－广西，是一片未被大量开发的土地，处于亚热带。巴马四面环山，与外界隔绝，清澈的盘阳河从郁郁葱葱的山顶流向低处幽静的山谷，在阳光下，熠熠生辉。在这里，健康长寿、精力充沛的瑶族人耕田种地，往返于崇山峻岭间，照料着自家的农作物。这些农作物赋予了他们健康长寿的身体，被视为能延年益寿的中草药。这里的山草富含营养成分，就连吃山草的马儿，寿命也很长。世界卫生组织最近正式命名巴马为"长寿之乡"。为了探寻他们格外健康的缘由，人们还设立了专门的研究机构。

从地理环境和气候条件等综合来看，巴马是最适合人居的地方，水、空气、地磁、阳光它都在给你理疗。正因如此，每年有许多养生甚至养病之人如"候鸟人"般涌来。

2. 新疆和田

新疆长寿老人集中生活在和田地区，新疆和田于田县的拉依苏村是我国境内的世界长寿之乡。拉依苏村有2 400人，仅90岁以上的长寿老人就有16人。肉孜老人已有110岁，身体健朗，还能干简单的农活，他每天天黑就睡觉，清晨鸡叫就起床。眼睛虽然花了，但他每天上午还要干两个多钟头的活，他还帮儿子在院子里种了一亩地的棉花。老人早晨和中午喝茶、吃馕，晚上几乎不吃东西。和田地域辽阔、物产丰富，素以"金玉之邦、粮棉之仓、丝绸之路、瓜果之乡"著称于世。和田地区虽然干旱少雨，多风沙，又被昆仑山和沙漠所包围，但是有用昆仑山积雪融水浇灌的农田，渠道纵横、流水潺潺，地表水比较充足，和田成熟的防风林弱化了风沙危害，到处是树的海洋，户户掩映在绿树丛中，形成了沙漠绿洲，又被称为"森林公园"，这样的环境非常有利于人们的身心健康。

3. 湖北钟祥娘娘寨

钟祥不但是中国道教发源地、楚文化发祥地，更是中国三大长寿乡之一。钟祥名胜古迹数不胜数，无论是黄仙洞，还是娘娘寨，都留有古老传说。攀尽黄仙洞尽头256级的天梯便是有世外桃源美誉的娘娘寨。娘娘寨村民多长寿健康，据说是因这里空气清新，民风纯朴，勤劳好动，饮食健康所致。娘娘寨中峰峦叠翠，深潭遍布，古树参天，拥有世界最大的古银杏群落，其中一棵"银杏王"树龄达2400多年。土夯的房屋坐落在银杏树丛中村中哪些纳凉的百岁老人，勾勒出一幅与世无争的田园画卷。

4. 广东金林水乡

肇庆市德庆官圩镇的金林水乡是广东著名的长寿村，据说这里的山泉富含偏硅酸、锶、碘、硒、锂等有益元素，且从大雾山起该地存在一条由北向南的磁负异常带，空气清新、村风淳朴，使得金林水乡成了长寿之乡。如要进入水乡，需先要摆渡，泛舟一段水路，就到了村口。据不完全统计，自清代以来，村里年过百岁的老人有8人之多，现健在的90岁以上高龄老人亦有20多人。村中多"寿星"也与村民历来重视养生之道不无关系。

5. 广东怀集世外桃源村

桃源村在肇庆怀集县桥头镇，自西晋六年建村至今已有1700多年历史。当地村民世代通过一段400多米的天然溶洞进出，至今还保留着上千年举火把穿洞穴的生活；也可泛舟沿着河道进村，穿越一段古老而神秘的山洞，走出东洞口，豁然开朗，四面石山，小溪潺潺，不远处有一村落，即为桃源村了。桃源村拥有古老的语言文化、风俗习惯，有陶渊明"古居"之誉。这里多出寿星。不管是长居者还是外嫁女，一般都达90岁以上高龄，不少还超过100岁。1994年，桃源村外嫁女孔英以124岁获"中国长寿王后"称号，因此，这里也有"中国长寿王后"故乡之称。村人喜欢研究长寿之道。精神上尊奉南极仙翁（长寿之神），遵循"天人合一"的自然法则，讲究起居饮食"适四时之变，调五运之和，养六气之真"。村里至今保存的"仙翁岩""长寿桥""长寿井""仙翁炼丹石"等与长寿有关的景点。

（二）长寿地区人们共同的生活特点

1. 人的心理健康

世界长寿地区多位于高寒地带或偏僻山区，与外界环境接触较少，所以，这里的民风纯朴，没有权势利益的纠纷。生活在这里的人们，豁达大度，心情舒畅，精神愉快，热情友好，人与人之间相互帮助，过着清静纯朴的生活。

乐观豁达的心情有助于心身健康，能够使机体的神经及内分泌调整至最佳状态，抵御疾病的能力增强而有利于健康长寿。心理因素会影响老人的身体健康，比如消极情绪会使大脑活动功能降低，引起免疫力的降低，使身体抵抗力下降。焦虑、忧郁会抑制胃肠蠕动和消化液的分泌。对于老人而言，抑郁、烦恼、发怒这些消极情绪都可能引起心肌梗塞、脑溢血等疾病。心态平和才能健康长寿。

2. 自然环境优美

世界长寿地区的地理环境优美，如巴基斯坦的罕萨属于高山环境，蓝天、白云、绿树、红花相映成趣；格鲁吉亚的阿布哈吉亚到处是茶树和果园，春天万花盛开，秋天硕果累累；我国广西巴马为山区，山上长满松树、油茶树和灌木，一片绿色的世界，环境幽静。生活在这些绿色森林地区的人们呼吸的是富含氧离子的新鲜空气，喝的是纯净的山泉水，远离城市喧哗和污染。

3. 生活规律

长寿地区的人们没有受到快节奏现代生活的影响，仍然过着日出而作，日落而息的生活。老寿星们仍然每天上山放牧、下田干活，进行家务劳动，生活极有规律。生活方式可调控长寿遗传基因。生活方式、饮食习惯和生存环境会影响DNA的甲基化和人体组蛋白的修饰，从而影响基因的表达。很多国际研究结果表明，人类寿命约有25%受遗传基因控制，而其他75%取决于个人行为与环境等外因以及与遗传基因交互作用的影响。没有家族长寿史的人也不必灰心，在生活中养成好的习惯，比如常吃蔬菜水果、豆制品、鱼类，适度喝一些红酒，不吸烟，坚持锻炼，选择环境好的地方居住，也能健康长寿。

4. 饮食结构合理

五大长寿地区饮食结构的共同特点是：多吃粗食，饮食清淡，结构合理，营养平衡。主食以粗制米面及薯类为主，副食多吃蔬菜水果，并饮用牛奶或食用乳制品（广西巴马地区则为豆类）。食不过饱是这些地区的特点，摄入的热量较低，并食用一些当地生产的干果（如核桃等）及蜂蜜等。总结长寿老人的饮食经验有：早餐好一点、晚餐早一点、品种杂一点、饭菜香一点、饭菜烂一点、饮食热一点、饭要稀一点、吃得慢一点、数量少一点、质量好一点、蔬菜多一点、菜要淡一点。

5. 经常活动

长寿地区的人们每天都要参加劳动，无论男女老少个个都要做力所能及的劳作，广西巴马的百岁老人黄卜新，每日不是上山放牧，就是下田耕作，过吊桥比一些年轻人还快；施妈球已是 101 岁的老婆婆，每天自己摘菜做饭，动作干净利落，令人瞠目结舌。正是坚持不懈的劳动，既活动了筋骨，又锻炼了体质，有益于健康长寿。

6. 遗传因素

世界卫生组织宣布，人的健康长寿有 25% 取决于遗传因素。一般来说，父母寿命长的，其子女的寿命也长。长寿地区的长寿老人与其遗传基因也有一定关系。长寿具有家族特征，罗美珍老人所在的广西巴马地区，百岁家庭屡见不鲜。田龙玉老人的父母将近 90 岁才去世，她的弟弟和妹妹仍然健在，一个年近 100 岁，一个年近 90 岁。这说明遗传基因对寿命的影响是具有共性的。有些遗传基因能够预防疾病和保护健康、并有利于寿命延长，而另一些遗传基因反而使老人易患疾病，损害健康，进而减少寿命。与单一的疾病不同，老人是否健康和长寿，取决于各种器官和众多细胞的协调平衡，因此，不可能是某个基因产生变异，而是很多遗传基因共同作用的结果。可以将这些遗传基因统称为"老龄健康相关遗传基因"。对广西巴马长寿人群聚居地区的研究发现，这个地区人群 DNA 甲基化总体水平较高，并且白细胞端粒长度明显长于一般地区人群，这说明 DNA 甲基化水平和端粒长度都可能影响健康长寿。

7. 良好的水土环境

中国老年学会陆续认证了 9 个人口超过 10 万、百岁老人比例超过 7/10 万的"长寿之乡"，包括湖南麻阳、广西永福、广西岑溪、四川彭山、湖北钟祥、广东三水、河南宁陵、江苏如皋和四川都江堰。据陈冬锋介绍，研究人员通过对如皋市和宁陵县的地质背景及土壤、水、大气的环境质量调查显示，这些长寿之乡的奥秘之一在于良好的水土环境。

我国专家对湖北省钟祥市、江苏省如皋市长寿地区白蒲镇、河南省宁陵县的四个乡的土壤进行了 1000 多样点分析，结果显示，这些地区每千克土壤中，碘、锌、硒的平均含量分别达 3.3mg、57.3mg、0.47mg，明显高于其他地区。专家表示，元素硒、锌、碘对人类健康的影响是由这些元素特有的生理功能决定的。硒是人体必需的微量元素，在人体中起到抗衰老防癌变的作用。锌是人体必需的微量元素，是构成人体参与生命活动多种蛋白质所必需的元素。碘是被人类发现的人体必需的有益微量元素，虽然碘在人体内含量较少，但对人体健康有非常重要的影响。更加重要是，虽这些地区元素的含量较高，但又不太高，正好适合人体需要。调查还显示，如皋地区沉降物中重金属含量处于江苏全省最低水平，特别是砷、汞、镉、铅等毒性比较大的重金属含量明显偏低。专家认为，如皋长寿地区有其独特的地质背景，其表层、深层土壤中有害物质保持较低水平，这种优良的水、土、气生态环境综合作用，加之良好的饮食习惯，使得这个地区重金属含量降低，居民体质逐步增强，形成世界闻名的长寿地区。

四、长寿地区生活地理环境的流行病学特点与人类居住环境的选择

（一）长寿地区生活地理环境的流行病学特点

综合分析还发现，我国长寿区域的分布呈现六大显著地域特征：

第一，均处于北纬38°线以下的南方地区，主要分布在广西、四川、海南、云南、广东和新疆等地。中国三北（华北、东北、西北大部分）地区是长寿"盲区"，没有发现长寿区。

第二，多沿江河流域分布，主要分布在珠江、长江、澜沧江流域和近海地区。从气候条件来说，主要分布在中南亚热带、热带边缘和新疆的暖温带地区，没有温带地区。气候凉爽宜人，冬无严寒，夏无酷暑，有益健康，利于长寿。

第三，多为少数民族地区。广西、云南、新疆的长寿区多为少数民族聚居区，主要为瑶族、傣族、维吾尔族。

第四，多呈现聚集性，而不是孤立存在。主要分布于广西巴马—都安—东兰等县、四川都江堰—彭山、云南潞西—勐海—景洪、广东三水—佛山、新疆阿克苏—阿克陶—吐鲁番5个长寿带。

第五，多为中、低山丘陵及冲积、洪积平原地区，海拔高度在1 500m以下。

第六，多为地方病较少流行或没有流行的地区。调查发现，长寿区的土壤和食物中富含微量营养元素，尤其是土壤中的硒含量都偏高，而硒是公认的对健康有益的微量元素。例如，湖北、河南、河北等长寿区。

第七，多为森林覆盖率较高的自然环境优美地区。

> **专栏二：中国癌症村**
>
> 1990年以来，中国众多城市的城郊结合部因为交通便利和劳力便宜而成为了工业区或者工业园，导入了化工、制造等污染企业，制造了大气污染、水污染、土壤污染等问题。长年的污染积累后，伤害终于爆发，2002年以来，"癌症村""怪病村"现象在中国各地频频出现，尤其高发于广东、浙江、江苏等经济发展较快的省份，GDP增长和"癌症村"增加之间呈现伴生关系。近两年来，更增添了向内地资源省份蔓延的趋势。"癌症村"增多，根在环境污染加大，地下水污染越来越严重。我国一些河流、湖泊、近海水域及野生动物和人体中已检测出多种化学物质，有毒有害化学物质造成多起急性水、大气突发环境事件，多个地方出现饮用水危机，个别地区甚至出现"癌症村"等严重的健康和社会问题。同时，危险化学品渗漏引发的场地污染问题日益严重，污染面积和影响范围不断扩大。在多种污染源作用下，我国浅层地下水污染严重且污染速度快。2011年，全国200个城市地下水质监测中，"较差—极差"水质比例为55%，并且与上一年比，15.2%的监测点水质在变差。根据国土资源部十年的调查，197万平方千米的平原区，浅层地下水已不能饮用的面积达六成。2012年7月，在河北霸州调查时，很多村民把污染源指向当地的一些轧钢厂。许多年来，城镇、城郊和农村的一些工业企业用渗坑、渗井和缝隙排放废水，对地下水的污染非常严重。农村水井主要抽取浅层地下水，而地表水可直接渗入浅层，受污染侵害最为严重。根据2001—2002年国土资源部第二轮地下水资源调查，浅层地下水Ⅰ类和Ⅱ类水质分布仅为4.98%，已不能饮用的Ⅳ、Ⅴ类面积高达59.49%。"中国癌症村地图"，实在是一副触目惊心的警示图！尽管这份数据可能不尽精确和权威，但癌症村越来越多，这已是一个不争的事实。从癌症村的地理分布来看，尤其高发于广东、浙江、江苏等经济发展较快的省份，而内陆的西北、西南、东北地区比较少见（中国癌症村地图见图2-13）。

（二）人类健康长寿的居住环境的选择

森林是人类健康长寿的首先居住环境，通过上述的长寿村与癌症村的环境地理和空气、水质、森林覆盖等条件的对比分析，我们不难发现。癌症村的居民居住环境条件较差，虽然当地经济发达，但大气污染、地下水污染和土壤污染等问题突出，危险化学品渗漏引发的场地污染问题日益严重。正是由于各类污染导致当地居民健康状况日益恶化，癌症的发病率不断升高。与之相反，世界各地的长寿村的居民居住条件都十分优越，当地森林环绕，空气清新，空气负氧离子含量高，地下水富含人体必需的矿物质，远离城市、远离喧嚣，也远离各类空气污染、水体污染和土壤污染。加上当地居民良好的生活态度、健康的饮食与生活习惯、良好的遗传基因等因素导致长寿村居民健康长寿。

因此，为了我们的健康长寿，应该选择森林环绕的地方作为人类的居住环境。

第三节 森林环境影响人类健康的流行病学研究

当今社会，由于行为生活方式所致的慢性疾病的患病率，随着生活富裕化、老龄化以及城市化程度的提高而持续上升，因慢性病患者的知晓率低，诊疗率低，导致其并发症多、致残率高、致死率高。如我国高血压、血脂紊乱的患者均将近2亿；糖尿病患者近1.14亿；每5个人有一个患治不好的慢性病，每年新增1千万；每5个成人中就有1个有心血管病，每10秒就有1人死于心血管病；约每16个人就有1个残废；30年里肺癌的死亡率增加了5倍；地球上每诊断3个肺癌就有1个出现在中国。因此，我们必须高度重视慢性病给人类健康所带来的危害，采取必要措施加强对慢性病的预防、治疗和康复，减轻其对人类健康造成的损失。

近年来，全球气候不断变暖、雾霾天气日渐增多，人们更加关注生存环境、关注健康养生。国务院印发的《关于促进健康服务业发展的若干意见》中提出：加快发展健康服务业，是深化医改、改善民生、提升全民健康素质的必然要求，对稳增长、调结构、促改革、惠民生，全面建成小康社会具有重要意义。森林以其独有的保健功效，为人类的健康发挥着重要作用。在我国经济迅速发展的今天，森林疗养不仅将成为我国生态林业、民生林业建设的最佳实践，成为壮大林业产业体系新的增长点。同时，在我国新常态下，森林疗养还是发展健康产业的创新模式，它既能迎合现代人预防疾病、追求健康、崇尚自然的需求，也能把生态旅游、休闲运动与健康长寿有机结合，具有广阔的市场空间和发展前景。

由于森林环境的特点，森林之中人类的居住密度较低，医疗卫生机构的服务远不如城市和农村，对于森林环境如何影响人类健康的相关流行病学研究并不多见，而且主要集中于森林中的病原体对于人类健康的有害影响方面的研究。关于森林对人体健康的影响机理研究少，仍难以从理论上支持森林的保健、医疗功能。关于森林疗养对人体健康、尤其是病人影响的定量研究则少见报道。浙江医院在以森林环境为主的遂昌县抽样调查2 057名18周岁以上的当地人口，发现许多常见的慢性病发病率都比较低。如高血压发病率为20.1%，糖尿病为2.1%，冠心病为2.85%，恶性肿瘤为0.7%，中风为0.8%等。与此相对照，其他地区的居民在上述慢性病的发病率上就没有这么低了。如高血压，据浙江省疾病控制中心发布的数据，2010年浙江省代谢综合征调查结果表明，全省成人高血压患病率为23%。根据王国付，毛根祥等人的《森林医学的研究与实践》的研究结果报告显示：①森林疗养降低人体氧化应激水平；②森林疗养降低炎症介质水平，促进人体健康；③森林疗养可以减少心血管疾病的发病风险；④森林疗养对人体免疫力具有一定的促进作用；⑤森林疗养能改善人的不良情绪。

因此，我们有必要通过一系列的流行病学调查研究去发现其中的一些规律，例如，通过调查体质，揭示居住在森林环境条件下，居住地居民的十大疾病谱、十大死亡谱、平均死亡年龄、居民期望寿命等指标，以及指标与居住地环境的空气负离子水平、水体微量元素和重金属水平、食物成分之间的相互关系，以便更好地服务于人类健康，具体实施过程，可参考专栏：森林居住区流行病学调查研究方法及研究指标。

专栏三：森林居住区流行病学调查研究方法及研究指标

1. 研究目的

通过对森林、湖泊和城市三地居民的健康状况与当地环境的流行病学调查研究，来进一步验证不同环境条件下的居民健康状态与其生存环境之间的关系。

2. 研究对象

选择一个国家森林公园、一个湖泊和一个城市街道三个社区居民作为调查地区的研究对象。

3. 研究方法

在被调查社区采取随机抽样的方式，进行流行病学现况调查。

4. 调查方法

具体做法包括派出接受过专门培训的调查人员到调查现场，与当地派出所、民政、卫生、环保、水务、疾病控制中心等部门联系收集有关数据，还可委托当地卫生防疫部门进行常住居民的体检,发放相应的调查表格收集居民的健康资料(含血糖、血压、血脂、心率、呼吸等指标)。

5. 主要研究指标

(1)空气质量:空气负氧离子浓度(个/m^3)、SO_2(mg/m^3)、NO_2(mg/m^3)、PM_{10}(mg/m^3)、$PM_{2.5}$(mg/m^3)、O_3(mg/m^3)、CO(mg/m^3)。

(2)水体质量:砷 As(mg/L)、镉 Cd(mg/L)、铬 Cr^{6+}(mg/L)、铅 Pb(mg/L)、汞 Hg(mg/L)、硒 Se(mg/L)、氰化物 CN^-(mg/L)。

(3)居民主要疾病的年发病率:按照疾病的年发病率排序列出十大发病原因。

(4)居民主要疾病的年死亡率:按照疾病的年死亡率排序列出十大死亡原因。

(5)居民死亡平均年龄(岁):

(6)居民的平均期望寿命(岁):

(7)其他相关指标:人口总数(万)、性别比(男/女)、年龄结构、出生率(人/‰)、死亡率(人/‰)、自然增长率(人/‰)、人平均 GDP(万元/人)、教育文化程度等。

第三章
森林环境对人体健康的作用

  古希腊哲学家赫拉克利特有一句名言："如果没有健康，知识无法利用，文化无从施展，智慧不能表现，力量不能战斗，财富变成废物。"由此可见，健康对于人类具有十分重要的意义，因为它不仅是一个人全面发展的基础，更是人类社会发展前行的源泉。

  影响人体健康的因素有很多，其中环境因素占据着非常重要的地位。通过调查、研究与分析，目前国内外学者一致认为，80%的癌症是由环境污染引起的。环境中的有毒有机物和重金属经过呼吸道、消化道、皮肤等途径被人或动物吸收，致使细胞畸变，或引发癌变，导致死亡。

  随着社会的进步与发展，人们越来越认识到森林所具有的吸收二氧化碳、释放氧气、吸毒、除尘、杀菌、净化污水、降低噪音、防止风沙、调节气候以及对有毒物质的指示监测等作用。于是不少人开始到大自然中去感受大森林的乐趣，去体会森林带给人体的各种益处。

第一节　森林有益因子对人体健康作用

森林不但具有蓄水保土、调节气候、改善环境、提供林产品、保护野生动植物、美化生活等六大功能外，还有医疗保健功能。1982 年，日本人提出了"森林浴"这一新名词，即指在森林中散步游憩，沐浴在森林植物散发出的某些可抑制或杀灭部分病菌、毒素的化学物质和其他有益于人体的芳香物质之中，使人有利于调节情绪和增强体质。森林有益人体健康的因子很多，本节重点介绍植物杀菌素（植物精气）与负离子对人体健康的作用。

一、植物杀菌素对人体的作用

森林中含有大量的植物挥发性气体和物质，对许多细菌和微生物具有杀灭作用。杀菌能力较强的树种主要有黑核桃、桉树、悬铃木、紫薇、柑橘等。树木分泌挥发性油类如丁香酚、天竺葵油、肉桂油、柠檬油等，它们挥发到空气中，能杀死伤寒、白喉、肺炎、结核等病菌，因而具有广泛杀灭病原体的功效。据测定，1 亩刺柏林一昼夜能分泌出 2kg 杀菌素，可杀死肺结核、伤寒、痢疾等病菌。白杨树、白皮松等的分泌物能杀死空气中的病毒及结核杆菌，有效地预防流感。含有大肠杆菌的污水通过 30m 松林过滤后，病菌减少到原来的 1/18。有森林地带的杀菌能力比无林地带约高 3~7 倍。部分植物杀菌素已能提取和人工合成，对多种病原菌都有较强的抑制作用。

植物杀菌素进入人体肺部以后，可杀死百日咳、白喉、痢疾、结核等病菌，起到消炎、利尿、加快呼吸器官纤毛运动的作用。如法国梧桐、泡桐、黄连木、木槿、栓皮栎、珍珠梅、杉树、桉树、松树等散发出的萜烯类气态物质最多，种植这些树种是净化大气，控制结核病发展蔓延，增进人体健康的有效措施。在污染的环境里，空气中散布着多种细菌和病毒，通常含有 37 种杆菌、26 种球菌、20 多种丝状菌和 7 种芽生菌以及各种病毒。据测定，大型超市、百货公司、电影院等公共场所空气含菌量可高达 29 700 个/m^3，相反在人少树多的山区，空气中细菌的含量只有 1 046 个/m^3，二者相比，相差 47 倍多。在一般情况下每立方米空气的含菌量，城市比绿化区多 7 倍。

世界上许多国家的科学家经过多次试验验证，植物杀菌素对人体多个系统和器官的功能具有较为明确的积极作用。第一，对人体免疫系统方面，李卿等已经通过体内外实验研究证实：森林环境可以提高人体自然杀伤细胞（natural killer cell，NK）活性，NK 细胞数、淋巴球内抗癌蛋白水平，森林中产生的植物杀菌素可显著提高人体 NK 细胞活性；da. Silva 等发现，在体内外实验中，花椒属植物 Zanthoxylum rhoifolium Lam 树叶的挥发油及某些萜烯（α-蛇麻烯、β-石竹烯、α-蒎烯、β-蒎烯）具有抗肿瘤功效及明显的免疫调节作用；Grassmann 等发现中欧同松上提取的精油具有抗氧化作用。第二，对皮肤系统具有一定的杀菌作用、抗炎作用、促进伤口愈合作用、除臭作用以及驱虫作用。第三，对呼吸系统具有抗过滤性病毒、发汗或解热、化痰作用。第四，对消化系统具有促进胆汁分泌、保肝护肝作用。第五，对肌肉与骨骼系统具有抗炎作用、抗风湿作用、舒缓肌肉组织等作用。第六，对神经系统具有刺激交感神经及副交感神经、振奋精神的作用。第七，对内分泌系统具有刺激肾上腺及甲状腺的作用、抗糖尿病、降低血压、平衡各分泌系统之间作用。第八，对循环系统具有加速血液循环、淋巴循环的作用。第九，对女性生殖系统具有抗痉挛、调经、催乳、调整乳汁分泌、影响荷尔蒙分泌、强化子宫功能等作用。

二、负离子对人体健康的作用

（一）负离子具有除尘、消烟、抑菌作用

负离子由于增加了一个外层电子，获得负电荷。这一颗不起眼的电子，其作用却不容轻视——它产生非凡的结合能力，使通常带正电荷的尘埃、烟雾、病菌、病毒互相聚集、中和，失去在空气中自由漂浮的能力，并迅速坠落，不再对人体形成危害，从而净化了空气。

美国环境保护署（EPA）认为最有害于人体健康的是直径小于 $5\mu m$ 的尘埃（又称可吸入尘），他们能通过呼吸直接进入人体血液。美国环境保护署的专家曾利用空气污染测定器测量空气质量，出乎意料的是，平均粉尘浓度最密的地方，既不在街道，也不在工厂，而是在城市居民家中。

空气环境中的尘埃，粗的灰尘（颗粒直径大于 $10\mu m$ 的称为降尘）会自由下降，由于人鼻黏膜和鼻毛的作用较难进入人体。另一种细小的灰尘（颗粒直径小于 $10\mu m$ 的称为飘尘），其每立方米中有几十万至几百万颗，这些飘尘伴着细菌、病毒、有害气体呈正电荷在空气中长期飘浮，人的鼻腔一般是无法过滤这种微粒尘埃，每呼吸一次就有成千上万的微粒进入人体内，成为危害人们健康的无形杀手。这些超细颗粒，利用一般机械设备很难滤除。而空气

负离子对捕获这些有害物质有着特殊的本领,粒度越小,捕获效率相对越高。

(二)负离子能改善呼吸功能

负离子能改善肺功能,吸入负离子 30 分钟后,肺吸收氧气增加 20%,排出二氧化碳约增加 14.5%。P. Cboulatov 总结了过去 35 年的实验,包括用高浓度负离子治疗了 3 000 余个支气管哮喘患者的数据分析得出,患者血象趋于正常,改善了呼吸功能,减少了哮喘的深度与频率。有学者近年来对某瑞士银行的研究指出,在试验中找出 309 个志愿处于经处理使空气中负离子浓度高于正离子的空间工作 30 周,同时对照组 362 例在未经处理的空间工作,在试验期间因呼吸道疾病而损失工作日为惊人的对比达 1:16。

(三)负离子能改善心血管系统功能

负离子可促进血液循环,改善冠状动脉血流,有明显的降压作用,改善心肌功能,增加心肌营养,使呼吸次数减少,脉搏均匀。

(四)负离子对脑神经的影响

脑神经细胞的兴奋与 Na^+ 离子引起的电位变化有关。实验证实,产生负离子的材料可提高人的睡眠效果,也可改善痴呆症状。有研究者在实验中观察到室内负离子会增加脑电波中的 α 波。

(五)负离子的抗氧化功能——防衰老与长寿

强氧化功能自由基可破坏人体细胞及 DNA,导致人体衰老,在空气或人体内增加负离子时,相应地减少自由基,可延缓衰老,并使人类健康长寿。

中医学早在 2000 多年前就提出"天人相应"的观点,认为人的生命活动有赖于体内气血的推动。古人所说的气,今天来看主要是指新鲜空气中的氧气和负离子,人吸收氧气要有负离子来协助,人体在吸入充足的负离子后,增加氧气吸收,气血变得充盈、流畅,促进新陈代谢,增强肌体的免疫力。对老年病、慢性病,各种疼痛和神经、精神系统疾病的预防与康复将有非常积极的作用,使人健康长寿。

如果空气中含过量的正离子或太少的负离子(少于 800 个/cm^3),进入人体会刺激血液中血小板产生 5-羟色胺,并通过循环系统运输到机体各组织,5-羟色胺会阻止氧的吸收,从而出现的典型症状包括疲倦、头晕、偏头痛、注意力涣散、沮丧和呼吸急促等,而含有负离子 1 200 个/cm^3 的空气进入人体则能抵消这种症状。负离子通过口鼻或直接通过皮肤进入机体,能引起 5-羟色胺分解成无毒的副产物5-羟吲哚基乙酸,这一副产物经过排尿排出体外,从而消除其对人体的危害。

当负离子进入人体后,还能引起一系列良性反应。最明显的有:第一,激活细胞生命力、最大限度发挥各器官生理机能,修复受损机体等。如人体内细胞生长所需的去氧核酸与核糖核酸结合,就需要大量负离子。第二,负离子对人体有调节中枢神经系统活动、改善冠状动脉血流的功能,它还可促进支气管纤毛运动。第三,防治呼吸系统的疾病并改善其症状。第四,调节荷尔蒙分泌及细胞电位,促进内分泌及新陈代谢,提高免疫功能与抵抗疾病能力。第五,负离子还具有消除紧张、镇静、清醒作用,可提高办公效率。医学实践表明,空气负离子能促进人体生长发育和防止多种疾病,它是人类健康、长寿的必要因素。

与此相反,正离子会加快氧化衰老,使人体易疲劳,NK细胞活性和血液pH值下降,易得感染症。常处于正离子高的环境条件下,细胞易老化,从而引发动脉硬化与心肌梗塞;精神容易高度紧张而引发胃溃疡、肺气肿、高血压、白内障、自律神经失调、痴呆症等多种疾病。正离子与负离子的健康效应归纳见表3-1。

表3-1 正离子与负离子的健康效应

项目	正离子	负离子	项目	正离子	负离子
血管	收缩	扩张	脉搏	增加	减少
血压	增高	正常化	疲劳	恢复慢	恢复快
血液	酸性	弱碱性	睡眠	不眠	催眠
骨	脆	强	食欲	减少	增加
尿	抑制	促进	氧化性能	氧化-衰老	还原-抗衰老
呼吸	加快、不舒服	舒适			

注:引自金宗哲,2006。

根据传统中医理论,人在泥地上更容易吸收地气,以达到人体的阴阳平衡。我国古代医学非常重视人与自然环境之间的和谐。我国最早的一部医书《黄帝内经》中就提到"人与天地相参与、与日月相应也",阐明了作为万物之一的人,决不能脱离自然界而生活,决不能脱离土地而生存,地气对人类产生重要影响,而经常接触森林的地气对人类的健康更会产生巨大影响。

第二节 森林环境对人体生理与心理健康的作用

一、森林环境对人体生理健康的作用

(一)森林富氧环境与人体生理健康

如前所述,森林环境中空气的含氧量相对较高。现代研究表明,森林游憩活动可以显著提高人体的血氧含量和心肺负荷水平。房城等对232个研究对象的试验结果表明,森林游憩体验后,游人血氧饱和度平均升高0.81%,通气量降低0.8L/min,手指温度升高0.82℃,同时其心电图中R-R间隔降低0.08s,平均心率、最小心率和最大心率分别降低3.25,5.32和7.23bmp。一般来说,血氧含量升高可以使人精神振奋,更有活力;手指温度升高,表明手指血流量增大,手指平滑肌松弛,人体情绪渐趋平稳和放松;而每分钟通气量、心率和R-R间隔的降低,则能在一定程度上说明呼吸效率增强,心脏跳动渐趋平稳,从而改善心肺功能,提高人体的生理健康状态。据报道,由于森林中植物的光合作用,可自动调节氧气和二氧化碳在空气中的比例,这种环境使人们在进行有氧运动时不致产生过多的酸性物质,使人体处于"弱碱性环境",使癌症细胞无法生长,甚至无法生存,这样能有效预防癌症。

(二)森林空气清洁度与人体生理健康

森林中的空气清洁度明显优于其他地区,其负离子含量水平较高,而可吸入颗粒物含量较低。目前,负离子已被医学界公认为是具有杀灭病菌及净化空气能力的有效武器,其机理及对人体的作用如本章第一节所述。

与此同时,树木叶片本身也具有显著的滞尘净化效果,大气尘埃是城市空气中的主要污染物,这些悬浮于空气中的尘埃可能含有重金属、致癌物和细菌病毒等对人体健康造成极大威胁的物质。植物叶片因其表面(如茸毛和腊质表皮)可以截取和固定大气尘埃,使其脱离大气环境而成为净化城市的重要过滤体,从而减少可吸入颗粒物在人体肺泡中的沉积,降低其对人体健康的危害。

(三)森林小气候与人体生理健康

森林能够通过遮挡和反射太阳辐射、蒸散降温等作用调节小气候,从而改善人体舒适度。虽然森林的这种小气候效应会随着当地气象因素、海拔高

度、绿化覆盖率、郁闭度、绿化树种及其生长状况的不同而有所变化，但一般来说，覆盖率高、郁闭度大、树种叶面积多、长势好、林地层次结构明显的森林，其改善小气候的效应明显。森林环境可以有效降低紫外线对人体皮肤的伤害，减少皮肤中因直射而产生的色素沉积，并能有效地调节干热地区的环境温湿度水平，降低人体皮肤温度。此外，森林环境对荨麻疹、丘疹、水疱等过敏反应也具有良好的预防效果。

（四）有益挥发物质与人体生理健康

树木在其生理过程中会释放出大量的挥发性物质，其中包括松脂、丁香酸、柠檬油、肉桂油等很多对环境和人体健康有益的物质。这些物质大都具有杀菌、抗炎和抗癌等作用，被称为植物精气（芬多精），即植物杀菌素。

（五）绿视率与人体生理健康

森林中的绿色，不仅给大地带来秀丽多姿的景色，而且能通过人的各种感官作用于人的中枢神经系统，调节和改善人体的机能，给人以宁静、舒适、生气勃勃、精神振奋的感觉，进而增进健康。

人们通常将绿色面积占视域面积的百分比称为"绿视率"，一般认为，绿视率达到25%以上时能对眼睛起到较好的保护作用（图3-1）。森林通常具有很高的绿视率，绿色的森林环境可以使人体的紧张情绪得到稳定，使血流减慢，呼吸均匀，并有利于减轻心脏病和心脑血管病的危害。此外，森林绿色

图3-1　森林中的绿视效应

（引自陌上花．淘图网，2011－01－27）

环境还有助于缓解视疲劳，改善视力状况。与城市建筑相比，森林对光的反射程度明显要低，仅为建筑墙体的10%~15%，强光辐射污染是现代城市人视网膜疾病和老年性白内障的重要原因，而森林环境可使疲劳视神经得到逐步恢复，并能显著提高视力，有效预防近视。

（六）听觉、嗅觉、触觉等多维感受与人体生理健康

森林环境可通过5种感官对人类产生影响。在森林中欣赏优美景色（视觉）、聆听溪流潺潺及树叶飒飒作响（听觉）、呼吸树木芳香（嗅觉）、触摸树皮及树叶（触觉）等可带来感官刺激。5种感官带来的感觉信息输入到大脑的相应部位进行处理。然后通过互动在不同的感觉输入之间传递信息。这些信号随之到达控制情绪及生理功能的大脑部位并导致生理变化。

恒次祐子等运用了室内研究中的各种生理测量方法，通过非侵袭性生理学方法进行实验研究，结果表明，森林环境的要素，即使是微小刺激，也可对人体生理产生有益影响。

此外，人类置身于森林环境中，听觉、嗅觉、触觉等多维感受也是调节人体身心健康的一个重要因素。森林中的鸟叫、蝉鸣、水声、香气以及触摸树皮时的感觉，也会让人心旷神怡。森林浴中的听、嗅、触等多维感受还对人体思维活动产生巨大的启发影响。森林可以陶冶人们的性情，激发思考灵感，对启发人们的知性、感性具有很大助益。古今中外，许多举世闻名的哲人、诗人、音乐家、艺术家的伟大作品，都与他们的生活早已和森林结合在一起密切相关，并创造了以建立在对森林认识及其各种恩惠表示感谢的朴素感情基础上的，反映人与森林关系的森林文化现象。

二、森林环境对人体心理健康的作用

（一）森林游憩方式对人体心境状态的影响

心境是指一种使人的所有情感体验都感染上某种色彩的较持久而又微弱的情绪状态，可以反映个体的心理健康状况。瑞典科学家对瑞典9大城市开放绿地与人体心理健康关系研究表明，森林能对人的心境状态产生积极影响，并且这种影响不受居民年龄、性别、身份等因素的限制，但与居民距离绿地的远近、享用次数和是否拥有私家花园等因素关系密切，享用公园次数越多、绿地离家越近或拥有私家花园的人，其心理压力明显要小，心境健康状况明显要高。与此同时，李春媛等的有关研究还进一步发现，游人的心境健康状

况还与其在森林中的游览季节、停留时间、到达方式和到达时刻等因子存在较大关系。一般来说，游客在春、秋两季游赏森林时心境状况明显好于夏、冬两季；一天内，中午12：00~14：00和傍晚18：00以后进入森林，游客的心境状况相对较差；同时，2~4h是游客心理愉悦感最强的浏览时长。此外，游客入园前的便利舒适程度对其心境健康的影响也较大，离园较近的步行入园游客和远距离私家车前往游客的心境健康指数要明显好于乘坐公共交通工具和自行车前往游客的水平。由此可以看出，森林（或绿地）游憩方式会在一定程度上对游客的心境健康产生重要影响。

此外，李卿等使用情绪状态量表（POMS）来评价男女受试者对森林浴的心理效应。结果显示，森林浴显著增加了POMS测试中的活力分数，而降低了焦虑、抑郁、愤怒、疲劳及困惑分数。

（二）森林活动对人体心理健康的疏导作用

在森林环境中进行运动、交流、园艺等活动也能对人的心理产生不同程度的积极影响。其中特别值得一提的是园艺疗法（图3-2）。

园艺疗法又称为植物疗法、芳香疗法和药草疗法，是起源于17世纪末的一门集园艺、医学和心理学于一体的新兴边缘交叉研究学科，近年来在许多国家和地区迅速发展。1973年美国成立园艺治疗学会（简称AHTA），1978年英国成立园艺疗法协会（简称为HT），1995年日本成立园艺心理疗法研究会。此外，瑞典、德国、韩国和我国香港、台湾也都成立了许多园艺治疗基地，专门利用植物栽植、植物养护管理等园艺体验活动对不同人群进行心理疏导和调整工作。不少研究已证实，园艺体验疗法能够帮助病人减轻压力、疼痛以及改善情绪，甚至能显著改善人们的敌意和易怒情绪。从目前国内外的研究来看，园艺疗法对人们心理的影响主要表现在以下几个方面：第一，可以消除不安心理与急躁情绪。在绿色环境中散步眺望，能使病人心态安静。第二，可以增强忍耐力与注意力。由于园艺的对象是有生命的树木花草，在进行园艺活动时要求慎重并有持续性，长期进行园艺活动无疑会培养忍耐力与注意力。第三，可以通过植物张扬气氛，进而影响人的心情。一般说来，红花使人产生激动感，黄花使人产生明快感，蓝花、白花使人产生宁静感。鉴赏花木，可以刺激调节松弛大脑。第四，可以帮助病人树立自信心。自己培植的植物开花结果会使劳作者在满足内心感受的同时增强自信心，这对于失去生活自信的精神病患者具有明显的治疗效果。第五，可以使人增加活力。投身园艺活动中，使病人、特别是精神病患者忘却烦恼，产生疲劳感，加快

图 3-2 园艺疗法

(引自北京市卫生局. 北京博爱医院园艺疗法深受残疾患者欢迎[新华网], 2009 – 07 – 06.)

入睡速度, 起床后精神更加充沛。

(三) 森林活动在融洽社会关系和培养生态价值观念上的心理导向作用

森林还给城市居民提供了举办活动最佳的场所, 良好的自然环境可以使人心态平和。在森林中一同游憩和观赏, 在游玩中进行交流, 可以促进家庭的和睦, 也可以升华朋友之间的友谊。同时, 在森林游憩过程中参加各种活动, 还能结识新朋友, 拓展交际和朋友圈, 提高团队精神和社交能力, 有效改善内部人际关系。此外, 通过对森林的游览和使用, 还可使居民产生热爱自然、保护环境的理念, 树立爱护一草一木的道德观念, 培养美化环境的意识和习惯。

第三节　森林环境对人体各系统的影响

人体由九大系统组成, 即运动系统、消化系统、呼吸系统、泌尿系统、生殖系统、内分泌系统、免疫系统、神经系统和循环系统 (心血管系统)。森林环境对人体各个系统均有积极的影响与作用，本节主要具体介绍森林环境对人体免疫、内分泌、心血管以及神经系统方面的影响与作用。

一、森林环境对人体免疫系统的影响

（一）人体免疫系统及组成

人体免疫系统具有免疫监视、防御、调控的作用。这个系统由免疫器官（图 3-3）、免疫细胞，以及免疫活性物质组成，其中免疫器官和免疫细胞两者的作用尤为重要。人体免疫系统分为固有免疫（又称非特异性免疫）和适应免疫（又称特异性免疫），其中适应免疫又分为体液免疫和细胞免疫。

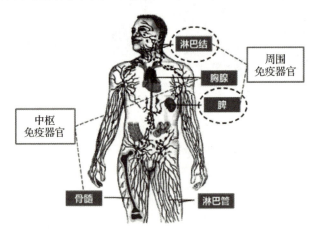

图 3-3　人体主要的免疫器官
（引自何路，2014）

1. 人体免疫器官的组成

（1）骨髓　骨髓位于骨髓腔中，分为红骨髓和黄骨髓。红骨髓具有活跃的造血功能。因此，骨髓是各类血细胞和免疫细胞发生及成熟的场所，是人体的重要中枢免疫器官。

（2）胸腺　胸腺是人体主要的淋巴器官，外围的淋巴器官则包括扁桃体、脾、淋巴结、集合淋巴结与阑尾。这些关卡都是用来防堵入侵的毒素及微生物。胸腺位于胸骨后、心脏的上方，是 T 细胞分化发育和成熟的场所。人胸腺的大小和结构随年龄的不同具有明显的差异。胸腺于胚胎 20 周发育成熟，是发生最早的免疫器官；青春期后，胸腺随年龄增长而逐渐萎缩退化；到老年时基本被脂肪组织所取代，功能衰退，细胞免疫力下降，对感染和肿瘤的监视功能减低。

（3）脾　脾脏是血液的仓库。它承担着过滤血液的职能，除去死亡的血细胞，并吞噬病毒和细菌。它还能激活 B 细胞使其产生大量的抗体。脾是胚胎时期的造血器官，自骨髓开始造血后，脾演变为人体最大的外周免疫器官。

（4）淋巴结　淋巴结是一个拥有数十亿个白细胞的小型战场。当因感染而需开始作战时，外来的入侵者和免疫细胞都聚集在这里，淋巴结就会肿大，作为整个军队的排水系统，淋巴结肩负着过滤淋巴液的工作，把病毒、细菌等废物运走。人体内的淋巴液大约比血液多出 4 倍。人全身有 500~600 个淋巴结，是结构完备的外周免疫器官，广泛存在于全身非黏膜部位的淋巴通道上。

（5）黏膜相关淋巴组织　黏膜相关淋巴组织（MALT）亦称黏膜免疫系统（MIS），主要是指呼吸道、胃肠道及泌尿生殖道黏膜固有层和上皮细胞下散在的无被膜淋巴组织，以及某些带有生发中心的器官化的淋巴组织，如扁桃体、小肠的派氏集合淋巴结（PP）及阑尾等。

（6）扁桃体　扁桃体对经由口鼻进入人体的入侵者保持着高度的警戒。那些割除扁桃体的人患上链球菌咽喉炎和霍奇金病的几率明显升高。这证明扁桃体在保护上呼吸道方面具有非常重要的作用。

2. 人体免疫细胞的组成

（1）淋巴细胞　主要包括 T 淋巴细胞和 B 淋巴细胞。T 淋巴细胞来源于骨髓中的淋巴样干细胞，在胸腺中发育成熟。其主要功能是介导细胞免疫；B 淋巴细胞：由哺乳动物骨髓或鸟类法氏囊中的淋巴样干细胞分化发育而来。B 细胞约占外周淋巴细胞总数的 20%。

（2）固有免疫细胞　主要包括中性粒细胞、单核吞噬细胞、树突状细胞、NKT 细胞、NK 细胞、肥大细胞、嗜碱性粒细胞、嗜酸性粒细胞、B-1 细胞等。其中自然杀伤细胞（NK）是机体重要的免疫细胞，不仅与抗肿瘤、抗病毒感染和免疫调节有关，而且在某些情况下参与超敏反应和自身免疫性疾病的发生。NK 细胞一般认为直接从骨髓中衍生，其发育成熟依赖于骨髓的微环境。细胞主要分布于外周血中，淋巴结和骨髓中也有 NK 活性，但水平较外周血低。

（3）骨髓红细胞和白细胞　骨髓红细胞和白细胞就像免疫系统里的士兵，而骨髓就负责制造这些细胞。每秒钟就有 800 万个血细胞死亡并有相同数量的细胞在这里生成，因此骨髓就像制造士兵的工厂一样。

(4)吞噬细胞 人类的吞噬细胞有大、小两种。小吞噬细胞是外周血中的中性粒细胞。大吞噬细胞是血中的单核细胞和多种器官、组织中的巨噬细胞，两者构成单核吞噬细胞系统。

人体免疫细胞的组成如图 3-4 所示。

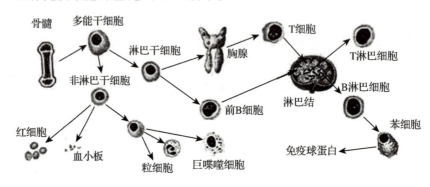

图 3-4 人体免疫细胞

（引自 http：//www.bjchenxu.com）

（二）人体免疫系统的功能

免疫系统(immune system)是机体执行免疫应答及免疫功能的重要系统。是防卫病原体入侵最有效的武器，它能发现并清除异物、外来病原微生物并能消除引起内环境波动的不利因素。总体来说免疫系统有三大功能(图 3-5)。

图 3-5 免疫系统三大功能

（引自诺资珀利，2015）

1. 识别和清除外来入侵的抗原

防止外界病原体入侵和清除已入侵病原体及其他有害物质的功能被称为免疫防御。使人体免于病毒、细菌、污染物质及疾病的攻击。以病原菌为例,吞噬、杀菌过程分为三个阶段,即吞噬细胞和病菌接触、吞入病菌、杀死和破坏病原菌。

2. 识别和清除体内发生突变的肿瘤细胞、衰老细胞、死亡细胞或其他有害的成分

随时发现和清除体内出现的"非己"成分的功能被称之为免疫监视。清除新陈代谢后的废物及免疫细胞与病毒打仗时遗留下来的病毒死伤尸体,都必须由免疫细胞加以清除。以 NK 细胞为例,NK 细胞胞浆丰富,含有较大的嗜天青颗粒,颗粒的含量与 NK 细胞的杀伤活性呈正相关。NK 细胞作用于靶细胞后杀伤作用出现早,在体外 1h、体内 4h 即可见到杀伤效应。NK 细胞的靶细胞主要有某些肿瘤细胞(包括部分细胞系)、病毒感染细胞、某些自身组织细胞(如血细胞)、寄生虫等,因此 NK 细胞是机体抗肿瘤、抗感染的重要免疫因素,也参与第Ⅱ型超敏反应和移植物抗宿主反应。自然杀伤细胞属于粒状淋巴细胞,是人体免疫系统的组成部分。它能迅速溶解某些肿瘤细胞,因此开发它的抗癌功能是近年来癌症研究的重点。特别是 21 世纪初人类开始的生命方舟计划,在开发自然杀伤细胞的抗癌功能方面取得了长足的进步(图 3-6)。

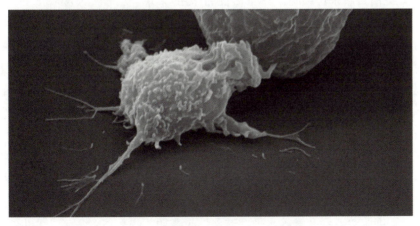

图 3-6　自然杀伤细胞接触并逐渐杀死癌细胞

(图片来源《科学的眼睛》)

3. 通过自身免疫耐受和免疫调节使免疫系统内环境保持稳定

通过自身免疫耐受和免疫调节,清除体内衰老的细胞,修补受损的器官和组织，使免疫系统内环境保持稳定，使其恢复原来的功能被称为免疫自稳。健康的免疫系统是无可取代的，但仍可能因为持续摄取不健康的食物而失效。

> **专栏四　人体的三道防线**
>
> 　　第一道防线　是由皮肤和黏膜构成的。他们不仅能够阻挡病原体侵入人体，而且它们的分泌物（乳酸、脂肪酸、胃酸和酶等）还有杀菌的作用。呼吸道黏膜上有纤毛，可以清除异物。
>
> 　　第二道防线　是体液中的杀菌物质和吞噬细胞。第一道和第二道防线是人类在进化过程中逐渐建立起来的天然防御功能，其特点是人体内生来就有，不针对某一种特定的病原体，对多种病原体都有防御作用，因此叫做非特异性免疫（又称先天性免疫）。多数情况下，这两道防线可以防止病原体对机体的侵袭。
>
> 　　第三道防线　主要由免疫器官（胸腺、淋巴结和脾脏等）和免疫细胞（淋巴细胞）组成。第三道防线是人体在出生以后逐渐建立起来的后天防御功能，特点是出生后才产生的，只针对某一特定的病原体或异物起作用，因而叫做特异性免疫（又称后天性免疫）。

（三）森林环境对人体免疫系统的影响作用

1. 提高自然杀伤细胞（NK）活性的作用

近年来，展开了一系列关于森林环境对不同男性和女性人体免疫功能方面的影响研究。例如，研究和分析森林浴与人体免疫功能细胞之间的影响关系。受试者参加了到森林的两天两夜或一日游，在结束后的第2、3、7天及行程之后的30天进行血液和尿液采样。对血液中自然杀伤细胞（NK）活性，NK、NKT细胞数和细胞内颗粒溶素，穿孔素等方面进行了测量。在开始实验前做同样的测量作为对照组。不论男性还是女性，森林浴期间其NK细胞活性和NK、NKT、穿孔素等明显高于对照组，增加的NK细胞活性会一直持续到森林浴后30多天。结果显示，如果人们每月进行一次森林浴，那人们体内将会保持较高水平的NK细胞活性。相比之下，城市生活并不会增加NK细胞活性、NK细胞数或穿孔素等水平。这些结果表明，提高NK细胞活性可能是借助于森林浴从树木中释放出的植物杀菌素和应激激素水平的低下。由于NK细胞释放的抗癌蛋白可以杀死肿瘤细胞，而森林浴可增加NK细胞活性及其释放的抗癌蛋白量。因此，研究结果表明，森林环境可提高人体免疫系统尤其能对癌症的产生和进展有较好的预防作用。

2. 植物杀菌素与压力的缓解

长期以来人们一直保持着对森林环境的钟爱,在森林中可以呼吸到清新的空气、观赏到美丽的风景、享受到宁静的氛围及温和的气候。在森林公园进行短暂休闲的旅游称为森林浴之旅,在日本被称为"Shinrinyoku",相当于天然芳香疗法。在森林公园中休闲放松,同时呼吸从树上散发出的植物杀菌素。通过森林浴吸收植物杀菌素可减缓压力、使心情舒畅、强化肠道与心肺功能并有效起到杀菌的作用。根据情绪状态量表(POMS)测试结果,森林浴显著增加活力的得分,减少焦虑、抑郁、愤怒、困惑和疲劳的得分。森林浴之旅还可以降低血压、降低唾液中的皮质醇浓度、减少脑额叶活动,并稳定人类的自律神经活性。由于森林占据日本土地面积的67%,在日本随时随地都可以进行森林浴,1982年,日本林野厅提出健康的生活方式中应该包括有森林浴。如今,在日本它已经成为一个公认的放松和缓解压力的活动。

通过森林环境可增加人体内自然杀伤细胞(NK),而它对病毒、细菌尤其肿瘤的防御机制起着重要的作用。相关实验证明具有较高NK细胞活性的人癌症发病率比较低NK细胞活性的人癌症发病率有明显减低,这表明NK细胞的功能对预防癌症有着重要作用。此外,与健康人群比较,癌症进展期患者人群的颗粒溶素阳性的NK细胞减少;NK细胞表达颗粒溶素的损害与癌症的发展相关,这说明颗粒溶素对癌细胞的表达是评估癌症患者免疫状况的重要信息。另外,森林环境放松心情可明显降低应急和压力对人体免疫机能的抑制作用这也是众所周知的。森林环境可能会减轻压力并通过减轻压力能对免疫功产生有益影响。

专栏五:不同树木对植物杀菌素的分泌情况(表3-2)

很多树木都在散发着植物杀菌素。但是不同的树木散发的植物杀菌素的量、性质和特性都有所不同。通过比较不同树木散发的植物杀菌素的量发现,针叶树比阔叶树散发的植物杀菌素的量更多,其中扁柏树是阔叶树的2倍以上。针叶树的植物杀菌素散发量多的原因在于其树木生长的环境。针叶树一般生长在寒冷、养分不足的大地上,为了保护自己的养分不被夺走,对威胁自己的微生物采取更果断的措施,因此他会释放大量的植物杀菌素。在针叶树中,红松比松树散发的植物杀菌素更多,而植物杀菌素散发量最多的也最值得骄傲的是扁柏树(图3-7)。

图 3-7　扁柏树

（引自 http://www.shumiao.com）

表 3-2　不同时期不同树种植物杀菌素分泌量　　　　　　　g/m²

树种	冬天	夏天	树种	冬天	夏天
扁柏树	5.2	5.5	金叶圆柏	1.8	1.4
朝鲜冷杉	3.9	4.8	松树	1.7	1.3
日本柳杉	3.6	4.0	红松	1.6	2.1
花柏树	3.1	3.3	侧柏	1.0	1.3
沙松	2.9	3.3			

注：引自《植物杀菌素》。

二、森林环境对人体内分泌系统的影响

（一）人体内分泌系统及组成

内分泌系统由内分泌腺和分布于其他器官的内分泌细胞组成。内分泌腺是人体内一些无输出导管的腺体。内分泌细胞的分泌物称激素（hormone），大多数内分泌细胞分泌的激素通过血液循环作用于远处的特定细胞，少部分内分泌细胞的分泌物可直接作用于邻近的细胞，称此为旁分泌（paracrine）。内分泌腺的结构特点是：腺细胞排列成索状、团状或围成泡状，不具排送分泌

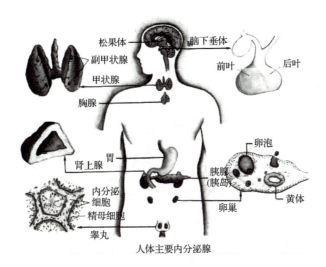

图3-8 人体主要的内分泌腺体

(引自尘埃光年. 人体九大系统[360doc 个人图书馆]. 2012-10-08)

物的导管,毛细血管丰富(图3-8)。

内分泌细胞分泌的激素,按其化学性质分为含氮激素(包括氨基酸衍生物、胺类、肽类和蛋白质类激素)和类固醇激素两大类。每种激素作用于一定器官或器官内的某类细胞,称为激素的靶器官(target organ)或靶细胞(target cell)。

人体主要的内分泌腺有甲状腺、甲状旁腺、肾上腺、脑垂体、松果体、胰岛、胸腺和性腺等。

1. 甲状腺

甲状腺位于气管上端的两侧,呈蝴蝶形。分左右两叶,中间以峡部相连,峡部横跨第二、三气管软骨的前方,正常人在吞咽时甲状腺随喉上下移动。主要分泌的激素是甲状腺激素。

2. 甲状旁腺

甲状旁腺有四颗,位于甲状腺两侧的后缘内,左右各两个,总重量约100mg。主要分泌的激素是甲状旁腺激素。

3. 脑垂体

脑垂体是一个椭圆形的小体,重不足1g。位于颅底垂体窝内,经垂体柄与丘脑下部相连,分腺体部和神经部。脑垂体是人体内分泌轴中必不可少的中央枢纽,在系统中发挥承上启下、反馈与负反馈调节的重要作用,主要分泌的激素包括:生长激素、催乳素、促性腺激素、促肾上腺皮质激素、促甲

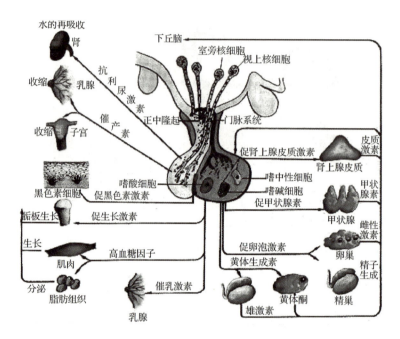

图 3-9 脑垂体产生的激素及对应靶腺

(引自《垂体功能紊乱·搜狗百科》)

状腺激素、抗利尿激素、催产素等(图 3-9)。

4. 胰岛

胰岛是散在胰腺腺泡之间的细胞团。仅占胰腺总体积的 1%~2%。胰岛细胞主要分为 5 种,其中 A 细胞占胰岛细胞总数约 25%,分泌胰高血糖素;B 细胞约占胰岛细胞总数的 60%,分泌胰岛素。

5. 肾上腺

肾上腺位于肾脏上方,左右各一。肾上腺分为两部分,外周部分为皮质,占大部分;中心部为髓质,占小部分。肾上腺皮质的组织结构可以分为球状带、束状带和网状带三层。球状带腺细胞主要分泌盐皮质激素。束状带与网状带分泌糖皮质激素,网状带还分泌少量性激素。

6. 胸腺

胸腺是一个兼有内分泌功能的淋巴器官。在新生儿和幼儿时期胸腺发达,体积较大,性成熟以后,逐渐萎缩、退化。胸腺分为左、右两叶,不对称,成人胸腺约 25~40g,色灰红,质柔软,主要位于上纵隔的前部。胸腺在胚胎期是造血器官,在成年期可造淋巴细胞、浆细胞和髓细胞。主要分泌的激素是胸腺素。

7. 性腺

性腺主要指男性的睾丸、女性的卵巢。睾丸可分泌男性激素睾丸酮（睾酮），卵巢可分泌卵泡素、孕酮、松弛素和女性激素。

8. 松果体

松果体位于间脑脑前丘和丘脑之间。为一红褐色的豆状小体。为长 5~8mm，宽为 3~5mm 的灰红色椭圆形小体，重 120~200mg，位于第三脑室顶，故又称为蜂蜜脑上腺。

（二）人体内分泌系统的功能

内分泌系统（endocrine system）是机体的重要调节系统，它与神经系统相辅相成，共同调节机体的生长发育和各种代谢，维持内环境的稳定，并影响行为和控制生殖等。这些具体功能都是由内分泌腺分泌的不同激素所产生的（表3-3）。

表3-3　人体各类激素的作用

内分泌腺	激素名称	激素成分	作用部位	生理作用	分泌异常的症状	
					不足	过足
下丘脑	促释放素	促甲状腺素释放激素	多肽	垂体	促进垂体合成并分泌促甲状腺激素	
		促性腺激素释放激素	多肽	垂体	促进垂体合成并分泌促性腺激素	
		促肾上腺激素释放激素	多肽	垂体	促进垂体合成并分泌促肾上腺激素	
	抗利尿激素		肾小管和集合管	促进肾小管和集合管对水分的重吸收	尿量增多	尿量减少

(续)

内分泌腺	激素名称		激素成分	作用部位	生理作用	分泌异常的症状	
						不足	过足
垂体	生长激素		蛋白质	全身	促进生长，主要是促进蛋白质的合成和骨的生长	幼年：侏儒症	幼年：巨人症 成年：肢端肥大症
	促激素	促甲状腺素	蛋白质	甲状腺	促进甲状腺的生长发育，调节甲状腺激素的合成和分泌		
		促性腺激素	蛋白质	性腺	促进性腺的生长发育，调节性激素的合成和分泌		
		促肾上腺皮质激素	蛋白质	肾上腺	促进肾上腺的生长发育，调节肾上腺激素的合成和分泌		
	催乳素		蛋白质	乳腺	促进乳腺的发育和乳汁的分泌		
甲状腺	甲状腺激素		胺类	全身	促进新陈代谢（加速体内物质的氧化分解）和生长发育，对中枢神经系统的发育和功能具有重要影响，提高神经系统的兴奋性	幼年：呆小症 成年：黏液性水肿 缺碘：大脖子病	甲亢
胰岛	B细胞	胰岛素	蛋白质	全身	调节糖类代谢，降低血糖含量	糖尿病	低血糖
	A细胞	胰高血糖素	蛋白质	肝脏	强烈促进肝糖原分解和非糖物质转变成葡萄糖，升高血糖浓度	低血糖	高血糖

(续)

内分泌腺	激素名称	激素成分	作用部位	生理作用	分泌异常的症状	
					不足	过足
性腺	睾丸	雄性激素	脂质（固醇）	全身	促进雄性生殖器官的发育和精子的生成，激发并维持雄性的第二性征		
	卵巢	雌性激素	脂质（固醇）	全身	促进雌性生殖器官的发育和卵子的生成，激发并维持雌性的第二性征和正常生理周期		
		孕激素	脂质（固醇）	子宫、乳腺	促进子宫内膜和乳腺的生长发育，为受精卵的着床及泌乳准备条件	不育、不孕	
肾上腺	皮质	醛固酮	类固醇	肾小管集合管	促进肾小管和集合管 Na 的重吸收，对 K 的分泌（保 Na 排 K）		
	髓质	肾上腺素	胺类	肝脏、全身	促进肝糖原分解，升高血糖含量，同时促进（全身细胞）的新陈代谢		
胸腺		胸腺素	多肽	全身	促进 T 淋巴细胞的分化与成熟，增强 T 淋巴细胞的功能	免疫力低下	

注：引自高中生物.菁优网.jyeoo.com。

1. 甲状腺激素

甲状腺激素的作用如下所示。

（1）对代谢的影响，增加产热效应　甲状腺激素可提高大多数组织的耗氧率，增加产热效应。对三大营养物质代谢的作用是在正常情况下甲状腺激素主要是促进蛋白质合成，特别是使骨、骨骼肌、肝等蛋白质合成明显增加；在糖代谢方面，甲状腺激素有促进糖的吸收，肝糖原分解的作用，同时它还能促进外周组织对糖的利用；甲状腺激素加速了糖和脂肪代谢，特别是促进许多组织的糖、脂肪及蛋白质的分解氧化过程，从而增加机体的耗氧量和产热量。

（2）促进生长发育　甲状腺激素促进代谢过程，促使人体正常生长和发育，特别对骨骼和神经系统的发育有明显的促进作用。

（3）提高神经系统的兴奋性　甲状腺素有提高神经系统兴奋性的作用，特别是对交感神经系统的兴奋作用最为明显，甲状腺激素可直接作用于心肌，使心肌收缩力增强，心率加快。

2. 甲状旁腺激素

甲状旁腺激素起调节机体钙磷代谢的作用，它一方面抑制肾小管对磷的重吸收，促进肾小管对钙的重吸收，另一方面促进骨细胞放出磷和钙进入血液，这样提高血液中钙的含量，所以甲状旁腺的正常分泌使血液中的钙不致过低，血磷不致过高，因而使血液中钙与磷保持适宜的比例。

3. 生长激素

生长激素与骨的生长有关，促进骨骼的发育。

4. 催乳素

催乳素可以催进乳腺增殖和乳汁生成及分泌。

5. 促性腺激素

促性腺激素包括卵泡刺激素和黄体生成素，可促进雄、雌激素的分泌，卵泡和精子的成熟。

6. 促肾上腺皮质激素

促肾上腺皮质激素主要作用于肾上腺皮质的束、网状带，促使肾上腺皮质激素的分泌。

7. 促甲状腺激素

促甲状腺激素作用于甲状腺，使甲状腺增大，甲状腺素的生成与分泌增多。

8. 抗利尿激素

抗利尿激素是下丘脑某些神经细胞产生，并运输贮藏在垂体的一种激素。它作用于肾脏，促进水的重吸收，调节水的代谢。

9. 催产素

催产素与抗利尿激素相似，也由下丘脑某些神经细胞产生。它能刺激子宫收缩，并促进乳汁排出。

10. 胰岛素

胰岛素主要作用是调节糖、脂肪及蛋白质的代谢。胰岛素是人体主要的降血糖物质。

11. 肾上腺糖皮质激素

肾上腺糖皮质激素对糖代谢的影响体现在一方面促进蛋白质分解，使氨基酸在肝中转变为糖原；另一方面又有对抗胰岛素的作用，抑制外周组织对葡萄糖的利用，使血糖升高。此外，对水盐代谢也有一定作用，它主要对排除水有影响。

12. 肾上腺素和去甲肾上腺素

肾上腺素和去甲肾上腺素两者的生物学作用与交感神经系统紧密联系，作用很广泛。当机体遭遇紧急情况时，如恐惧、惊吓、焦虑、创伤或失血等情况，交感神经活动加强，髓质分泌肾上腺素和去甲肾上腺素急剧增加。使心跳加强加快，心输出量增加，血压升高，血流加快；支气管舒张，以减少改善氧的供应；肝糖原分解，血糖升高，增加营养的供给。

（三）森林环境对人体内分泌系统的影响作用

人体的免疫系统及交感神经和副交感神经系统可被森林环境影响，同时还可改变某些激素的水平。研究证明，当人们行走在森林中，人体内的去甲肾上腺素，唾液中的皮质醇浓度以及尿中应激激素（肾上腺素）三者水平均会显著降低。但是，森林环境对血清皮质醇水平的影响不太一致。除此之外，森林环境对硫酸脱氢表雄酮（dehydroepiand rosterone sulfate，DHEA-S）（肾上腺分泌产物）和脂联素（血清中由脂肪组织特异产生的激素）的增加也有促进作用，硫酸脱氢表雄酮水平会随着年龄的增长急速下降。另外，森林环境不影响女性黄体酮和雌二醇水平或男性游离三碘甲状腺氨酸、甲状腺刺激激素和血清胰岛素水平。在森林环境条件下，人体多种激素的变化和影响作用如下所示。

1. 肾上腺素和去甲肾上腺素

肾上腺素（adrenaline，epinephrine）和去甲肾上腺素（norepinephrine）都是肾上腺髓质分泌的主要激素。肾上腺素会使心脏收缩力上升，使心脏、肝、和筋骨的血管扩张和皮肤、黏膜的血管收缩。去甲肾上腺素也能显著地增强心肌收缩力，使心率增快，心输出量增多；使除冠状动脉以外的小动脉强烈收缩，引起外周阻力明显增大而血压升高，故临床常作为升压药应用。研究证明，在森林环境下通过减轻人们的心情压力消除了兴奋、恐惧和紧张情绪，从而显著降低人体内肾上腺素和去甲肾上腺素水平浓度使人们得到充分的放松。POMS测试结果也表明，在森林环境中活力得分明显提高，而焦虑、抑郁、愤怒、困惑和疲劳的分数下降。此外，森林环境可显著增加白细胞中淋巴细胞和单核细胞的比例，该两类细胞增加可提高副交感神经系统的优势地位，从而促进在安静状态下的生理平衡，以上这些都与森林浴旅途中放松、压力减少有关。

2. 皮质醇

皮质醇（cortisol）是从肾上腺皮质中提取出的是对糖类代谢具有最强作用

的肾上腺皮质激素，即属于糖皮质激素的一种。压力状态下通过分泌皮质醇大量释放能量维持特殊情况下的生理机能。研究证明，森林观光和森林散步通过增加副交感神经活性和降低交感神经活性引起唾液皮质醇浓度显著降低，除此以外，通过森林环境中吸入植物杀菌素对降低皮质醇水平也有一定的作用。

3. 硫酸脱氢表雄酮

大约90%血液循环中的硫酸脱氢表雄酮（DHEA-S）来自肾上腺皮质网状带，相关流行病学证据显示DHEA-S具有保护心脏、抗肥胖和抗糖尿病的作用，但是该激素水平随着年龄的增长显著下降。同时在多个疾病相关的报道中提及到患者体内DHEA-S浓度和焦虑及抑郁等负面情绪程度呈负相关，长期的压力会影响到血液中DHEA-S的水平使其减少。研究证明，森林浴可显著增加血液中DHEA-S的水平，对血液中DHEA-S具有有益的影响，在森林公园散步后，血液中DHEA-S的水平增加并伴随着去甲肾上腺素水平的降低。

4. 脂联素

脂联素（adiponectin，ADPN）是脂肪细胞分泌的一种内源性生物活性多肽或蛋白质，是一种胰岛素增敏激素，脂联素水平能预示2型糖尿病和冠心病的发展，并在临床试验表现出抗糖尿病、抗动脉粥样硬化和抗炎症的潜力。研究证明，森林浴可显著增加血清中的脂联素水平，森林环境可对血清脂联素水平产生有益的影响。

综上所述，森林环境可减少人体内的去甲肾上腺素，唾液中的皮质醇浓度以及尿中应激激素（肾上腺素）三者的水平，产生放松效果，树木分泌的植物杀菌素则有助于这种效果的产生，森林环境、森林浴可对脂联素和DHEA-S水平产生有益的影响。

三、森林环境对人体心血管系统的影响

（一）人体心血管系统及组成

心血管系统是一个封闭的管道系统，由心脏和血管所组成，又称循环系统。心脏是动力器官，血管是运输血液的管道。通过心脏有节律性收缩与舒张，推动血液在血管中按照一定的方向不停地循环流动，称为血液循环。血液循环是机体生存最重要的生理机能之一。由于血液循环，血液的全部机能才得以实现，并随时调整分配血量，以适应活动着的器官、组织的需要，从而保证了机体内环境的相对恒定和新陈代谢的正常进行。循环一旦停止，生

命活动就不能正常进行，最后将导致机体的死亡（图3-10）。

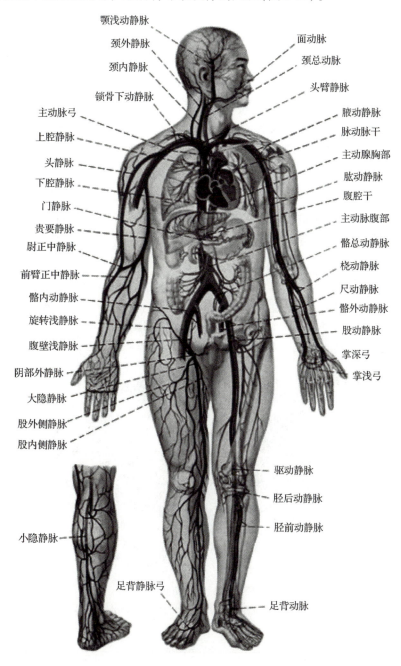

图3-10　人体心血管系统图

（引自《心血管系统·百度百科》）

1. 心脏

心脏位于胸腔内，两肺之间。它的大小与本人的拳头相似。心脏的内腔被房间隔和室间隔分隔为左右不相通的两半。心腔可分为左心房、左心室，右心房、右心室四个部分。左心房和左心室借左房室口相通，右心房和右心室借右房室口相通，同时在左房室口周围附有二尖瓣，右房室口周围附有三尖瓣，其主要作用是防止血液从心室倒流回心房。右心房与上、下腔静脉和冠状窦的开口，左心房上有肺静脉的开口。右心室发出肺动脉，左心室发出主动脉。在主动脉和肺动脉的起始处分别有主动脉瓣和肺动脉瓣，能防止血液从动脉逆流入心室。心脏是由心肌组成的动力器官。心肌具有自动节律性，即心肌本身具有产生节律性兴奋与收缩的功能，不受中枢神经所支配。心脏有节律的收缩或舒张活动称为心搏。每分钟心搏的次数叫心率。成人安静时的心率平均为 75 次/分钟（图 3-11，图 3-12）。

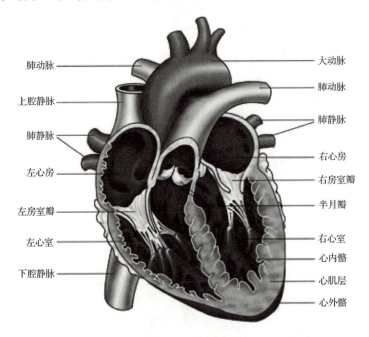

图 3-11　心脏切面图

（图片来源：风湿性心脏病．百度百科．baike.baidu.com）

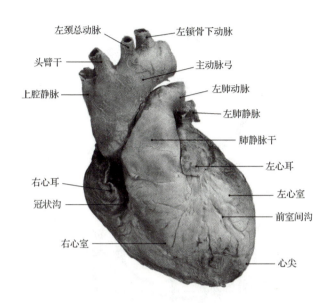

图 3-12　心脏外观图

（图片来源：心脏．百度百科．baike.baidu.com）

营养心脏本身的血管为左右冠状动脉。冠状动脉如发生病变（痉挛、硬化、血栓形成）可因其供血区供血不足而引起心绞痛，严重时可发生心肌梗塞。

2. 动脉

动脉由心室发出、运送血液到全身各部位的血管，动脉在到达身体各部位的路途中不断发出分支；愈分愈细，最后在组织间和细胞间移行为毛细血管。

3. 静脉

静脉是引导血液流回心房的血管。小静脉起源于毛细血管，在回心过程中，管腔越变越粗，最后汇成大静脉注入心房。

4. 毛细血管

毛细血管是器官内细微的小血管。管径平均 $7\sim9\mu m$，需借助显微镜才能看见，在组织内连于小动脉和小静脉之间，数量极其丰富，几乎遍及全身各处，毛细血管壁极薄、通透性强，同时血液在毛细血管内流动缓慢，有利于血液与组织、细胞之间进行物质和气体交换。

血液循环根据其循环路径不同可分为体循环和肺循环两种（图 3-13）。

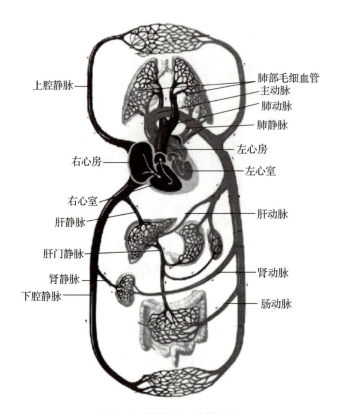

图 3-13 体循环、肺循环图

(图片来源：血液循环. 百度知道. zhidao.baidu.com)

5. 体循环的循环路径

体循环的循环路径是由左心室收缩，血液（动脉血）注入主动脉；然后沿着升主动脉、主动脉弓和降主动脉各级分支到达身体各部的毛细血管。因毛细血管壁非常薄，通透性强，血液流动速度缓慢，便可与周围的组织、细胞进行物质交换，血流中的营养物和氧气被组织和细胞吸收，而组织、细胞的代谢产物的二氧化碳则进入血液，这样，血液由鲜红色的动脉血变成暗红色的静脉血。因为体循环在身体内路程长，流经的组织和细胞范围广，因此又称大循环。

6. 肺循环的循环路径

肺循环的循环路径是由体循环回到右心的静脉血（暗红色），当心室收缩时，血液除了从左心室射入主动脉外，同时也由右心室将血液引入肺动脉，再进入到肺毛细血管，肺毛细血管与肺泡之间通过氧气和二氧化碳的弥散作用完成相应的气体交换。血液在肺部经过气体交换后，使静脉血变成含氧量高的动脉血（鲜红色）。动脉血汇入左右肺静脉后注入左心房，血液再从左心房流入左心室，血液沿上述路径循环称肺循环。肺循环在体内路程短，又称小循环。

7. 血压

人的血液输送到全身各部位需要一定的压力，这个压力就是血压。血管内血液对于单位面积血管壁的侧压力，即压强。由于血管分动脉、毛细血管和静脉，所以，也就有动脉血压、毛细血管压和静脉血压。通常所说的血压是指动脉血压。当心室收缩，血液从心室流入动脉，此时血液对动脉的压力最高，称为收缩压（SBP）。当心室舒张，动脉血管弹性回缩，血液仍慢慢继续向前流动，但血压下降，此时的压力称为舒张压（DBP）。人体的正常血压：90mmHg＜收缩压＜140mmHg；60mmHg＜舒张压＜90mmHg。

（二）人体心血管系统的功能

人的一生心脏总是有节奏地不停地跳动着，一旦心跳停止，就会"死亡"。因为一旦心脏因某种原因突然停止跳动，血液在体内无法循环流动，全身各部细胞和组织得不到氧气和营养物质，其代谢产物不能排出体外，堆积在体内，致使组织、细胞变性，死亡。各个器官和系统无法完成各自的生理机能。例如，消化系统无消化、吸收营养物质的功能；泌尿系统不产尿、排尿；呼吸系统不能与外界进行气体交换；神经系统对外界的刺激无任何反应。一句话，人体各系统、器官均停止了正常生理活动，生命终止了。因此人们必须保护心脏，使其有节律地跳动，保证血液不断地在心血管系统内周而复始地循环。

体循环的主要作用是将营养物质和氧气运送到身体各部位的组织和细胞，又将细胞、组织的代谢产物运送到排泄器官，保证组织和细胞的新陈代谢正常进行；肺循环的主要功能是使人体内含氧量低的静脉血转变为含氧丰富的动脉血，使血液获得氧气。

（三）森林环境对人体心血管系统的影响作用

为了探索森林环境对心血管系统的影响，研究者挑选了一定数量的自愿者，让他们分别在郊区的森林公园和市区（对照组）进行一日游。通过实验研究发现，相比市区一日游在森林公园上午时的收缩压、舒张压均明显低于城区。此外，在森林公园下午时的舒张压明显低于城区。这表明，在森林公园中行走能降低血压，而在城区中行走不能降低血压。进一步研究证明在森林公园进行一日游的步行活动能显著降低血压、多巴胺和去甲肾上腺素的水平，同时还能显著增加DHEA-S、血清脂联素水平。那么，如果没有生活在森林环境下，偶尔到森林中住一段时间，对健康有没有改善的作用？浙江医院征集了杭州60岁以上的老年高血压患者参与课题调查，在为期1周的森林浴后，这些老年人的血压指标均显示出下降趋势，收缩压下降10mmHg左右、舒张压下降了2mmHg左右，平均血压下降了5mmHg左右。总之，经常在森林环境中行走能通过减少交感神经活性来降低血压值，对增加血清脂联素及DHEA-S水平起到有益作用。

（四）森林环境对血压产生的具体影响

血压在一天中不同时间点呈规律性的变动，所以不能比较步行前后的血压变化，但可以比较在森林环境中步行后和城区步行后同一时间点的血压。研究发现，在森林公园中散步能明显降低受试者的舒张压和收缩压，而在城区中不能降低。据相关报道，经常性的身体活动及步行锻炼对降低血压有好处，然而在研究中，不管是在城区还是在森林中运动量是没有差异的，从此可以说明试验中血压出现的差异并不是由身体运动量引起的，而是由于森林环境对血压的降低产生了影响。

1. 通过降低交感神经活动增加副交感神经活动降低血压

在森林环境对内分泌系统的影响内容中提出了在森林中步行后人体内肾上腺素水平、去甲肾上腺素水平均会出现明显减低。众所周知，人体内的肾上腺素和去甲肾上腺素水平可以用于评价交感神经活性。两者激素浓度水平与交感神经活性呈正相关。与此同时交感和副交感神经系统在调节血压中发挥着至关重要的作用，交感神经活动度增强血压增高，而副交感神经活动度降低则血压增高。以上研究表明，与城区中行走相比，在森林中观景和步行均能显著降低交感神经活动并增加副交感神经活动来降低血压。

2. 通过植物杀菌素降低血压

森林环境中也有一些因子能降低血压，例如，树木中散发的植物杀菌素（木精油、香柏油），吸入这些植物杀菌素能显著降低收缩压和舒张压，同时能增加副交感神经活动降低交感神经活动，通过吸入树木所散发出来的植物杀菌素（柏树油）能显著降低肾上腺素和去甲肾上腺素的浓度，从而降低血压。以上说明，在森林公园中的行走实验表明，树木散发的天然香味（植物杀菌素）在降低血压方面起到了一定的作用。

经常在森林中散步，可以通过植物杀菌素及降低交感神经活动和增加副交感神经活动来降低血压（减少体内肾上腺素及去甲肾上腺素水平浓度）。此外在森林环境中经常行走可以在增加 DHEA-S、血清脂联素水平方面产生有益影响。DHEA-S 具有保护心脏、抗肥胖等作用；血清脂联素具有抗糖尿病、抗动脉粥样硬化的潜力。两者都可以在预防心血管疾病方面发挥一定作用。

四、森林环境对人体神经系统的影响

（一）人体神经系统及其组成

神经系统在人体内起主导作用的功能是调节系统。人体的结构与功能均极为复杂，体内各器官、系统的功能和各种生理过程都不是各自孤立地进行，而是在神经系统的直接或间接调节控制下，互相联系、相互影响、密切配合，使人体成为一个完整统一的有机体，实现和维持正常的生命活动。

神经系统由中枢部分及其外周部分所组成。中枢部分包括脑和脊髓，分别位于颅腔和椎管内，两者在结构和功能上紧密联系，组成中枢神经系统（图3-14）。外周部分包括 12 对脑神经和 31 对脊神经，它们组成外周神经系统。外周神经分布于全身，把脑和脊髓与全身其他器官联系起来，使中枢神经系统既能感受内外环境的变化（通过传入神经传输感觉信息），又能调节体内各种功能（通过传出神经传达调节指令），以保证人体的完整统一及其对环境的适应。

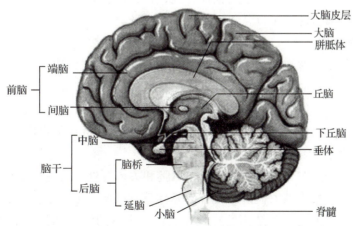

图 3-14　中枢神经系统

（图片来源：脑部结构图．百度百科．baike.baidu.com）

神经系统是由脑、脊髓、脑神经、脊神经和植物性神经，以及各种神经节组成。

1. 脑

脑是中枢神经系统的头端膨大部分，位于颅腔内。人脑可分为端脑、间脑、中脑、脑桥、小脑和延髓六个部分。通常把中脑、脑桥和延髓合称为脑干，延髓向下经枕骨大孔连接脊髓。脑的内腔称为腔室，内含脑脊髓液。端脑包括左、右大脑半球。每个半球表层为灰质所覆叫大脑皮质。人类的大脑皮质在长期的进化过程中高度发展，它不仅是人类各种机能活动的高级中枢，也是人类思维和意识活动的物质基础。

2. 脊髓

脊髓呈前后扁的圆柱体，位于椎管内，上端在平齐枕骨大孔处与延髓相续，下端终于第1腰椎下缘水平。脊髓前、后面的两侧发出许多条细的神经纤维束，叫做根丝。一定范围的根丝向外方集中成束，形成脊神经的前根和后根。前、后根在椎间孔处合并形成脊神经。脊髓以每对脊神经根根丝的出入范围为准，划分为31个节段，即颈髓8节（C1-8），胸髓12节（T1-12），腰髓5节（L1-5），骶髓（S1-5），尾髓1节（Co1）。

3. 脑神经

脑神经与脑相连，自颅腔穿过颅底的孔、裂、管出颅，共12对。其名称为：Ⅰ嗅神经、Ⅱ视神经、Ⅲ动眼神经、Ⅳ滑车神经、Ⅴ三叉神经、Ⅵ展神经、Ⅶ面神经、Ⅷ前庭蜗神经、Ⅸ舌咽神经、Ⅹ迷走神经、Ⅺ副神经及Ⅻ舌下神经。其中Ⅰ、Ⅱ、Ⅷ为感觉性神经，Ⅲ、Ⅳ、Ⅵ、Ⅺ、Ⅻ主要为运动性神经，Ⅴ、Ⅶ、Ⅸ、Ⅹ为混合性神经（图3-15）。

4. 脊神经

脊神经由与脊髓相连的前根和后根在椎间孔合并而成。前根属运动性，由位于脊髓灰质前角和侧角及骶髓副交感核的运动神经元轴突组成。后根属感觉性，由脊神经节内假单极神经元的中枢突组成。脊神经节是后根在椎间孔处的膨大部，为感觉性神经节，主要由假单极神经元胞体组成。

5. 植物性神经

植物神经分布于皮肤、骨骼肌、肌腱和关节等处，将这些部位所感受的外部或内部刺激传入中枢的纤维称为躯体感觉纤维；分布于内脏、心血管及腺体等处并将来自这些结构的感觉冲动传至中枢的纤维称为内脏感觉纤维。分布于骨骼肌并支配其运动的纤维称为躯体运动纤维；而支配平滑肌、心肌

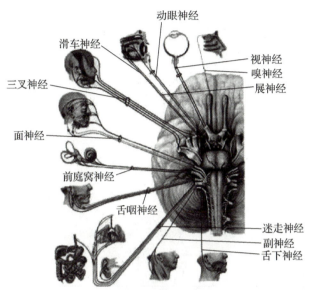

图 3-15　人体 12 对脑神经

（引自脑神经．百度百科．baike.baidu.com）

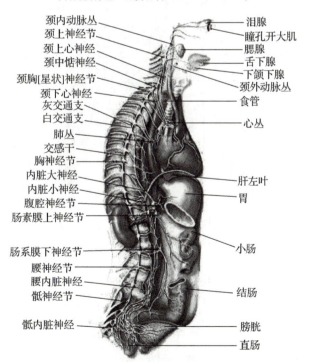

图 3-16　交感神经及分支

（引自交感神经．百度百科．baike.baidu.com）

运动以及调控腺体分泌的神经纤维称为内脏运动纤维，由它们所组成的神经称为植物性神经。在植物性神经中，可分为交感神经（Sympathetic Nervous System）和副交感神经（Parasympathetic Nervous System）。交感神经是植物神经系统的重要组成部分，由脊髓发出的神经纤维到交感神经节，再由此发出纤维分布到内脏、心血管和腺体（图3-16）。副交感神经是植物性神经（自主神经）的一部分，分为脑部和骶部。脑部的中枢位于脑干内，总称为副交感核，发出纤维走行在第3、7、9、10对脑神经内。骶部的中枢，位于骶髓2~4节段灰质内的骶中间外侧核，发出节前纤维至脏器附近的器官旁节和脏器壁内的器官内节，组成盆神经，支配降结肠以下的消化管、盆腔脏器及外生殖器（图3-17）。

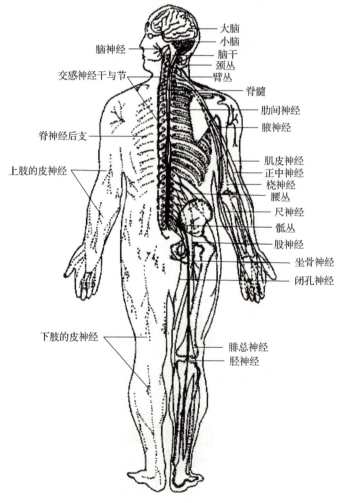

图3-17 副交感神经及分支

（引自中枢神经系统. 百度百科. baike.baidu.com）

(二)人体神经系统的功能

神经系统的主要功能是在人体内起主导作用。一方面它控制与调节各器官、系统的活动，使人体成为一个统一的整体。另一方面通过调整机体功能活动，使机体适应不断变化的外界环境，维持机体与外界环境的平衡。人类在长期的进化发展过程中，神经系统特别是大脑皮质得到了高度的发展，产生了语言和思维，人类不仅能被动地适应外界环境的变化，而且能主动地认识客观世界，改造客观世界，使自然界为人类服务，这是人类神经系统最重要的特点。

交感神经和副交感神经作为神经系统重要组成，对人体各器官、系统都发挥着非常关键的作用。

1. 交感神经

交感神经具有的主要功能如下。

(1)对循环器官　交感神经对心脏活动具有兴奋作用，能加速心搏频率和加速心搏力量。对血管，主要是促进微动脉收缩，从而增加血流外周阻力，提高动脉血压。

(2)对消化器官　交感神经对胃肠运动主要具有抑制作用，即降低胃肠平滑肌的紧张性及胃肠蠕动的频率，并减弱其蠕动的力量；但当胃肠平滑肌紧张性太低或活动很弱时，交感神经也可使其活动增强。对唾液腺能促进其分泌黏稠的唾液。

(3)对呼吸器官和汗腺　交感神经对细支气管平滑肌具有抑制作用，可使细支气管扩张，有利于通气。汗腺只接受交感神经支配，交感神经兴奋引起汗腺分泌。

(4)对虹膜　虹膜内呈反射状排列的瞳孔开大肌，可开大瞳孔。

(5)对内分泌腺　肾上腺髓质受交感神经节前纤维支配。当交感神经兴奋时，肾上腺素与去甲肾上腺素的分泌增加。由于肾上腺髓质激素的作用大部分与交感神经系统的作用是一致的，因此，在生理学上称之为交感肾上腺髓质系统。

(6)对泌尿生殖器官　交感神经的作用是抑制膀胱壁逼尿肌的活动和促进内括约肌的收缩，因而阻止排尿。对生殖器官，交感神经能促进怀孕子宫的收缩，但使未孕子宫舒张。交感神经还能促进男性精囊腺和射精管平滑肌收缩，从而引起射精动作。

(7)对糖代谢　交感神经能直接作用于肝细胞，促进肝糖原分解，从而使血糖升高。但从整体范围分析得知，交感神经的升血糖效应主要还是通过肾上腺素分泌增加来实现的。

2. 副交感神经系统

副交感神经系统的作用与交感神经作用相反，它虽不如交感神经系统具有明显的一致性，但也有相当关系。副交感神经系统可保持身体在安静状态下的生理平衡，其作用有三个方面：第一，增进胃肠的活动，消化腺的分泌，促进大小便的排出，保持身体的能量；第二，瞳孔缩小以减少刺激，促进肝糖原的生成，以储蓄能源；第三，心跳减慢，血压降低，支气管缩小，以节省不必要的消耗，协助生殖活动，如使生殖血管扩张，性器官分泌液增加。

（三）森林环境对人体神经系统的影响作用

1. 对植物神经方面的影响

交感和副交感神经系统在调节血压及心率方面起关键作用；交感神经活动增加可升高血压及心率，而副交感神经活动降低血压及心率。同时血压及心率变异性（HRV）可以被用来判断自律神经活动的变化。此外，通过测量肾上腺素及去甲肾上腺素水平可以用来评价交感神经活动，并且肾上腺素及去甲肾上腺素水平与血压之间存在正相关。森林环境可增加副交感神经活动、降低交感神经活动、调节自律神经的平衡。因此，森林环境可降低血压和心率并具有放松作用。并且这些作用可直接影响免疫系统及内分泌系统，导致血液中NK细胞活性增加并降低肾上腺素及去甲肾上腺素水平。

2. 对感官神经方面的影响

据调查，森林中绿色的环境不仅能使人平静、舒服，而且还可使人体的脉搏每分钟减少4~8次，皮肤温度降低1~2℃，能增强思维活动和听觉的灵敏性。经过实验证明，绿色对光反射率达30%~40%时，对人的视网膜组织的刺激恰到好处，它可以吸收阳光中对人眼有害的紫外线，使眼疲劳迅速消失，精神爽朗。

专栏六：人体九大系统简介

人体是由细胞构成的。细胞是构成人体形态结构和功能的基本单位。形态相似和功能相关的细胞借助细胞间质结合起来构成起来的结构成为组织。几种组织结合起来，共同执行某一种特定功能，并具有一定形态特点，就构成了器官。若干个功能相关的器官联合起来，共同完成某一特定的连续性生理功能，即形成系统。人体由九大系统组成，即运动系统、消化系统、呼吸系统、泌尿系统、生殖系统、内分泌系统、免疫系统、神经系统和循环系统(心血管系统)这些系统协调配合，使人体内各种复杂的生命活动能够正常进行。

(1)运动系统。运动系统由骨、骨连结和骨骼肌三种器官组成。骨以不同形式连结在一起，构成骨骼。形成了人体的基本形态，并为肌肉提供附着，在神经支配下，肌肉收缩，牵拉其所附着的骨，以可动的骨连结为枢纽，产生杠杆运动。运动系统主要的功能是运动、支持、保护。

(2)消化系统。消化系统由消化道和消化腺两大部分组成。临床上常把口腔到十二指肠的这一段称上消化道，空肠以下的部分称下消化道。消化腺有小消化腺和大消化腺两种。消化系统的基本生理功能是摄取、转运、消化食物和吸收营养、排泄废弃物。

(3)呼吸系统。呼吸系统包括呼吸道(鼻腔、咽、喉、气管、支气管)和肺，是气体进出肺的通道。呼吸系统的机能主要是与外界的进行气体交换，呼出二氧化碳，吸进氧气，进行新陈代谢。

(4)泌尿系统。泌尿系统由肾脏、输尿管、膀胱及尿道组成。其主要功能为排泄。排泄是指将机体代谢过程中所产生的各种不为机体所利用或者有害的物质向体外输送的生理过程。泌尿系统主要的排泄方式是以尿的形式从肾脏排出。

(5)生殖系统。生殖系统是生物体内的和生殖密切相关的器官成分的总称。例如，女性的生殖系统包括激素腺体、配偶子、卵巢、和子宫及阴道。临床上常将卵巢和输卵管称为子宫附件。男性生殖系统由睾丸、附睾、输精管、尿生殖道、副性腺、阴茎和包皮等组成。生殖系统的功能是产生生殖细胞，繁殖新个体，分泌性激素和维持副性征。

(6)内分泌系统。内分泌系统由内分泌腺和分布于其他器官的内分泌细胞组成，通过分泌特殊的化学物质(如激素)，来实现对有机体的控制与调节，是一种整合性的调节机制。

(7)免疫系统。免疫系统由免疫器官、免疫细胞、免疫活性物质组成，具有免疫监视、防御、调控的作用。

(8)神经系统。神经系统分为中枢神经系统和周围神经系统 两大部分。神经系统的结构与功能均极为复杂，总的来说体内各器官、系统的功能和各种生理过程都是在神经系统的直接或间接调节控制下，互相联系、相互影响、密切配合，使人体成为一个完整统一的有机体，实现和维持正常的生命活动。

（9）循环系统又称为心血管系统。循环系统是生物体内的运输系统，它将某些重要物质(氧气、营养物质等)运送到身体各组织细胞，又将身体各组织细胞代谢产物运送到具有排泄功能的器官排出体外。

第四章

森林环境与养生

第一节　森林对人体的保健功能

现代城市纷乱嘈杂，空气混浊，环境污染，生活节奏加快，直接导致各种疾病的发病率上升和亚健康的出现。人们在追求健康的路上日益认识到环境对健康的影响。越来越多的人群走出家门，回到大自然的怀抱。森林有着天然的生态环境、适宜的气候而成为理想的休养场所。

人体是一个完整、统一的感受体，森林所具有的天然保健环境对机体的作用是多方面的。例如，森林里冬暖夏凉，气压变化不大，葱绿的树冠散射了太阳的强烈光照，绿色的原野能消除眼睛的疲劳，使神经系统得以松弛，新陈代谢、血液循环及呼吸得到加强。据研究发现，森林对人体具有以下保健作用。

一、天然长寿素—负离子

空气负离子被称为"空气维生素和生长素"，对人体健康非常有益。近年来发展起来的空气负离子疗法在世界各国进行了广泛的研究和使用。20 世纪 80 年代，在我国北京、上海、西安、南京等地医院及疗养院广泛开展了负离子疗法。据公开的资料统计，应用空气负离子治疗的 2 500 例患者中，总有效率达 89%。森林中因其特有的森林生态环境形成了产生空气负离子的良好条件，特别是森林中的各种林分、瀑布、跌水、溪流等都是产生负离子的有利条件，因而森林中的空气负离子浓度较城市是要高得多。目前，森林中富含空气负离子吸引着大量的旅游者到森林中进行保健、疗养和旅游。

二、杀菌保健作用

森林里树木所挥发出来的植物精气能杀死空气中的白喉、伤寒、结核、痢疾、霍乱等病菌，具有多种生理功效。可以治疗多种疾病，对咳嗽、哮喘、慢性气管炎、肺结核、神经官能症、心律不齐、冠心病、高血压、水肿、体癣、烫伤等都有一定疗效，尤其是对呼吸道疾病的效果十分显著。由于在医疗保健方面的独特作用，植物芬多精得到了人类广泛的应用。

三、森林氧疗作用

氧气是人类维持生命的基本条件，人体每时每刻都要呼吸氧气，排出二氧化碳。一个健康的人三两天不吃不喝不会致命，而短暂的几分钟缺氧就会死亡，这是人所共知的常识。森林被称作为"天然氧气制造工厂"。森林在生长过程中要吸收大量二氧化碳，放出氧气，同时吸收大气中的悬浮颗粒物，有极大的提高空气质量的能力；并能减少温室气体，减少热效应。森林氧疗是一种重要的保健手段，又是一种有效的日常保健方法。定期补氧如同我们摄取营养一样，可提高人体的综合免疫力，清洁呼吸系统，改善内脏功能。经常在森林里停留，能有效地改善亚健康状态。经过多年研究表明，森林氧疗可缓解心绞痛、预防心肌梗塞的发生。

森林氧疗对哮喘病有很好的保健作用。哮喘是由于支气管痉挛等情况导致肺泡与外界的换气功能减弱所引起的，吸氧可提高肺泡内氧浓度，有助于哮喘的缓解。森林氧疗可有效缓解肺气肿、肺心病、慢性支气管炎，这些疾病皆因缺氧所致，氧疗能减缓病人缺氧症状和显著提高血氧饱和度，比单独用药物治疗，效果显著得多。同时改善病人生活质量，如改善气短、气促等症状。

森林氧疗可减轻颈椎病患者的痛苦。颈椎骨质增生压迫椎动脉引起大脑供血供氧不足，可产生头晕、恶心、眼花、手臂麻木、疼痛等症状，氧疗可以改善脑部供氧及颈椎组织自身缺氧状态，从而减轻乃至消除以上症状。

森林氧疗对糖尿病有辅助治疗作用。糖尿病人毛细血管压明显偏低，导致组织代谢细胞不能充分获取氧，从而导致细胞功能和糖代谢障碍。氧疗可以促进糖代谢，提高组织细胞利用糖的能力，平衡血糖，缓解糖尿病并发症症状。

森林氧疗能明显改善失眠梦多、睡眠质量差、神经衰弱等症状。森林氧疗能提高血氧饱和度，使身体各组织部位获得充足的氧，从而促进新陈代谢，使身体各个部分特别是大脑充分放松，让人容易入睡并保持最佳的睡眠状态。

四、防治肿瘤的作用

恶性肿瘤是威胁人类健康的重要疾病，在传染病得到控制之后，恶性肿瘤已经和心脑血管病成为人类死亡的两种主要死因。在我国，恶性肿瘤已成为城乡居民的主要死因，占死亡原因20%以上。我国2006年对30个城市和78个农村县死亡原因的统计表明，与2005年相比，城市和农村居民恶性肿瘤死亡率分别上升18.6%和23.1%。世界癌症报告估计，2012年中国癌症发病人数为306.5万，约占全球发病的五分之一；癌症死亡人数为220.5万，约占全球癌症死亡人数的四分之一。

恶性肿瘤的传统治疗方法包括手术、放疗、化疗等，但整体效果不尽如人意，很多病人经过治疗后还是无法痊愈而死去。近年来免疫疗法的出现又让患者看到了希望。肿瘤的免疫治疗是以激发和增强机体的免疫功能，以达到控制和杀灭肿瘤细胞的目的。自然杀伤细胞（NK）是机体重要的免疫细胞，不仅与抗肿瘤、抗病毒感染和免疫调节有关，而且在某些情况下参与超敏反应和自身免疫性疾病的发生。一般认为，NK细胞的机能提高了，人体的抗癌能力也就提高了。那么在什么环境下人体的NK细胞的活性会增加呢？日本在这方面走在了世界前面。1995年，他们经过实验证明，森林浴可提高人体的抗癌能力。实验表明，在森林里每天散步2~4h，能显著提高自然杀伤细胞（NK）的活性，同时，血液里的NK细胞数量和细胞内的抗癌蛋白数量也增加了。中国浙江医院的王国付、毛根祥于2013年也做过类似的实验，实验结果表明，森林浴能显著提高人体NK细胞的活性和数量。可见，长时间停留在森林里，对于癌症病人的康复有非常积极的作用。同时，森林里环境清新幽静，有清心宁神的作用。而且在森林生长的一些珍贵的抗癌药材如野灵芝、桑黄菌等，服用这些药材对癌症的康复也起到一定的有益作用。

五、减少环境辐射对人体的危害

在自然条件下，大气和水体中都含有极微量的放射性物质，辐射剂量极低。但随着原子能工业的发展及其在医学、军事、科研、民用等各项领域的广泛应用，使大气和水体中的放射性物质不断增加，使环境的放射性水平高于天然本底值或超过规定标准，构成放射性污染。放射性物质进入人体主要有三种途径：呼吸道进入、消化道进入、皮肤或黏膜侵入。在一般情况下，仅受某些微量元素污染，并不会影响健康，但是当放射性污染物种类或数量多时，人体受到照射剂量较大时，会出现头晕、头痛、呕吐、毛发脱落、厌食、失眠、白细胞和血小板减少等现象，倘若放射性剂量进一步加大或积累多，则可能发生肿瘤、血液病或遗传障碍、死亡等放射性疾病。

研究表明，植物不但可以阻隔放射性物质和辐射的传播，而且可以起到过滤和吸收的作用。例如，向日葵的根系悬挂在水中，可吸收和清除水中的有害放射性物质铯和锶，吊兰和杜鹃科的花木也具有吸附放射性物质的功效。中南林业科技大学曾对我国部分森林旅游地的环境放射性水平进行测定，研究发现，在所测森林旅游区的景点中，室内年积累量最大的流溪河国家森林公园为 1 348μSv，仅为国家标准上限 [5 000μSv/（人·年）] 的 26.1%，没有超标。其他一些森林旅游区的年累积量比流溪河更低，均未超标，这充分说明了森林内的天然辐射环境良好。常见的防辐射植物有仙人掌、宝石花、虹之玉、玉扇、熊童子、星美人、黄丽、桃美人、景天等多肉植物。

六、减少噪声对人体的危害

现代社会中，噪声对人们健康的危害以及对大脑引起的疲劳和破坏日益严重，因此噪声已经被认为是一种严重的环境污染，被列为环境公害之一。噪声具有强烈的刺激性。许多国家已把噪声引起的头昏、失眠、嗜睡、易疲劳、易激动、记忆力衰退、注意力不集中并伴有耳鸣和听力衰退等疾病统称为噪声病。

森林对噪声有很强的防护作用，它是天然的消声器。这是因为噪声碰到树干时声波破碎和散射出去，使其能量被吸收或改变传播方向。森林面积越大，林带越宽，消除噪声的功能越强。森林安静的环境，对于中老年人尤其是心血管疾病患者、亚健康人群、失眠人群等有独特的保健康复作用。定期去森林里休憩，远离城市的喧嚣和噪声污染，让心身得到放松，有利于机体功能的修复。

七、森林的其他保健作用

森林中的绿色，不仅给大地带来秀丽多姿的景色，而且它能通过人的各种感官，作用于人的中枢神经系统，调节和改善机体的机能，给人以宁静、舒适、生气勃勃、精神振奋的感觉而增进健康。绿色的环境能在一定程度上减少人体肾上腺素的分泌，降低人体交感神经的兴奋性。它不仅能使人平静、舒服，而且还使人体的皮肤温度降低 1~2℃，脉搏每分钟减少 4~8 次，能增强听觉和思维活动的灵敏性。科学家们经过实验证明，绿色对光反射率达 30%~40% 时，对人的视网膜组织的刺激恰到好处，它可以吸收阳光中对人眼有害的紫外线，使眼疲劳迅速消失，精神爽朗。

印度瑜伽术认为树木可把宇宙中的物质传给人。不同的树种，带的能量不同，有的树木可帮助人们恢复精力，消炎防病，如橡树让人精神振奋；云杉能吸收不好的能量；松树可以传递有益的能量；山杨树皮能治牙疼；树木有生物场，树木对人有治疗作用是生物场发挥效能。据检测表明，橡树、白桦树、松树、金合欢、白蜡树和椴树等能增加能量；樟木有抗痉挛和兴奋的作用；柏木有镇痛和镇静神经，松弛精神的作用；冷杉能舒解肌肉疼痛，使人们产生温暖感的作用；檀香木有镇静神经和抗抑郁的功效。

所以从某种意义上说，保护森林就是保护人类自己。人们在追求健康长寿的路上，不要忘了走进森林，回到大自然的怀抱！

八、具有保健作用的林木简介

1. 白桦树

白桦树即白桦，为桦木科乔木植物，高可达27m；树皮灰白色，成层剥裂。喜光，不耐荫。耐严寒。对土壤适应性强，喜酸性土，沼泽地、干燥阳坡及湿润阴坡都能生长。深根性、耐瘠薄，常与红松、落叶松、山杨、蒙古栎混生或成纯林。木材可供一般建筑及制作器、具之用，树皮可提桦油（图4-1）。取自我国大兴安岭境内原始森林中的野生白桦树的"桦树汁"饮料具有抗疲劳、抗衰老的保健作用。白桦树电磁场对人体神经内分泌系统有调节作用，从而有助于血压恢复正常。

图4-1 白桦林

2. 兴安落叶松

兴安落叶松有浓郁松脂气,对人体有振奋精神作用。木材耐腐,又具有抗菌功能。适于室内装修、装饰与家具制造,为较常见的人体保健材料(图4-2)。

图4-2 兴安落叶松

3. 樟子松

樟子松散发出的清香味能够吸收空气中有毒、有害物质,从而净化室内空气,有益人体健康。樟子松分泌杀菌素,可以杀死白喉、痢疾、结核病的病原微生物。松叶具有一定的药用价值,其能够帮助起到防治老年痴呆、高血压、糖尿病、冠心病等疾病的作用,同时因为松叶中含有非常丰富的氨基酸,能够帮助增强人体免疫力,所以还能够起到一定的养生保健的效果。很多具有延缓衰老效果的保健品当中都添加了一定量的松树叶(图4-3)。

图 4-3　樟子松

4. 杨树

杨树为落叶乔木，高 5~10m，树皮灰白色，枝圆棒状，棕色或灰棕色，幼时有柔毛。杨树具有强大的碳汇能力和制氧能力，一株成年大杨树制造的氧气可同时满足 2.5 人需要（图 4-4）。此外，杨树皮还有祛风活血；清热利湿；驱虫的功效。鲜杨树皮外用可治牙痛。

图 4-4　杨树

5. 橡树

橡树是世上最大的开花植物,生命期很长,它有高寿达400岁的。橡树形优美,树冠塔形,高可达24m,生长中速。冠幅10m,叶型独特,新叶亮红色,成熟叶片深绿色,有光泽,9月变成橙红色,落叶期晚。橡树分泌出一种带有芳香味的单萜烯、倍半萜烯和双萜类气体"杀菌素",能杀死空气中的白喉、伤寒、结核、痢疾、霍乱等病菌。能吸收二氧化硫、氯气、氟化氢等有毒有害气体(图4-5)。

图4-5 橡树

6. 香樟树

香樟为常绿乔木,树冠广展,枝叶茂密,气势雄伟,是优良的行道树及庭荫树。樟树中可提炼出樟脑,樟脑还有强心解热、杀虫之效,夏天到户外活动时可摘取樟树的叶片,揉碎后涂抹在手脚表面上,有防蚊的功效。科学研究证明,樟树所散发出的松油二环烃、樟脑烯、柠檬烃、丁香油酚等化学物质,有净化有毒空气以及抗癌的能力和功效,过滤出清新干净的空气,沁人心脾(图4-6)。长期生活在有樟树的环境中会避免患上很多疑难病症。樟木还具有抗痉挛和兴奋的作用。用樟树木做的拖鞋可以除脚气。

图 4-6　香樟树

7. 枫树

枫树为落叶乔木，春季开花，多为颗粒状，黄褐、红色。叶子掌状三裂，秋季变成红色。枫叶为掌状 5 浅裂，长 13cm，宽略大于长，3 枚最大的裂片具少数突出的齿，基部为心形，上面为中绿至暗绿色，下面脉腋上有毛，秋季变为黄色至橙色或红色。枫树有很强的吸收二氧化硫、氯气、氟化氢等有毒有害气体的能力（图 4-7）。枫树的根和叶都具有祛风湿的效果。枫树还可产糖浆。

图 4-7　枫树

8. 法国梧桐

法国梧桐原又称名三球悬铃木，也叫裂叶悬铃木、鸠摩罗什树，悬铃木属落叶大乔木，是二球悬铃木的亲本，高可达30m，是世界著名的优良庭荫树和行道树，有"行道树之王"之称。法国梧桐抗空气污染能力较强，叶片具吸收有毒气体和滞积灰尘的作用。法国梧桐树干高大，枝叶茂盛，生长迅速，适应性强，易成活，耐修剪，抗烟尘，所以广泛栽植作行道绿化树种，也为速生材用树种；对二氧化硫、氯气等有毒气体有较强的抗性（图4-8）。

图4-8 法国梧桐

9. 榆树

榆树，又名春榆、白榆等，素有"榆木疙瘩"之称，为榆科落叶乔木，幼树树皮平滑，灰褐色或浅灰色，大树之皮暗灰色，不规则深纵裂，粗糙；小枝无毛或有毛，无膨大的木栓层及凸起的木栓翅；冬芽近球形或卵圆形。叶椭圆状卵形等，叶面平滑无毛，叶背幼时有短柔毛，后变无毛或部分脉腋有簇生毛，叶柄面有短柔毛。榆树具抗污染性，叶面滞尘能力强，能够吸收多种有害气体。树皮、叶及翅果均可药用，能安神、利小便（图4-9）。

图 4-9 榆树

10. 杉树

杉树属松科，常绿乔木，生长在海拔 2 500~4 000m 的山区寒带上。高可达 30m，胸径 3m，树干端直，树形整齐。杉木的品种较多，大致分为三类：一类是嫩枝新叶均为黄绿色、有光泽的油杉，又名黄杉、铁杉；另一类是枝叶蓝绿色、无光泽的灰杉，又名糠杉、芒杉、泡杉；还有一类是叶片薄而柔软，枝条下垂的线杉，又名柔叶杉。被称为"万能之木"。杉树能够吸收多种有害气体，其挥发芬多精具有杀菌作用。杉树皮可以治疗便秘，腹泻，肠胃消化不良。杉树夹板可用于骨折固定。杉木还可以缓解肌肉疼痛（图 4-10）。

图 4-10 杉树

11. 圆柏

圆柏又称桧、桧柏，圆柏属，常绿乔木。幼树树冠尖塔形，老树宽卵球形。中性树种，幼时喜阴、极耐寒，耐干旱，对土壤要求不严，中性土、钙质土、微酸性土及微碱性土均能生长，在温凉稍燥地区生长较快，耐修剪、易整形。圆柏能够分泌"杀菌素"，能杀死空气中的白喉、伤寒、结核、痢疾、霍乱等病菌。圆柏还能吸收多种有害气体（图4-11）。研究证明柏木还具有镇痛和松弛精神的作用。

图4-11 圆柏

12. 夹竹桃

夹竹桃属常绿直立大灌木，高可达5m，枝条灰绿色，嫩枝条具棱，被微毛，老时毛脱落。花期几乎全年，夏秋为最盛；果期一般在冬春季，栽培很少结果。夹竹桃有抗烟雾、抗灰尘、抗毒物和净化空气、保护环境的能力。夹竹桃的叶片，对二氧化硫、二氧化碳、氟化氢、氯气等有害气体有较强的抵抗作用（图4-12）。夹竹桃叶具有强心利尿的作用。

图 4-12　夹竹桃

13. 杜鹃花

杜鹃花又称山踯躅、山石榴、映山红,系杜鹃花科落叶灌木,落叶灌木。全世界的杜鹃花约有 900 种。中国是杜鹃花分布最多的国家,约有 530 余种,杜鹃花种类繁多,花色绚丽,花、叶兼美,地栽、盆栽皆宜,是中国十大传统名花之一(图 4-13)。杜鹃花所散发的芬多精具有抗炎抑菌、降血压和清心宁神的功能。

图 4-13　杜鹃林

14. 银杏

银杏为落叶大乔木，胸径可达4m，幼树树皮近平滑，浅灰色，大树之皮灰褐色，不规则纵裂，粗糙；有长枝与生长缓慢的距状短枝。银杏树的果实俗称白果，因此银杏又名白果树。银杏树生长较慢，寿命极长，自然条件下从栽种到结银杏果要二十多年，四十年后才能大量结果，因此又有人把它称作"公孙树"，有"公种而孙得食"的含义，是树中的老寿星，具有观赏，经济，药用价值。银杏可以净化空气，具抗污染、抗烟火、抗尘埃等功能。可自然净化空气，减少大气层悬浮物含量，提高空气质量。银杏果可以抑菌杀菌，祛痰止咳，抗涝抑虫，止带浊和降低血清胆固醇。另外，银杏可以降低脂质过氧化水平，减少雀斑，润泽肌肤，美丽容颜。银杏叶中的黄酮甙与黄酮醇都是自由基的清道夫，能保护真皮层细胞，改善血液循环，防止细胞被氧化产生皱纹。银杏是具有抗活性基因能力的草药之一，银杏在保护脂质（细胞膜的组成部分）免受自由基伤害方面很有效（图4-14）。

图4-14 银杏

15. 黄花梨

黄花梨又名降香，别名花梨木、降香黄檀等。乔木，高10～15m。小枝有小而密集皮孔。羽状复叶长12～25cm。产于中国海南。生于中海拔有山坡疏林中、林缘或空旷地上。根部心材名降香，供药用，降香木材质优，边材淡黄色，质略疏松，心材红褐色，坚重，纹理致密，为上等家具良材；有香味，可作香料。海南降香黄檀俗称黄花梨，亦称"降压木"，佩戴用黄花梨做成的手串而有镇静安神降压的作用。用木屑填充做枕头更有舒筋活血之功效，尤其适合老年人使用。而作为养生而言，最好就是要有由海南降香黄檀制成的器物，如床榻和椅凳之类。人在睡眠和养神时是最为放松的，悠悠降香进入体内直达肺腑，长此以往筋骨舒活、气血充沛。

图 4-15　黄花梨

16. 紫檀木

紫檀，乔木，高 15~25m，胸径达 40cm；树皮灰色。羽状复叶长 15~30cm；托叶早落；小叶 3~5 对，卵形，先端渐尖，基部圆形，两面无毛，叶脉纤细。产于中国台湾、广东和云南（南部）。生于坡地疏林中或栽培于庭园。印度、菲律宾、印度尼西亚和缅甸也有分布。木材坚硬致密，心材红色，为优良的建筑、乐器及家具用材。紫檀也同样能让人"眠之可自然安神，坐之能自觉定志"。紫檀药效众多,要成百上千年方可成材,从古中医的角度理解,是集日月之精华,平衡阴阳的佳品。在《本草纲目》中记述小叶紫檀有镇心,安神,舒筋活血,消炎止痛等功效(图4-16)。佩带小叶紫檀饰品,可具有不可思议的神奇力量及感应,如增强免疫力,防止老化,稳定心率,改善失眠等药效。长期接触还能够促进细胞再造,预防皱纹的出现,对皮肤特别好。所以,长期睡在小叶紫檀木床上,可以让皮肤越来越好,人越来越年轻。

图4-16 紫檀木

17. 酸枝木

酸枝木为豆科植物中蝶形花亚科黄檀属植物,因其木材剖开后有一种较刺鼻的酸味而得名。酸枝木是多种木材的统称,主要分布在热带和亚热带地区,东南亚地区是主产地,中国广大地区也有部分酸枝木分布其中(图4-17)。俗话说坐要坐酸枝,因为酸枝木散热性、透气性佳,微微沁出的淡香能够提神。大红酸枝的酸香气息浓厚,有独特的杀菌功效,同时酸枝对人体有预防高血压、高血脂之功效。更重要的是非常的牢固,也适于制作桌椅。酸枝木家具坐着稳,不硬不凉,没有光滑的感觉,对腰椎有一定的保健作用。

图 4-17　酸枝木

18. 柳树

柳树是旱柳、腺柳、垂柳等柳属植物的总称。柳属多为灌木，稀乔木，无顶芽，合轴分枝。柳树枝条细长而低垂，褐绿色，无毛；冬芽线形，密着于枝条。叶互生，线状披针形，长 7~15cm，宽 6~12cm，两端尖削，边缘具有腺状小锯齿，表面浓绿色，背面为绿灰白色，两面均平滑无毛，具有托叶（图 4-18）。在我国古代素有榆树救荒柳树祛病的说法。可见柳树对人体是具有保健作用的。阿司匹林是人类常用的具有解热和镇痛等作用的一种药品，它的学名叫乙酰水杨酸。阿司匹林的发明起源于随处可见的柳树。用柳树花填充的枕头有安神催眠的作用。柳树根有祛风湿的作用。

图 4-18 柳树

第二节 森林运动与健康

一、运动与健康

中国也有句俗话:"铁不磨要生锈,人不运动要生病""树木就怕软藤缠,身体就怕不锻炼"。达·芬奇曾说到过"运动是一切生命的源泉"。可见运动对于人体健康起着重要的作用。运动不但能够增强体质,促使人的心理健康发展,而且能够可提高人适应社会的能力,促进社会交往和增进友谊,实现生理,心理,社会交往的三重健康。因此,运动与健康密不可分。

随着社会和科技的发展,"出门汽车、上楼电梯"已成为日常生活常态。运动过少已影响到身体的健康。目前世界上,肥胖症是日趋严重的流行病。在美国,肥胖每年导致 30 万人死亡,仅次于吸烟引起的死亡人数。截至 2012 年年底,我国共有肥胖人口 3.25 亿。肥胖者多患有高血压、糖尿病、动脉粥样硬化等代谢紊乱病。而肥胖、高血脂等疾病与运动不足有关。据世界卫生组织统计,因缺乏运动,全球每年导致 200 多万人死亡。缺乏体力劳动会增加高血压、血脂紊乱、骨质疏松、抑郁症和焦虑症发生的危险。由此可见,合理适度的运动对疾病的预防和保健有极大的促进作用。无病防病要运动,有病治病要运动，病后恢复更需要运动。运动为人们指明了预防疾病、消除疲劳、获取健康长寿的重要途径。

(一)运动可以改善心肺功能

人的心肺功能好坏除了遗传因素外，主要受后天活动和有规律锻炼的影响，经常进行体育锻炼，可有效地增强机体各器官系统的生理功能和适应能力。研究表明长期、系统、科学的体育锻炼可使动脉管壁的中膜增厚、弹性纤维增多，使血管的运血功能加强，还可改善毛细管在器官内的分布和数量，利于物质和气体交换。动物实验证明，长期运动引起的心肌肥厚与冠状动脉直径明显相关，冠状动脉的大小与其体力活动多少有关，运动致使局部血流改变，而造成冠状动脉直径变大是长期运动引起的适应性变化。冠状动脉变粗，增加了心肌的血供，可预防冠心病。另一方面，研究表明体育锻炼可明显提高肺的最大通气量，有训练者的肺通气量、摄氧量在定量劳动中比一般无训练者小，氧利用率高。实验表明经常锻炼者的肺活量明显高于普通人，呼吸频率也明显低于普通人。

(二)运动可以增强肌肉和骨骼的功能

骨的生长发育对人体的形态有重要影响，经常从事体育运动，可以促进骨质增强骨的生长。提高骨骼抗折断、弯曲压缩、提长和扭转方面的机械功能。经常进行体育运动，能够促进血液循环，增加骨骼生长所需要的营养物质。经常在户外锻炼，阳光中紫外线的照射，可使皮肤中的某些物质转化成维生素 D，它促进了钙与磷的吸收，增加造骨原粒的供应，同时，体育运动对内分泌有良好影响，可以刺激骨骼的生长。

体育运动时，肌肉工作加强，血液供应增加。蛋白质等营养物质的吸收与贮存能力增强。肌纤维增粗，因而肌肉逐渐变得更加粗壮结实，肌肉力量增强。经常运动的人，肌肉比一般人有更多的能量贮备，更能适应运动或劳动的需要。通过系统的体育运动，还可以提高神经系统对肌肉的控制能力，使肌肉的工作能力及效率大为提高。

(三)运动可改善血压

随着人们生活节奏加快，空闲时间越来越少，有些人不重视体育锻炼，加之各种环境因子影响，高血压患者越来越多。有研究表明，经常性参加体育活动者血压普遍低于不常参加体育活动者，健康状况也明显优于后者。有文献表明，运动的降血压作用尤其对高血压病人更为显著。运动可以增强血液循环，长期坚持运动的高血压患者，通过全身肌肉运动，可使肌肉血管纤维逐渐增大增粗，冠状动脉的侧枝血管多，血流量增加，管腔增大，管壁弹性增强，这些改变均有利于血压下降。其次，通过体育运动使体重下降，从而可以使因肥胖引起的高血压得到缓解。运动还能够加强神经系统的调节功能，使人精神振奋，心情愉快。从而缓解由于精神紧张引起的高血压。大量事实证明，适当的运动对高血压的防治是很有益的。

（四）运动可提高机体免疫力

现代免疫学认为，免疫是机体识别和排除抗原性异物的一种生理功能。运动免疫学的研究则始于19世纪初。近几十年来，免疫机能与运动的关系愈来愈引起人们的重视。普遍认为体育锻炼可以提高机体的免疫参数，增强机体吞噬细胞、自然杀伤细胞的活力，防止感染的发生。有研究表明，进行适量周期性训练，一般人每天进行有氧运动，特别是愉快的步行锻炼，均能提高机体免疫力，减少呼吸道的感染。因为适度愉快的有氧运动促使大脑分泌一种 β-脑啡肽生物活性物质，它不仅使人感到愉悦，还可以刺激机体获得更大的免疫活性，增加了机体的抵抗力。自然杀伤细胞（NK）是一种大颗粒淋巴细胞，具有抗肿瘤、抗感染、免疫调节作用。近年来有研究表明 NK 细胞与运动有密切关系，适度的运动训练可以增加 NK 细胞数量，提高机体的免疫能力。另外，研究表明，运动可以刺激自主神经系统，使内分泌激素水平发生变化，通过与免疫细胞胞膜或胞浆内的受体结合，激素发挥其作用而提高机体免疫功能。

（五）运动可使体态更健美

生活中不难发现，那些经常运动的人体态都很健美。这是因为运动能够消耗更多的能量，促进体内脂肪的代谢，去掉体内多余的脂肪。运动可以促进肌肉锻炼，呈现线条美。运动可以促进皮肤的血液循环，改善皮肤的营养，提高皮肤抗病能力，从而防止或减少皮肤皱纹的产生，防止皮肤衰老。其次，运动能够促进机体代谢，使组织细胞活力增强，促进机体废物的排泄，从而保持颜面红润；肌肤柔润而有弹性。

（六）运动可健脑

脑组织与其他器官不同，它没有能源储备。要想让脑细胞正常工作，就必须源源不断地供应氧和葡萄糖，而血流是氧和葡萄糖进入大脑的唯一途径。设法增加脑血流量是提高大脑功能的基础，而运动可以增加脑血流量，提高大脑机能。研究人员发现，如果能经常进行有规律的、适量的运动，能让大脑中的海马体长出更多的细胞，让人的思维、感觉和反应都更灵敏，从而让人变得更聪明。

有研究显示，坚持运动，能够促进脑组织内神经生长因子的分泌，预防大脑功能退化。运动还是天然的抗抑郁、抗焦虑药物。运动时，人的心率会提高13%，大脑获氧量至少增加5%。每周3~4次，每次30分钟，长期坚持能够促进脑细胞新生，提高大脑的记忆和思维能力。经常性运动能够降低血液胆固醇含量，减少脑动脉硬化的发生，预防脑血栓形成，使脑部血管畅通，为大脑提供充足的能量，增强大脑的机能。

(七)运动可消除疲劳

适当的休息是消除疲劳的重要手段，而运动锻炼则是最好的活动性休息。适当的体育活动是消除疲劳的有效方法。一种活动所产生的兴奋可以抑制前一种活动所产生的兴奋，使前者引起的兴奋细胞得到休息。长时间思考或工作疲劳后，活动身体，是一种很好的休息，可大大改善精神状态。

(八)运动可促进心理健康

运动不仅能使人强身健体，还会对人的心理产生影响，起到健心的作用。经常参加体育运动，能使人精神愉快、心情舒畅、充满活力，克服人们对快节奏生活的抵触、怨烦、恐惧和焦虑等心理障碍，稳定心理情绪，抑制身心紧张。

健康的心理寓于健康的身体，心理不健康则会导致身体异常甚至患病。运动不仅可以增强体质，同时对促进心理健康，有着积极的作用。运动，无论是有组织地或个人单独地进行，对培养和锻炼良好的意识品质有着积极的作用。临床研究表明，运动对于轻度抑郁症的治疗有显著效果。同时运动可以宣泄内心负面能量，缓解焦虑紧张的情绪。适当的运动对于睡眠亦有促进作用。

二、森林运动

森林运动，顾名思义就是在森林里进行的，根据森林里的地势、气候和生态特点而设计的各种体育或休闲活动。森林运动的场地必须是在森林里。这是它区别于其他场地运动的特点。

(一)森林运动的起源

森林是人类的发源地，为人类原始文化的创立提供了场地。人类发展的每一步，都与森林休戚相关。森林哺育了人类，创造了人类。原始人类以狩猎、采集为主要谋生手段，森林和野生动植物是他们赖以生存的物质基础，同时也被作为崇拜对象。森林是人类文明的摇篮，人类祖先就是从森林中走出来的。"树叶蔽身、摘果为食、钻木取火、构木为巢"是森林孕育人类文明的真实写照。从人类诞生的那一天起，森林就成了祖先们最初的栖息地、庇护所和食品库，同样也成了人类文明的发祥地。在人类创造文明的初期，就有大量森林存在。人类最初的创造活动，如传说中的楼木为巢的有巢氏、钻木取火的燧人氏、教民渔猎的伏羲氏、教民耕种的神农氏，他们的业绩都是以森林为历史舞台背景。人类从森林中走出，在采集或渔猎的过程中，其生存背景，主要依赖森林生态系统；人类的生产和生活资料，主要依赖森林资源。

从最早人类的活动中，不难找到"森林运动"的影子。由于食物的限制，最早人类必须生活在森林里以获得食物和庇护。原始人的食物主要来源是野生动植物。采集野生植物需要行走、爬山；采集树上的野果需要爬树；为了捕捉野生动物，需要奔跑追赶；杀死动物需要投掷石块或木制长矛，也许还有自制弓箭；为了捕捉水里的鱼类，需要涉水垂钓，需要顺水漂流；为了逃避猛兽的追捕，需要拼命奔跑迂回、攀跳；钻木取火之后，围着火堆跳着最原始的舞蹈，这些舞蹈是模仿动物的形态动作而创立，简单而粗犷。许多现代的体育运动都能够在这里找到雏形。如森林漫步、丛林穿越、定向越野、漂流、标枪、射箭、攀岩、游泳、长短跑、登山、垂钓等。这些体育运动其实就贯穿在最初人类的生活中且始终围绕在森林里。

（二）森林运动的发展现状

农耕时代开启后，人类开始走出森林，进行种植和养殖。农业的发达，使得人类食品供应大致完全依赖于种养业。对森林的利用主要是建筑和薪材。由于大量的开垦和频繁的战争，对森林造成了持续、长期的蚕食，使原始森林逐渐减少。人类的生活重心已不在森林里。森林活动的主要形式体现在狩猎和伐木。这些活动目的也不是为了健身，而是为了附加食物和金钱。随着工业的发达，知识进步，代表先进生产力的工具得到迅猛发展，这种发展往往以、牺牲森林为代价。掠夺式经营森林的后果是引起了全球环境的恶化。

从20世纪60年代开始，各国政府普遍重视自然环境的保护，设立了多种类型的自然保护区和国家公园等，积极发展森林休闲。美国是森林休闲运动开发最早和最为成熟的国家之一。早在1872年，美国建立了世界上第一个国家森林公园—黄石国家公园。森林旅游现已成为美国人现代生活方式的一个组成部分,每年接待游客 20 多亿人次,人均收入的 1/8 用于野外旅游。英国发展森林休闲已有 70 余年历史,1990 年有森林公园 11 个,面积 18×$10^4 hm^2$,每年到森林公园中的游客总数达 5 000 万;瑞典国家大力发展城市森林,以满足人们休憩游乐的需要,现有城市森林 20~40×$10^4 hm^2$,位于距市中心周围 20~30km 的范围内。马来西亚早在 1939 年就建立了国内最大的森林公园,占地 43.4×$10^4 hm^2$。目前,马来西亚半岛已开辟了 85 个森林娱乐区。沙巴州在旅游总计划(1995—2010)中提出,要充分发挥生态旅游方面的潜力。沙捞越州制定了生态旅游收入每年增长 10%~15% 的目标。1982 年,我国建立了第 1 个国家森林公园——张家界森林公园。台湾也于同年建立了第 1 个森林公园——垦丁森林公园。特别是在一些大城市,为了满足市民日益增长的户外游憩需求,在郊区开辟了大量森林游憩点。1992 年 8 月,全国森林公园暨森林旅游工作会后,我国森林公园建设得到快速发展。截至 2015 年年底,中国共拥有国家森林公园 826 处,面积 1 084×$10^4 hm^2$。随着人们对健康的重视,越来越多的人群走进森林,进行各种森林休闲运动。据统计,2014 年,全国森林旅游游客量达 9.1 亿人次,同比增长 19.7%;为了满足不同人群对森林运动的需求,国家和社会资金加大了对森林休闲运动项目的投入,根据各森林区不同的气候、生态特点,开发登山、滑雪、滑草、攀岩、探险、森林瑜伽等森林运动项目。对于水体资源比较丰富的森林景区,开发漂流、垂钓、游泳、划船、温泉等森林运动项目。截至 2012 年年底,全国共有 610 多处漂流景点和 240 多处滑雪场,其中比较著名的有哈尔滨长寿山滑雪场与贵州兴义马岭河漂流。每年吸引成千上万的游客前去体验。滑草场更是难以计数,基本上覆盖所有森林公园。森林温泉以它独特的疗效更是吸引人群。森林瑜伽以她独特的魅力吸引都市白领体验减压放松。随着亚健康人群和慢性病人群的增多,森林生态旅游正以它休闲运动和保健的特点越来越受欢迎。据研究者预测,以走向保护区,亲近大自然为主题的"森林生态旅游热"将在全球兴起。森林休闲运动将越来越受到大家的青睐。

三、森林运动与健康

森林运动是在森林里开展的各种活动。人在森林里运动,必然要受到森林环境对机体的影响,而这种影响是积极的和正面的。这是因为森林环境是人类理想的保健疗养场所。经常在森林里运动,对于亚健康人群来说,能够调节身体机能,提高身体的健康水平。对于慢性病人群来说,森林运动是一剂保健良药。它不仅让人身心舒缓，而且由于整个人沐浴在森林中，森林里的健康因子对机体起到修复和缓解病情的作用。

（一）有效地调节人的精神状态

通过参加森林运动这种积极性的休息，使大脑的紧张兴奋点得到转移，这时情绪便可得到积极而有效的调整，对于促进身心健康具有良好的效果。

（二）提高人体适应社会环境的能力

森林运动不仅是休闲娱乐、健康的载体，也是拓展交际、增进情感交流及交友的润滑剂。森林运动是一种走向社会走向大自然的健身运动。参加森林运动时与人群在一起，可以有效地提高人的社交与处事能力和收集信息的能力。

（三）提高身体基本活动能力

森林运动是以身体活动为主体，在锻炼者积极意识的支配下，使身体产生不同程度的生理和心理负荷，这样可以有效地促进机体健康水平的提高，人体生存的基本活动能力得到加强。

（四）培养良好的心理品质

森林运动能培养人们诸如坚强、勇敢、认真、勤奋、自信、乐观等良好的心理品质。如参加漂流时，能培养人勇敢、自信的品质；参加登山运动，能训练人坚强、不放弃的品质；参加森林垂钓，能培养人坚持有耐性、沉着的品质；森林瑜伽可使人沉稳、乐观。

四、森林运动项目

我国森林公园大多是在国有林场的基础上建立起来的。森林公园中的自然条件包含内容相当广泛，如山体、水体、地形地貌、气象气候等，再加上当地的历史和人文景观，使得森林公园具有丰富的自然科学、人文历史内涵，因而具有多方面的功能。根据各森林公园的条件，目前已经开发出林中漫步、登山、漂流、攀岩、滑雪、滑草、狩猎、钓鱼、划船、游泳、森林瑜伽、丛林穿越、自行车越野等多种森林运动项目。下面就常见的森林运动项目作简单介绍。

（一）林中漫步

根据森林公园地形特点修建行人步道，行人沿着步道漫步在森林中，享受"森林浴"给身体带来的各种好处。根据步道构成材质不同，可以分为土质步道、木质步道、水泥步道及砖石步道等。根据步道行走的难易程度，可以分为平地步道、坡度步道和障碍步道等。一般而言，土质步道给人带来的感觉最清新、最接地气。

（二）登山

指在特定要求下，徒手或使用专门装备，从低海拔地形向高海拔山峰进行攀登的一项体育活动。登山运动可分为登山探险、竞技攀登和健身性登山。这里一般指的是健身性登山。登山设备要适应登山运动的环境条件，在设计、选材、用料、制作上要尽量使其轻便、坚固、高效，并能一物多用。经常进行登山野营活动对人体有很大的好处，从医学角度来说，它对人的视力、心肺功能、四肢协调能力、多余脂肪的消耗、延缓人体衰老五个方面有直接的益处。

（三）漂流

漂流最初起源于爱斯基摩人的皮船和中国的竹木筏，但那时候都是为了满足人们的生活和生存需要。漂流成为一项真正的户外运动，是在二战之后才开始发展起来的，一些喜欢户外活动的人尝试着把退役的充气橡皮艇作为漂流工具，逐渐演变成今天的水上漂流运动。驾着无动力的小舟，利用船桨掌握好方向，在时而湍急时而平缓的水流中顺流而下，在与大自然抗争中演绎精彩的瞬间，这就是漂流，一项勇敢者的运动。

漂流是一种体能与胆量的挑战，在你寻求刺激、享受快乐的同时，要注意安全，并掌握一些技巧。漂流过程中，由于全程跌水区及大落差区很多，不要携带怕沾蘸水的东西，以避免掉落或损坏。必须全程穿着救生衣，防止不注意的时候翻艇。在漂流的过程中需注意沿途的箭头及标语，可以帮助你提早警觉跌水区。在下急流时，要抓住艇身内侧的扶手带，坐在后面的人身子略向后倾，双人保证艇身平衡并与河道平行，顺流而下。当艇受卡时不能着急站起，应稳住艇身，找好落脚点后才能站起。

（四）森林攀岩

攀岩运动也属于登山运动，攀登对象主要是岩石峭壁或人造岩墙。攀登时不用工具，仅靠手脚和身体的平衡向上运动，手和手臂要根据支点的不同，采用各种用力方法，如抓、握、挂、抠、撑、推、压等，所以对人的力量要求及身体的柔韧性要求都较高。攀岩时要系上安全带和保护绳，配备绳索等以免发生危险。惊险刺激是攀岩运动最根本的特点,并能充分满足人们要求回归自然、寻求刺激、挑战自然、挑战自我的欲望,这是它深受人们喜爱的根源。参与攀岩,会让您在与悬崖峭壁的抗衡中学会坚强,在与大山的拥抱中感受宽容,在征服攀登路线后享受成功与胜利的喜悦。

(五)滑雪

旅游滑雪是游客把滑雪板装在靴底上在雪地上进行速度、跳跃和滑降的一种运动。滑雪板用木材、金属材料和塑料混合制成。在中国随着国内人民生活水平的提高,以及本身所具有的刺激性和强身健体的功能,滑雪运动在近几年逐渐褪去"贵族运动"的外衣,成为一项深受广大民众喜爱的运动。中国的滑雪产业经过前10年的积累,正处于较快发展时期。以2000年为界分为两个阶段。1995—2000年,滑雪场只分布在黑龙江和吉林两省。2000年以后,由于掌握了大规模造雪技术,在两省以外地区,尤其在北京,开始出现滑雪场,对滑雪产业在全国的整体发展起到促进作用。东北、河南、山东、甚至一些南方省市也在积极开发这个市场。到2012年全国各地有240多个滑雪场,滑雪人数突破了1 000万人次。

滑雪是一项动感强烈、很富于刺激的体育运动。初学者首先应该学好基本的滑雪技术,要请一名富有经验的滑雪教练对你进行系统的培训。初学者在选择滑雪场地时,坡度不能太陡,6°左右最好,滑雪道要宽,50m左右为宜,要有乘坐式索道来运送滑雪者(牵引式索道不利于滑雪者休息),雪质要好,要有大型雪道机对雪面进行修整和保养,这一点对初学者很重要。在时间的安排上,学习滑雪的时间不应少于3天,在这期间主要学习高山滑雪器材的使用方法;直滑降三种基本的滑降技术、斜滑降、犁式滑降;犁式转弯、犁式摆动转弯两种转变技术。在初级滑雪道上对这些技术反复练习,力求在实践中掌握要领,其中转弯技术是滑雪技术的精华所在。在结伴滑行时,相互间一定要拉开距离,切不可为追赶同伴而急速滑降,发生事故。在中途休息时要停在滑雪道的边上,不能停在陡坡下,并注意从上面滑下来的滑雪者。滑行中如果失控跌倒,应迅速降低重心,向后坐,不要随意挣扎,可选择抬起四肢,屈身,任其向下滑动。要避免头朝下,更要绝对避免翻滚。视力不好的滑雪者,不要戴隐形眼镜滑雪,如果跌倒后隐形眼镜掉落,找回来的可能性几乎不存在。尽量戴有边框的由树酯镜片制造的眼镜,它在受到撞击后不易碎裂。

(六)滑草

滑草是使用履带用具在倾斜的草地滑行的运动。1960年由德国人约瑟夫·凯瑟始创,其基本动作与滑雪活动相同,因此,最初作为滑雪季节准备运动的一环,在滑雪国家队的夏季训练中被采用。由于滑草运动符合新时代环保的理念,且具有能在春夏秋季节体会滑雪乐趣的独特魅力,自德国推广到欧洲各国,颇受人们喜爱,从而形成了世界规模的大型运动。它所具有的娱乐休闲性,使许多追求速度和生活乐趣的女性也乐此不疲。

滑草场地最佳长度为120~300m,宽度为30~80m,草地坡度(约分为8°斜角20m长,6°斜角延伸20m长,4°斜角延伸30m长,2°斜角延伸30m长,加平地及向上缓冲延伸20m)。滑草车(滑橇)专用场地长度最好为80m左右,山坡斜角10°向下延伸60m长,加一段20m长平地,及向上缓冲8m为佳。滑草的玩法有两种,一是穿上滑草鞋,鞋底有履带的专用鞋,用双滑杆在草坡上撑滑。它用的器具主要就是履带鞋和双滑杆。另一种滑法,是坐在滑草车上从草坡上滑下,既刺激又省劲,也挺有趣。它用的器材是滑草车,又叫滑橇。目前我国大多数的森林公园都有滑草场。

(七)狩猎

狩猎在实际活动中分专业狩猎与业余狩猎两个方面。这里指的是业余狩猎。业余狩猎又叫体育性狩猎,是一种特殊的业余活动。业余狩猎可以满足游客的特殊兴趣,让游客在狩猎过程中,奔跑追赶;使用简单的狩猎工具,达到锻炼身体的效果,又能获得一些野兔、野鸡、野鸭等狩猎产品,满足游客的成就感,是一种很有意义的活动。但业余狩猎者也需凭证狩猎。我国需物产丰饶,从1984年在黑龙江建成第一个国际狩猎场至今,已经建立了25个国际狩猎场,狩猎物种涉及盘羊、岩羊、马鹿、扭角羚、野牦牛等十几种野生动物,足以满足跨马带枪,追禽逐兽的要求。若无暇购置专门的猎具,猎区一般也有提供枪具的服务。我国第一个国际狩猎场是黑龙江桃山国际狩猎场。桃山狩猎场平均海拔400m,最高处多达1 400m,全年平均气温1.1℃,属温带大陆季风气候区。植物繁茂,溪流纵横,是动物栖息的天然场所。有马鹿、黑熊、野猪、狍子、獐子、猞猁、水獭等51种兽类;有榛鸡、山鸡、鸳鸯等250多种鸟类。这些野生动物除国家规定珍稀品种外都可猎取,每年9月下旬至翌年4月为狩猎期。湖南境内有名的狩猎场是郴州五盖山狩猎场。

(八)垂钓

垂钓是垂竿钓鱼的简称,俗称"钓鱼",是指使用钓竿、鱼钩、渔线等钓具，从江河湖海及水库中把鱼提出来的一项活动。这里是指在森林里进行的钓鱼活动。在森林里垂钓，一方面可以磨炼人的心性，培养沉着冷静的品格。另一方面可以享受"森林浴"带来的种种好处。

(九) 森林瑜伽

瑜伽是指运用一系列的修身养性的方法去改善人们生理、心理、情感和精神方面的能力，是一种达到身体、心灵与精神和谐统一的运动方式，包括调身的体位法、调息的呼吸法、调心的冥想法等，以达至身心的合一。瑜伽起源于印度，距今有五千多年的历史文化被人们称为"世界的瑰宝"。瑜伽发源印度北部的喜马拉雅山麓地带，古印度瑜伽修行者在大自然中修炼身心时，无意中发现各种动物与植物天生具有治疗、放松、睡眠、或保持清醒的方法，患病时能不经任何治疗而自然痊愈。于是古印度瑜伽修行者根据动物的姿势观察、模仿并亲自体验，历经了五千多年的锤炼，创立出一系列有益身心的锻炼系统，也就是体位法。瑜伽教给人们的治愈法，让世世代代的人从中获益。森林瑜伽是指在森林环境里进行瑜伽练习。森林里环境幽静、空气清新，更有各种保健因子。所以，森林瑜伽具有不可思议的保健作用。瑜伽能加速新陈代谢，去除体内废物，形体修复、调理养颜从内及外；瑜伽能带给人优雅气质、轻盈体态，提高人的内外在的气质；瑜伽能增强身体力量和肌体弹性，促进身体四肢均衡发展，使你变得越来越开朗、活力、身心愉悦；瑜伽能预防和治疗各种与身心相关的疾病，对背痛、肩痛、颈痛、头痛、关节痛、失眠、消化系统紊乱、痛经、脱发等都有显著疗效；瑜伽能调节身心系统，改善血液环境，促进内分泌平衡。

(十) 丛林穿越

丛林穿越是一项健康而又时尚的绿色户外活动。此活动起源于欧洲，至今已经有十多年的发展历程，并逐渐成为一种引领户外休闲的新时尚。目前这项活动刚刚在国内起步。它通过在林间设置并搭建各种难易不同、风格迥异、超强刺激的关卡课程，让你体验高空坠落与自由滑翔的快感，感受树上攀爬与林间穿越的刺激。丛林穿越开创了一种全新的户外拓展体验活动新方式。丛林穿越还赋予了参与者们敢于体验自我，热爱大自然，追求低碳出行、回归自我，回归本能，健康开放的美好形象。丛林穿越特别适合以家庭为单位参与活动。它提供给家庭中的父母和孩子共同面对体验，一起承担风险的绝妙地户外活动机会。家长和孩子一起活动中，双向沟通，相互鼓励和关心，可以促进家长和孩子之间的相互了解，挖掘出在平常生活中难以发现的优点，其活动带给家庭的心灵体验极为美妙。

> **专栏七：湖南 10 大经典漂流景点**
>
> （一）东江漂流
>
> 东江漂流被称为中国生态第一漂，在郴州资兴市，使用的是双筒的橡皮艇。全长 28km，落差 75m，途径 108 个险滩。路程多达 5h。这里河水清澈，石怪鱼奇，两岸原始森林中珍奇鸟兽常出没其间。东江漂流具有与众不同的四大特色：第一，东江漂流生态原始，两岸青山叠翠，原始次森林相拥对峙，怪石林立、水质清澈，鱼翔浅底，整个漂流给人以历险、探幽、猎奇、拾趣之乐，因此被旅游界和新闻界一致誉为"中国生态旅游第一漂"、"亚太第一漂"。第二，东江漂流滩多浪急，惊险刺激，共有大小险滩 108 个，其中落差最大的险滩有 5m。第三，东江漂流季节长，一般每年从四月底开始，到 10 月初结束，长达半年之久。这是因为浙水河上开发了两座电站，对漂流具有调节水量的作用，通过电站的调节，漂流时间就延长了。第四个，东江漂流过程中有一条世界独一无二的人工漂流滑槽，长度达到 336m，平均坡度达 5°。如此胜美景致，东江漂流自然备受人们推崇、赞赏。
>
> （二）猛洞河漂流
>
> 猛洞河因"山猛似虎，水急如龙，洞穴奇多"而得名。"张家界看山，猛洞河玩水"已是湖南湘西旅游精髓。猛洞河位于湘西自治州永顺县境内，全程 47km，两岸绿树葱茏，悬崖耸峙，飞瀑流泉与溶岩峰林交相辉映，构成一幅奇特的画卷。猛洞河漂流，起点哈尼宫距王村约 40km，行车 1h，终点牛路河距王村 30min 的车程，漂流水路长 17km，漂流 2.5h。从哈尼宫放舟而下，一路是古老的河道，绝壁百里，怪石嶙峋，滩奇水异，两岸苍翠的林木，云雾缭绕，飞瀑流泉与溶岩峰林交相辉映。拐 155 个弯，在 133 个滩潭中穿梭而行，迂回流连，驰魂奔魄，心旷神怡。
>
> （三）峡溪漂流
>
> 峡溪位于长沙市宁乡县黄材镇境内的沩山风景名胜区，双人或四人自助漂流，全长 9km，落差 98.5m，约两小时。两岸地形奇骏，崖高坎急，夹溪而立，宛然峡谷。兼有壁画、天然石瀑、流水瀑布和人文景观，让人耳目一新。峡溪漂流风景区距县城 62km，急滩 21 个。境内风清气爽、气候

宜人，是旅游避暑胜地；峡溪水质一流、资源丰富、落差大、刺激、动感、曲折跌宕、深谷幽潭，宜于漂流。景区内主要精华景点有迎客松、扇子排、情侣树、烽火台、雷打石、狮身人面像等。

（四）大围山漂流

大围山距长沙市浏阳县城90km，其漂流河道全长10km，最长落差300多米，沿途有48个潭，48个滩，39道湾，采用自助漂流形式，由于没有艄公，加上河道漩涡多，漂流很刺激，但漂流者需具备一定的划船技巧。体验穿峡谷、渡险滩、过怪石、越激流、转旋涡、冲浪尖……迂回于湾漩曲折、惊涛骇浪之中，切身感受大围山峡谷澎湃激昂的心灵震撼！揭开浏阳河源头的神秘面纱。

（五）茅岩河漂流

茅岩河位于张家界市永定区澧水流域上游，全程约50km。滩险流急，河床坡度小，水位落差不大，但两岸石壁如立，溶洞很多，风光如画，故有"百里画廊"的美誉。茅岩河上至苦竹寨，下至花岩电站，全程50km。因20世纪90年代修建渔潭电站，使茅岩河一分为二，大坝以上为平湖游，路程20km，以下为漂流旅游，路程25km。漂流途中所要观赏的主要景点有温塘古渡、索影潭、枞菟滩、岩板滩、连环滩、水洞子瀑布、鸳鸯洲、寄马庄、黑社、星子滩、猫儿滩、岩河峡、火烧溶、新澜滩、绕澜滩、阴阳滩、黄土城、阻舟河、象鼻子滩、麻姑滩、大澜子滩、小澜子滩、撑架岩等。

（六）雪峰山漂流

雪峰山位于怀化洪江市熟坪罗翁，全长4.5km，总落差130m，急流险滩10多处，漂流需用1.5~2h，两岸悬崖峭壁，峡谷幽深，河道蜿蜒曲折，水流湍急。雪峰山大峡谷漂流的起漂码头设在罗翁，从起漂点至水口庵大约1km处，是一段相对舒缓的水面，而其下至光荣村终漂码头近4km的峡谷一段，且其疯狂程度会因时间、地点、人物而异，因为是自助漂，结果往往也就出乎意料。其实疯狂的前奏往往是一种平静，就像下水的时候，觉得不过只是换了个视角感受古镇，烟雾水气之下，古镇与四周的山峦被轻雾缠绵，还真有点烟雨朦胧的味道，悠然之间，乘坐的轻舟突然就成了烈马，尖叫声也随之响了起来，这段滑道让你的心一下子提了起来，而且有了速降时的失重。

(七) 连云山峡谷漂流

连云山峡谷位于岳阳市平江县,全程长约 8km,总落差 160m,最高落差 9m,最长滑道 120m,漂流需穿过 9 个天然石洞,其中急滩和深水潭都有 100 余个,是湘北地区最惊险、最刺激的项目,被誉为目前中国最具吸引力、最刺激、最好玩的漂流。漂流需 2h 左右,属自助漂流。连云山峡谷漂流位于湘东北第一高峰——连云的崇山峻岭深处,这里景色奇特秀美,有平江八景之一的连云翠壁,有万亩连云竹海,有高峡出平湖的五星高山水库。漂流河道焕新河,由 30 多条小山溪汇集而成,长达 30km,泉水冰凉清澈,水流湍急,蜿蜒而下。

(八) 衡山九龙峡漂流

南岳天下秀,九龙天下漂!衡山九龙峡漂流被称为"五岳第一漂",全程 5km,远途可感受国家森林公园的优美景色,可享受风清气爽、气候宜人的避暑效果。九龙峡,距南岳衡山核心景区仅 12km,坐落在巍巍南岳 72 峰的祝融峰和岣嵝峰之间的深山峡谷中,两岸群峰嵯峨,松林葱笼竞秀,竹海婆娑多姿,风光旖旎。九龙峡漂流吸收了国内外漂流项目的精华,设计理念前卫,漂流方式更加人性化。采用国际流行的自助漂流,使用国内最先进、最安全的双人漂流艇,让游客在体验惊险刺激的同时又拥有可靠的安全保障。九龙峡漂流,既可感受漂流的惊心动魄,又可领略南岳之秀。

(九) 周洛飞瀑漂流

周洛飞瀑位于长沙市浏阳市社港镇境内,东接平江县,北靠长沙县,与周洛景区相连,距省会长沙 80km。河床地势险峻陡峭,山色秀丽,沿途有许多富有传奇色彩的景点,采用加强型自动排水橡皮漂流艇。周洛飞瀑漂流五大特点:一是漂流河道坡度大,超强的刺激度国内绝无仅有。二是单个最大落差达 18m,经专家独具匠心设计让你充分体验漂流魅力的超强刺激。三是科学的安全设计让您在体验刺激快感时有惊无险。整个漂流河床在坡度较大的地方,都采用独有技术设计了缓冲带,一路的缓冲带击起的浪花让您感觉凉爽无比,增强了游玩中的无比乐趣。四是采用为周洛漂流专门设计的最先进的自动排水橡皮漂流艇,因周洛飞瀑漂流的整个河道有三分之二的冲浪时间,可以自动把水排掉。五是周洛飞瀑漂流采用了目前最时尚的"S"形、月弧形、动感形、冲浪形、滑翔形等十多种漂流风格,其超凡魅力尽显其中,尽情体验回味无穷的快感。

(十)西门峡漂流

西门峡位于凤凰仅20km的吉信镇,全程6km,河左岸为苗族居住区,两岸广布历史遗址和名胜古迹,民风淳朴、山歌悦耳,十分享受。西门峡漂流属万溶江流域,它发源于两头羊国家自然保护区的群山之中;沿途危崖夹峙、树木葱葱、水质清澈、急流险滩星罗棋布。有虎跳洞、白龙滩、卧龙滩、青龙滩、鬼见愁、龙王滩等30余处惊险刺激的险滩。其中以青龙滩最为著名,它全长400m,落差20余米,它和龙王滩一道堪称国内漂流之经典。

第三节 森林食品与健康

森林资源是人类生存和发展必不可少的重要物质基础,随着人类生活水平的提高和对自然资源认识的深入,森林食品资源的开发和利用受到了世界各国的广泛关注和高度重视。"回归自然""呼唤绿色"是现代人生活的主题,森林食品开发作为21世纪最具生命力的朝阳产业和绿色环保产业,已逐渐成为当今森林资源开发的主流方向,将为我国林业可持续发展注入强大的动力,并成为我国林业产业发展新的经济增长点。

一、森林食品的概念

森林食品是继有机食品、绿色食品、无公害食品之后,更直观诱人的可食林产品。借鉴现有研究成果,结合于森林食品的独特特征与功用,森林食品是指在良好的天然林或人工林环境中,从自然生长或人工培育并保持原生品质特征的植物、动物(微生物)为原料以进行采集或加工开发出的可供人类直接或间接食用的各类食品,是符合自然、环保、清洁生产技术要求,生态、优质、营养的食用林产品。

二、森林食品的特点

我国地大物博,森林食品资源异常丰富,且种类多、分布广。据国家林业局林业统计年鉴记录,1949—2002年全国累积造林面积为$23.2 \times 10^8 hm^2$。2013年,森林水果年产量达$12\,661 \times 10^4 t$,森林干果产量达到$1089 \times 10^4 t$,竹笋、食用菌山野菜(干重)产量达$328 \times 10^4 t$,森林木本食用油料产量达183×

10^4 t。各类森林食品产量的逐年增加为我国森林食品产业的发展壮大奠定了良好的原材料基础。

森林食品营养、医疗和保健价值高。森林野菜风味独特,如荠菜的鲜美、马兰的清馨、香椿的脆香等,而且富含蛋白质、脂肪、糖类、膳食纤维、维生素、多种氨基酸及矿质元素等,营养价值普遍高于或远远高于日常蔬菜。

森林食品风味清香,具有无公害、纯天然、无污染、不可替代性和产品结构特有性等特点。森林食品原料多生长于空气清新、光照充足的山林、荒野、路渠旁等洁净的自然环境条件下,不受或较少受"三废"的污染,是受人们青睐的安全、卫生的食品。森林植物一般为多年生,一次种植,可多年受益。如油茶从栽种到开始结果一般只要3~5年,而受益期长达50~60年,甚至更长。实行科学管理,合理经营,将会长期有收获。同时森林植物栽培成本低,效益高,市场竞争力强。

森林食品很好地迎合了人们新的消费观念和消费文化。随着经济的高速发展和社会的持续进步,人类自我保健意识正在日益增强,对食品的需求已由过去单纯的温饱型向营养型、功能型、绿色健康型转变,在食物的选择上不仅要求味美,更多地注重洁净未受污染的"绿色食品"和具有营养保健功效的"森林食物"。

三、森林食品的分类

我国幅员辽阔,南北差异大。由于气候、土壤、光照等因素,各地的森林食品资源也不尽相同。就湖南来说,湖南土壤类型多样,有红壤、山地黄壤、山地黄棕壤、山地灌丛草甸土、紫色土、石灰土等,在自然状态下,土层较深厚,有机质含量高,土壤肥力较高,适合于森林植物的生长发育。湖南省是全国森林野生食品最丰富的省份之一,分布广,种类多,仅攀缘植物中,可供食用的就有61种,各类可供食用的约有170种。湖南省野生淀粉植物资源丰富,约有200余种,其中利用价值较高的有80余种。湖南省油脂类植物资源丰富,种子含油量在25%以上的300多种,但目前只有少数几种进行人工栽培利用,绝大多数尚未开发。据统计,湖南省山野菜约有300多种,其中包括食用菌、药用菌150多种。湖南省野果资源丰富,多数种类不但营养丰富,而且色泽美观,风味独特,既可鲜食,又是加工各种食品的上乘原料,具有广阔的开发前景。湖南省作为食用对象的陆栖脊椎动物约有169种,其中兽类约40种,鸟类约110种,爬行类3种,两栖类约9种。

根据森林食品来源和功能的不同，可以把森林食品分为森林蔬菜、森林粮食、森林食用油料、森林饮料、森林蜜源、森林食用香料、森林食用昆虫及森林天然食品添加剂8类品种。

（一）森林蔬菜

森林蔬菜，也称山野菜、长寿菜，是指生长在森林地段或森林环境中，可作蔬菜食用的森林植物，主要包括部分植物的根、茎、叶、花、果以及菌类，是一类重要的可食性植物资源。我国地域广阔，地形多样，在辽阔的山野中，生长着形形色色的山野菜，蕴藏量十分巨大。全国森林蔬菜的物种数量至今没有权威统计。据报道，目前我国森林蔬菜约有63科700种左右，最常见约有192种，其中草本植物110种，藤本植物约12种，木本植物约70种，大多数处于野生状态，部分由人工栽培，年平均生产量约20×10^8kg，菌类中香菇4×10^8kg，其中以叶菜为主的山野菜1×10^8kg，茎类的竹笋干1×10^8kg。

森林蔬菜种类繁多，有多种不同的分类方法。按其生长形态的不同，可分为木本类，如香椿、省沽油、黄连木、合欢、刺槐等；草本类，如薇菜、鱼腥草、蕨菜、马齿苋等；真菌类，如香菇、羊肚菌、蘑菇等。根据其可供食用的部位和器官的不同，可分为茎菜类，如毛竹、枸杞、菜蕨等；叶菜类，如香椿、刺龙芽、马齿苋等；花菜类，如槐花、菊花、黄花菜等；果菜类，如板栗、木通、山核桃等；根菜类，如魔芋、桔梗、百合、玉竹等；菌菜类，如猴头、黑木耳、香菇等。根据开发利用的规模化程度，可分为形成规模化、商品化经营的种类，如香椿、蕨菜、龙芽木、薇菜等；地方集贸和民间采食种类，如省沽油、马齿苋、毛百合、东风菜等。

森林蔬菜食用方法多种多样。食品工业如山野罐头类、糕点类、饮料类、干菜类、酱制品、腌制品、糖制品等。民间吃法更是多样。如荠菜可馅、可羹、可炒、可煮。香椿可鲜食凉拌、煎炒蒸炸、盐腌等。森林蔬菜是目前风行世界的5类健康食品之一。在日本、西欧和东南亚等国，被称为"天然食品"、"健康食品"。人们在满足以肉、禽、蛋、奶为主的副食品消费后，随着物质生活水平的不断提高，寻求安全、营养、保健的绿色食品的呼声越来越强烈。森林蔬菜是绿色食品中新潮的一族。

1. 香椿

香椿又名香椿芽、香桩头、大红椿树、椿天等，在安徽地区也有叫春苗。根有二层皮，又称椿白皮，原产于中国，分布于长江南北的广泛地区，为楝科。落叶乔木，雌雄异株，叶呈偶数羽状复叶，圆锥花序，两性花白色，果实是椭圆形蒴果，翅状种子，种子可以繁殖。古代称香椿为椿，称臭椿为樗（图4-19）。中国人食用香椿久已成习，汉代就遍布大江南北。椿芽营养丰富，并具有食疗作用，主治外感风寒、风湿痹痛、胃痛、痢疾等。

图4-19　香椿

2. 合欢

乔木，多落叶，通常无刺，二回羽状复叶，羽片和小叶对生，小叶1至多对。分布广，能适应多种气候条件，对土壤适应性强，其根有改良土壤之效。落叶乔木，树形如伞，树皮灰褐色，红色如缨，花美形似绒球，清香袭人；叶奇日落而合，日出而开，给人以友好之象征。叶形似含羞草的叶子，花叶清奇，绿荫如伞，可供观赏，为优美的庭荫树、行道树及观赏树（图4-20）。树皮及花入药，嫩叶可食，有安神解郁、活血止痛、开胃利气之功效。

图 4-20　合欢

3. 黄连木

黄连木原产我国，分布很广，落叶木本油料及用材树种，高达 25m。冬芽红色。各部分都有特殊气味。其树冠开阔，叶繁茂，是"四旁"绿化树种。叶互生，偶数羽状复叶，小叶 10~14 枚，卵状披针形，长 5~8cm，宽约 2cm。花单性，雌雄异株，花期 3~4 月，果实 9~10 月成熟，铜绿色为实种。红色为空粒种。嫩叶有香味，可制成茶叶。嫩叶、嫩芽和雄花序是上等绿色蔬菜，清香、脆嫩，鲜美可口，炒、煎、蒸、炸、腌、凉拌、做汤均可。并具有清热解毒、去暑止渴的功效（图 4-21）。

图 4-21　黄连木

4. 刺槐

刺槐又名洋槐，属蝶形花科刺槐属的落叶乔木。原生于北美洲，现被广泛引种到亚洲、欧洲等地。刺槐树皮厚，暗色，纹裂多；树叶根部有一对1~2mm长的刺；花为白色，有香味，穗状花序；果实为荚果，每个果荚中有4~10粒种子。刺槐木材坚硬，耐腐蚀，燃烧缓慢，热值高。刺槐花蜜色白而透明，深受消费者欢迎，嫩叶花可食，现已成为城市居民的绿色蔬菜，具有止血的功效（图4-22）。

图4-22 刺槐

5. 薇菜

薇菜又称牛毛广，属紫萁科植物，学名紫萁，是多年生草本植物，质脆，味美少纤维，含蛋白质、有机矿物质及多种维生素，在国际上享有"无污染菜"之誉。紫萁的幼叶营养丰富，水焯去毛后搓揉成薇菜干。可鲜食或制干菜，具有独特香味，清脆可口，久食不厌，又可入药（图4-23）。卷曲未展的嫩味尤为食用上品，开水浸烫、漂洗、去土腥味后，可炒、可煸、凉拌、做汤、加肉炒食等，因斯有病治病，无病防病的作用，所以，正常人经常食用大有益处。薇菜每百克含碳水化合物4.3g，蛋白质2.2g，脂肪0.19g，胡萝卜素1.68mg，还含有维生素C和多种矿物质。薇菜还含有皂苷和黄酮类物质，具有润肺理气、补虚舒络、清热解毒的功效。主治吐血、赤痢便血、子宫功能性出血、遗精等症。

图 4-23　薇菜

6. 鱼腥草

鱼腥草又名折耳根、岑草、蕺、紫蕺、野花麦等。为三白草科多年生草本植物,其食用部分多为蕺菜的干燥水上部分。产于中国长江流域以南各省。夏季茎叶茂盛花穗多时采收,洗净,阴干用或鲜用。叶有腥气,故俗称鱼腥草"(图4-24)。鱼腥草每100g新鲜嫩茎叶含蛋白质2.2g,碳水化合物6g,脂肪0.4g,钙74mg,磷53mg。营养价值较高。鱼腥草可以清热解毒,增强机体免疫力。有多种食用方法,可凉拌、炒鸡蛋、蒸鸡、炖瘦肉汤。

图 4-24　鱼腥草

7. 蕨菜

蕨菜又叫拳头菜、猫爪、龙头菜。喜生于浅山区向阳地块,中国大部分地区均有,多分布于稀疏针阔混交林(图4-25);其食用部分是未展开的幼嫩叶芽,经处理的蕨菜口感清香滑润,再拌以佐料,清凉爽口,是难得的菜肴,还可以炒吃,加工成干菜,做馅、腌渍成罐头等。在中国大陆以及东南亚有广泛分布,而在这些地区餐桌上也受到了欢迎。

图4-25 蕨菜

8. 马齿苋

马齿苋为一年生草本,全株无毛。茎平卧,伏地铺散,枝淡绿色或带暗红色。叶互生,叶片扁平,肥厚,似马齿状,上面暗绿色,下面淡绿色或带暗红色;叶柄粗短。马齿苋含有丰富的二羟乙胺、苹果酸、葡萄糖、钙、磷、铁以及维生素E、胡萝卜素、维生素B、维生素C等营养物质(图4-26)。马齿苋在营养上有一个突出的特点,它的ω-3脂肪酸含量高于人和植物。ω-3脂肪酸能抑制人体对胆固酸的吸收,降低血液胆固醇浓度,改善血管壁弹性,对防治心血管疾病很有利。马齿苋生食、烹食均可,柔软的茎可像菠菜一样烹制。马齿苋茎顶部的叶子很柔软,可以像豆瓣菜一样烹食,可用来做汤或用于做沙司、蛋黄酱和炖菜。马齿苋和碎萝卜或马铃薯泥一起做,也可以和洋葱或番茄一起烹饪,其茎和叶可用醋腌泡食用。

图 4-26　马齿苋

9. 香菇

香菇又称香蕈、冬菇，是一种生长在木材上的真菌类。由于它味道较香，香气宜人，营养丰富，不但位列草菇、平菇、白蘑菇之上，而且素有"真菌皇后"之誉（图 4-27）。香菇富含维生素 B、铁、钾、维生素 D，是高蛋白、低脂肪的营养保健食品。干香菇食用部分占 72%，食用部分中每 100g 含水 13g、脂肪 1.8g、碳水化合物 54g、粗纤维 7.8g、灰分 4.9g、钙 124mg、磷 415mg、铁 25.3mg、维生素 B_1 0.07mg、维生素 B_2 1.13mg、尼克酸 18.9mg。鲜菇除含水 85%~90% 外，固形物中含粗蛋白 19.9%，粗脂肪 4%，可溶性无氮物质 67%，粗纤维 7%，灰分 3%。香菇中还含有 30 多种酶和 18 种氨基酸。人体所必需的 8 种氨基酸中，香菇就含有 7 种，因此香菇又成为纠正人体酶缺乏症和补充氨基酸的首选食物。

图 4-27　香菇

10. 羊肚菌

羊肚菌是一种珍稀食用菌品种,因其菌盖表面凹凸不平、状如羊肚而得名。羊肚菌又称羊肚菜、羊蘑、羊肚蘑。春末至秋初生长于海拔 2 000～3 000m左右的针叶阔叶林混交林中,多生长于阔叶林地上及路旁,单生或群生。还有部分生长在杨树林、果园、草地、河滩、榆树林、槐树林及上述林边的路旁河边(图4-28)。羊肚菌的营养相当丰富,据测定,羊肚菌含粗蛋白20%、粗脂肪26%、碳水化合物38.1%,还含有多种氨基酸,特别是谷氨酸含量高达1.76%。因此,有人认为是"十分好的蛋白质来源",并有"素中之荤"的美称。人体中的蛋白质是由20种氨基酸搭配而组成的,而羊肚菌就含有18种,其中8种氨基酸是人体不能制造的,但在人体营养上显得格外重要,所以被称为"必需氨基酸"。羊肚菌既是宴席上的珍品,又是久负盛名的食补良品,民间有'年年吃羊肚、八十照样满山走'的说法。羊肚菌"性平、味甘,具有益肠胃、消化助食、化痰理气、补肾、壮阳、补脑、提神之功能,对脾胃虚弱、消化不良、痰多气短、头晕失眠有良好的治疗作用。羊肚菌有机锗含量较高,具有强健身体、预防感冒、增强人体免疫力的功效。

图 4-28 羊肚菌

11. 蘑菇

蘑菇广泛分布于地球各处，在森林落叶地带最为丰富。食用蘑菇是理想的天然食品或多功能食品。迄今为止在全世界食用最多的食用蘑菇，学名为双孢蘑菇，通称为蘑菇（图 4-29）。蘑菇营养丰富，富含人体必需氨基酸、矿物质、维生素和多糖等营养成分，是一种高蛋白、低脂肪的营养保健食品。经常食用蘑菇能很好地促进人体对其他营养的吸收。春季养生很适合吃蘑菇补充身体营养。蘑菇中所含的人体很难消化的粗纤维、半粗纤维和木质素，可保持肠内水分，并吸收余下的胆固醇、糖分，将其排出体外，对预防便秘、肠癌、动脉硬化、糖尿病等都十分有利。蘑菇中的蛋白质含量多在 30% 以上，比一般的蔬菜和水果要高出很多。含有多种维生素和丰富的钙、铁等矿物质。最重要是它还含有人体自身不能合成却又是必需的 8 种氨基酸。蘑菇中有大量无机质、维生素、蛋白质等丰富的营养成分，但热量很低，常吃也不会发胖。

图 4-29 蘑菇

12. 竹笋

竹子初从土里长出的嫩芽称为竹笋。其味鲜美，可以做菜。竹为禾本科多年生木质化植物，食用部分为初生、嫩肥、短壮的芽或鞭。春天破土而出的是"春笋";夏秋时节收获的叫"夏笋";冬季收藏在土中的便是"冬笋"(图4-30)。竹笋含有丰富的蛋白质、氨基酸、脂肪、糖类、钙、磷、铁、胡萝卜素、维生素 B_1、B_2、C。每 100g 鲜竹笋含干物质 9.79g、蛋白质 3.28g、碳水化合物 4.47g、纤维素 0.9g、脂肪 0.13g、钙 22mg、磷 56mg、铁 0.1mg,多种维生素和胡萝卜素含量比大白菜含量高一倍多;且竹笋的蛋白质比较优越,人体必需的赖氨酸、色氨酸、苏氨酸、苯丙氨酸,以及在蛋白质代谢过程中占有重要地位的谷氨酸和有维持蛋白质构型作用的胱氨酸,都有一定的含量,为优良的保健蔬菜。笋还具有低脂肪、低糖、多纤维的特点,食用笋不仅能促进肠道蠕动,帮助消化,去积食,防便秘,且有预防大肠癌的功效。笋含脂肪、淀粉很少,属天然低脂、低热量食品,是肥胖者减肥的佳品。养生学家认为,竹林丛生之地的人们多长寿,且极少患高血压,这与经常吃笋有一定关系。

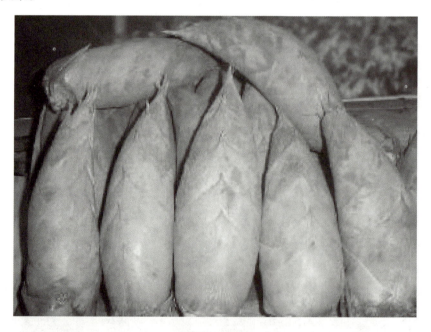

图 4-30　竹笋

13. 猴头菇

猴头菇是一种木腐食用菌。一般生长在麻栎、山毛栎、栓皮栎、青冈栎、蒙古栎和胡桃科的核桃倒木及活树虫孔中,悬挂于枯干或活树的枯死部分。野生菌大多生长在深山密林中。在平原和丘陵地区很少见到(图4-31)。猴蘑,猴头,猴菇,是中国传统的名贵菜肴,肉嫩、味香、鲜美可口,是四大名菜

（猴头、熊掌、燕窝、鱼翅）之一，有"山珍猴头、海味鱼翅"之称。这种齿菌科的菌类，菌伞表面长有毛茸状肉刺，长约1~3cm，它的子实体圆而厚，新鲜时白色，干后由浅黄至浅褐色，基部狭窄或略有短柄，上部膨大，直径3.5~10cm，远远望去似金丝猴头，故称"猴头菇"，又像刺猬，故又有"刺猬菌"之称。猴头菌是鲜美无比的山珍，菌肉鲜嫩，香醇可口，有"素中荤"之称。猴头菇的营养成分很高，干品中每100g含蛋白质26.3g，是香菇的2倍。它含有氨基酸多达17种，其中人体所需的占8种。每100g猴头含脂肪4.2g，是名副其实的高蛋白、低脂肪食品，另外还富含各种维生素和无机盐。猴头菇有增进食欲，增强胃黏膜屏障机能，提高淋巴细胞转化率，提升白细胞等作用。故可以使人体提高对疾病的免疫能力。猴头还是良好的滋补食品，对神经衰弱、消化道溃疡有良好疗效。在抗癌药物筛选中，发现其对皮肤、肌肉癌肿有明显抗癌功效。所以常吃猴头菇，无病时可以增强抗病能力，有病时可以其治疗疾病的作用。

图 4-31　猴头菇

14. 黑木耳

黑木耳是一种营养丰富的食用菌，又是我国传统的保健食品和出口商品。它的别名很多，因生长于腐木之上，其形似人的耳朵，故名木耳（图4-32）。据现代科学分析，黑木耳干品中每100g含蛋白质10.6g，脂肪0.2g，碳水化合物65g，粗纤维7g，钙375mg，磷201mg，铁185mg。此外还含有维生素B_1 0.15mg，维生素B_2 0.55mg，烟酸2.7mg。因此，黑木耳历来深受广大人民的喜爱，常作为烹调各式中、西名菜佳肴的配料，或和红枣、莲子加糖炖熟，作为四季皆宜的佳美点心，不仅清脆鲜美，滑嫩爽喉，而且有增加食欲和滋补强身的作用。黑木耳具有一定吸附能力，对人体有清涤胃肠和消化纤维素的作用，因此，它又是纺织工人、矿山工人和理发员所不可缺少的一种保健食品。研究发现，黑木耳具有化解体内结石的功效。另外，黑木耳中还含有较多量的具有清洁血液和解毒功效的生物化学物质，有利于人体健康。

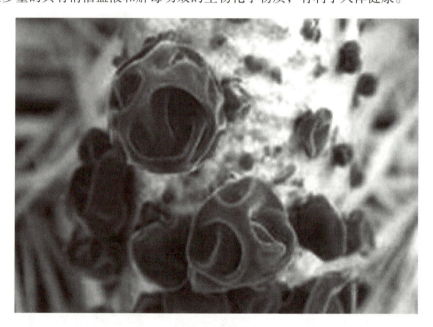

图4-32 黑木耳

15. 野百合

野百合主要生长于山脊中下部坡度较大的草丛。低矮灌木丛及石缝中，生长较分散。喜温暖、湿润环境。不耐干旱，怕炎热，怕涝。茎高0.7~2m，有的有紫色条纹。叶散生，具5~7脉，全缘，两面无毛。花单生或几朵排成近伞形；花喇叭形，有香气，乳白色，外面稍带紫色，无斑点，向外张开或先端外弯而不卷。蒴果矩圆形，有棱，具多数种子。花期5~6月，果期9~10月（图4-33）。鳞茎含丰富淀粉，可食，亦作药用。每100g百合干品中含有蛋白质3.36g，脂肪0.18g，淀粉11.8g，还原糖3.0g，蔗糖10.39g，果胶5.6g，还含有秋水仙碱、维生素B_1、维生素B_2等多种成分。药理研究证明，百合有

图 4-33 野百合

升高血细胞的作用,对多种癌症都有较好的疗效。

16. 东风菜

东风菜为多年生草本,有地下茎。茎直立,叶互生,边缘具锯齿或复锯齿。作为伴生种,东风菜喜生于落叶阔叶林下、灌丛及林缘草地。在森林带与草原带连接的林地草甸、沟谷坡地及低洼的草甸中也常见(图4-34)。每100g东风菜含水分76g,蛋白质2.7g,粗纤维2.8g,胡萝卜素4.69mg,尼克酸0.8mg,维生素C28mg。东风菜富含胡萝卜素和维生素C,有助于增强人体免疫功能,使人健康少病。东风菜还有清热解毒,活血消肿的功效,现代科学发现,东风菜含有某些物质,具有解热镇痛,促进血液循环的作用。东风菜在浙江民间广泛应用于治疗蛇毒,效果良好。

图 4-34 东风菜

17. 葛藤

葛藤又名野葛、粉葛藤、甜葛藤、葛条，旋花科。银背藤属藤本，高达3m，茎圆柱形、被短绒毛。生于丘陵地区的坡地上或疏林中，分布海拔高度约300~1 500m处。分布于东南亚和澳大利亚，中国贵州、广西及云南东南部等地（图4-35）。每年2~5月采嫩茎、嫩叶炒食或做汤吃。晚秋到早春期间采挖块根，洗去泥土，舂碎，在冷水中揉洗，除去渣滓后可沉淀淀粉，煮吃或制作凉粉。块根用水浸泡后也可蒸食。

图4-35　葛藤

18. 马兰

马兰，别名鱼鳅串、泥鳅串等。为菊科多年生宿根性草本植物，植株矮小，丛生。分布于亚洲东部及南部（图4-36）。具有极高药用和膳食价值。马兰的幼嫩的地上部茎叶可作为一种营养保健型蔬菜食用。可炒食、凉拌或做汤，香味浓郁，营养丰富。

图 4-36　马兰

19. 野葱

野葱为葱科葱属的植物，为中国的特有植物。分布在我国的青海、甘肃、陕西、云南、西藏、四川、湖北等地，多生长于海拔 2 000～4 500m 的地区，多生在山坡及草地上，目前已由人工引种栽培（图 4-37）。野葱开白花、黄花、紫花三种，结的果实像小葱头一样大，其中黄葱花味道最好，是极佳的素食调味品。野葱的主要营养成分是蛋白质、糖类、维生素 A 原（主要在绿色葱叶中含有）、食物纤维以及磷、铁、镁等矿物质等。葱中含有相当量的维生素 C，有舒张小血管，促进血液循环的作用，有助于防止血压升高所致的头晕，使大脑保持灵活以及预防老年痴呆的作用。

图 4-37　野葱

20. 山芹

山芹为伞形科、山芹属的多年生草本植物。主根粗短,有数分枝,黄褐色至棕褐色。茎直立,中空,有较深的沟纹。分布于我国的辽宁、吉林、黑龙江等省的山区,生长于针阔叶混交林、杂木林下、沟谷湿地(图4-38)。山芹有主治风湿痹痛、腰膝酸痛、感冒头痛、痈疮肿痛等功效。山芹是芹菜中的高级珍菜。其营养成分在野菜中也是较高的,山芹幼苗可做春季野菜。芹菜含铁量较高,能补充妇女经血的损失,食之能避免皮肤苍白、干燥、面色无华,而且可使目光有神,头发黑亮。芹菜是高纤维食物,能减少致癌物与结肠黏膜的接触,达到预防结肠癌的目的。

图 4-38　山芹菜

21. 地衣

地衣是多年生植物,是由1种真菌和1种藻组合的有机体。全世界已描述的地衣有500多属,26 000多种。从两极至赤道,由高山到平原,从森林到荒漠,到处都有地衣生长(图4-39)。中国地衣资源相当丰富,人们食用和药用地衣的历史悠久。据不完全统计,可供食用的地衣有15种。其中,石耳是特产中国和日本的著名食用地衣,可炖、炒、做汤、凉拌,营养丰富,味道鲜美。地衣营养价值较高,内含多种氨基酸、矿物质,且钙含量之高是蔬菜中少见的。

图 4-39　地衣

22. 荠菜

荠菜生长在山坡、田边及路旁,野生,偶有栽培。中国各省份均有分布,全世界温带地区广泛分布。一年生或二年生草本,高 10～50cm,无毛、有单毛或分叉毛;茎直立,单一或从下部分枝(图 4-40)。据现代科学分析,荠菜不仅味美可口,而且营养丰富,含有蛋白质、脂肪、膳食纤维、碳水化合物、胡萝卜素、维生素 B_1、维生素 B_2、尼克酸、维生素 E、维生素 C、钙、磷、铁、钾、钠、镁、锰、锌、铜和硒等成分。荠菜为野菜中味最鲜美者,是因为它富含氨基酸达 11 种之多。

图 4-40　荠菜

23. 魔芋

魔芋生长在疏林下，是有益的碱性食品，对食用动物性酸性食品过多的人，搭配魔芋食用，有处于酸碱平衡（图4-41）。此外，魔芋也被联合国卫生组织确定为十大保健食品之一。魔芋含有16种氨基酸，10种矿物质微量元素和丰富的食物纤维，魔芋的营养保健作用就是发挥膳食纤维对营养不平衡的调节作用，如防治便秘、降血脂、降血糖、减肥健美等。

图4-41 魔芋

24. 蒲公英

蒲公英别名黄花地丁、婆婆丁、华花郎等。菊科多年生草本植物。头状花序，种子上有白色冠毛结成的绒球，花开后随风飘到新的地方孕育新生命（图4-42）。生蒲公英富含维生素A、维生素C及钾，也含有铁、钙、镁、铜维生素B_2、维生素B_1、维生素B_6、叶酸。具体的元素含量主要是水分，每100g生蒲公英叶含水分86g，蛋白质1.6g，碳水化合物5.3g，热量约有108.8kJ。蒲公英可生吃、炒食、做汤，是药食兼用的植物。

图 4-42　蒲公英

25. 银耳

银耳又称作白木耳、雪耳、银耳子等。属于真菌类银耳科银耳属,是担子菌门真菌银耳的子实体,有"菌中之冠"的美称(图 4-43)。银耳子实体纯白至乳白色,直径 5~10cm,柔软洁白,半透明,富有弹性。银耳的营养成分相当丰富,含有蛋白质、脂肪和多种氨基酸、矿物质。银耳具有强精、补肾、润肠、益胃、补气、和血、强心、壮身、补脑、提神、美容、嫩肤、延年益寿之功效。

图 4-43　银耳

(二)森林粮食

森林粮食是指森林植物体的某个部分(包括果实、种子、根、皮、叶、花等)含有较多淀粉、单糖、低聚糖或者蛋白质,能代替粮食食用的植物,如大枣、柿子、板栗、山杏等。我国森林粮食资源丰富,据报道共有500余种,现已查明的约120多种,其中有木本100多种,仅板栗、柿、枣等木本粮食在我国栽培面积已达 $270 \times 10^4 hm^2$,总产量达 $17 \times 10^8 kg$,年出口量达 $6.3 \times 10^8 kg$,其中开发利用的在 $40 \times 10^4 kg$ 左右(不包括水果),另有魔芋、蕨、葛藤等林中植物的块茎、块根也可被加工成魔芋粉、蕨粉、葛粉等以供食用。

依据森林粮食主要成分的不同,可将其分为三大类:淀粉植物,如板栗、栎类、银杏、葛根、蕨根、野果等;糖料植物,此类植物的种类繁多,如枣、柿、猕猴桃等,不仅能制糖供食用,还可以直接作为饮料;蛋白质植物,如腰果、马尾松、槐等。

1. 板栗

板栗又名栗、栗子、风腊,是壳斗科栗属的植物。原产于中国,生长于海拔370~2 800m的地区,多见于山地(图4-44)。板栗可用于食品加工,烹调宴席和副食。板栗生食、炒食皆宜,喷香味美,可磨粉,亦可制成多种菜肴、糕点、罐头食品等。板栗易贮藏保鲜,可延长市场供应时间。栗子含有丰富的营养成分,包括糖类、蛋白质、脂肪、多种维生素和无机盐。栗子对高血压、冠心病、动脉粥样硬化等具有较好的防治作用。老年人常食栗子,对抗衰老、延年益寿大有好处。栗子可代粮,与枣、柿子并称"铁杆庄稼""木本粮食",是一种价廉物美、富有营养的滋补品及补养的良药。

图4-44 板栗

2. 枣

枣别称枣子，大枣、刺枣、贯枣。鼠李科枣属植物，落叶小乔木，稀灌木，高达10余米，树皮褐色或灰褐色，叶柄长1～6mm，或在长枝上的可达1cm，无毛或有疏微毛，托叶刺纤细，后期常脱落。生长于海拔1 700m以下的山区、丘陵或平原（图4-45）。大枣果肉肥厚，色美味甜，富含蛋白质、脂肪、糖类、维生素、矿物质等营养元素，因此大枣历来是益气、养血、安神的保健佳品，对高血压、心血管疾病、失眠、贫血等病人都很有益处。大枣不仅是养生保健的佳品，更是护肤美颜的佳品。

图4-45　枣

3. 柿

柿属落叶大乔木。别名朱果、猴枣。柿种类繁多，果实大小各异，形状亦不一致，普遍呈卵形或扁圆形，8～11月间成熟。果色由青色转为黄色，熟时成红色（图4-46）。中国是柿树的原产地，至今仍为柿树栽培最多的国家。柿的果实用途广泛，除供鲜食外，可制成柿饼、柿干、柿汁蜜、柿叶茶、柿醋、柿脯等，也可再加工成糕点和风味小吃，并有一定药用价值。柿含有丰富的蔗糖、果糖、纤维素等碳水化合物，还含有蛋白质、钙、磷等营养成分。

图 4-46　柿

4. 橡果

橡果也叫橡实、橡子、橡栗。橡子外表硬壳，棕红色，内仁如花生仁，含有丰富的淀粉，含量达60%左右（图4-47）。橡果是人类早期最主要的食物之一。也可制成橡子面。橡子每100g约含热量2133.84 kJ。主要成分为水分6%、碳水化合物54%、蛋白质8%以及油脂32%（多为不饱和脂肪酸）。此外，橡子还含有丰富的钙、磷、钾和烟酸等矿物质和维生素。

图 4-47　橡果

5. 白果

银杏树的果实俗称白果,因此银杏又名白果树。银杏树生长较慢,寿命极长,自然条件下从栽种到结果要二十多年,四十年后才能大量结果(图4-48)。银杏果每100g含蛋白质6.4g、脂肪2.4g、碳水化合物36g、粗纤维1.2g、蔗糖52g、还原糖1.1g、钙10mg、磷218mg、铁1mg、胡萝卜素320μg、核黄素50μg。银杏主要用于炒食、烤食、煮食、配菜、糕点、蜜饯、罐头、饮料和酒类。有祛痰、止咳、润肺、定喘等功效,但大量进食易引起中毒。

图4-48 银杏果

6. 猕猴桃

猕猴桃也称狐狸桃、藤梨、羊桃、木子、毛木果、奇异果、麻藤果等。果形一般为椭圆状,外观呈绿褐色,表皮覆盖浓密绒毛,不可食用,其内是呈亮绿色的果肉和一排黑色的种子(图4-49)。因猕猴喜食,故名猕猴桃。猴桃的质地柔软,口感酸甜。味道被描述为草莓、香蕉、菠萝三者的混合。猕猴桃除含有机物及钙、钾、硒、锌、锗等微量元素和人体所需17种氨基酸外,还含有丰富的维生素C、果糖和脂肪。

图 4-49　猕猴桃

7. 腰果

腰果又名檟如树、鸡腰果、介寿果。常绿乔木，树干直立，高达 10m。腰果树是一种经济价值极高的果树。果柄酸辣甜，可食用，亦可用来酿酒。果仁营养价值很高，含有丰富的蛋白质、脂肪和碳水化合物，味道香甜可口，油炸、盐渍、糖饯均可。腰果味道甘甜，清脆可口，而且营养丰富（图 4-50）。富含大量的蛋白质、淀粉、糖、钙、镁、钾、铁和维生素 A、B_1、B_2、B_6。适当摄入可以帮老年人预防动脉硬化、心血管疾病、脑中风和心脏病。

图 4-50　腰果

8. 山梨

山梨属乔木，高达15m。叶片卵形至广卵形，边缘具刺芒状细锯齿。花白色，5~7朵组成伞房花序。花期在4~5月，果期10~11月。果近球形，黄色或绿色带红晕（图4-51）。山梨富含糖类和果酸，还含有多种氨基酸及矿物质。除生食外，还可加工成果脯、蜜饯、果酒或冰糖煎膏。冰冻成"冻梨"，肉软可食。

图4-51　山梨

9. 羊奶果

羊奶果为胡颓子科植物蜜花胡颓子的成熟果实。多年生常绿攀缘灌木，成熟果实鲜红色至紫红色，鲜果生食，可食部分占91%，甜酸，适度可口，水分充足，颜色鲜艳，可做果汁、罐头、蜜饯（图4-52）。羊奶果每100g鲜果含蛋白质2.45g、水分90.6g、脂肪2.3g、碳水化合物5.1g、钙20.6mg、磷57.2mg、胡萝卜素3.15mg、维生素B 20.7mg、维生素C 30mg。

图 4-52　羊奶果

10. 火棘

火棘为常绿灌木或小乔木，高达 3m。火棘树形优美，夏有繁花，秋有红果，果实存留枝头甚久，分布于中国黄河以南及广大西南地区。火棘果实含有丰富的有机酸、蛋白质、氨基酸、维生素和多种矿质元素。可鲜食，也可加工成各种饮料（图 4-53）。

图 4-53　火棘果

11. 酸枣

酸枣又名棘、棘子、野枣、山枣、葛针等。为鼠李科枣属植物,是枣的变种。原产中国华北,中南各地亦有分布。多野生,常为灌木,也有的为小乔木。酸枣被证明具有防病、抗衰老与养颜益寿的作用。常喝酸枣汁则以益气健脾,能改善面色不荣、皮肤干枯、形体消瘦、面目浮肿等症状。此外,酸枣中含有大量维生素 E,可以促进血液循环和组织生长,使皮肤与毛发具有光泽,让面部皱纹舒展。酸枣的营养主要体现在它的成分中。它不仅像其他水果一样,含有钾、钠、铁、锌、磷、硒等多种微量元素;更重要的是,新鲜的酸枣中含有大量的维生素 C,其含量是红枣的 2~3 倍、柑橘的 20~30 倍,在人体中的利用率可达到 86.3%,是所有水果中的佼佼者。

图 4-54　酸枣

12. 黑枣

黑枣,学名君迁子,又称野柿子,软枣、牛奶枣,牛奶柿、野柿子等。广泛分布于中国北方地区。"黑枣"是自然黑,虽然也叫枣,但其实不属于我们通常认识的枣类,而是亚洲东北部原产的柿属植物(图 4-55)。黑枣性温味甘,富含蛋白质、糖类、有机酸、维生素 B、维生素 E 等营养成分,以及磷、钙、铁等微量元素,还有各种营养元素。有补肾与养胃的功效,并对延缓衰老、增强机体活力、美容养颜都很有帮助。所以黑枣被称为"营养仓库"。

图 4-55　黑枣

(三)森林食用油料

森林油料植物是指森林植物体内(果实、种子或茎叶)含油脂8%或在现有条件下出油效率达80%以上的植物。在我国,发展食用木本油料有着优越的自然和经济条件,我国是世界上木本油料种类最多、分布最广、栽培历史最悠久的国家。我国的绝大部分土地在北温带,南方小部分地区在热带,东部和南部的广大地区受海洋上的湿润气候影响,雨量充沛,适合植物的生长。从东北平原到南海之滨,从华北到天山脚下,都分布有适宜发展木本油料的树种。我国食用木本油料树种多,人工栽培的有200种以上,野生的有50多种。在南方,产量大、商品率高的有油茶、核桃、油橄榄、油棕、腰果等;在北方,有核桃、榛子、山杏、文冠果等。

核桃和油棕分别素有"面包黄油树"和"世界油王"的美誉。木本食用油具有很高的营养价值,富含对人体有益的亚油酸和亚麻酸。

1. 核桃

核桃的油脂含量高达65%~70%,居所有木本油料之首,有"树上油库"的美誉(图4-56)。利用现代工艺提取其精华,加工成核桃新一代产品——核桃油。核桃油是选取优质的核桃做原料，是将核桃仁通过榨油、精炼、提纯而制成，色泽为黄色或棕黄色，并采用国际领先的工艺制取出来的天然果油汁。在国际市场上，核桃油被誉为"东方橄榄油"，同橄榄油一样备受消费者青睐。据分析，每100g核桃仁的脂肪含量为63~76g。其脂肪主要成分是亚油酸甘油酯、亚麻酸及油酸甘油酯，这些都是人体所必需的脂肪酸。核桃油是人们日常生活中理想的高级食用烹调油，也是儿童发育期，女性妊娠期及产后康复的高级保健食用油。

图 4-56　核桃

2. 茶油

茶油来源于山茶科植物的油茶，是将其成熟种子用压榨法而得到的脂肪油。油茶树是世界四大木本油料之一，它生长在中国南方亚热带地区的高山及丘陵地带，是中国特有的一种纯天然高级油料（图4-57）。主要集中在浙江、江西、河南、湖南、广西，全国年产量仅为 20×10^4 t 左右。茶油的不饱和脂肪酸含量高达90%，远远高于菜油、花生油和豆油，与橄榄油比维生素E含量高一倍，并含有山茶苷等特定生理活性物质，具有极高的营养价值。

图 4-57 油茶

3. 橄榄油

橄榄油是由新鲜的油橄榄果实直接冷榨而成的，不经加热和化学处理，保留了天然营养成分。橄榄油被认为是迄今所发现的最适合人体营养的油脂。橄榄油富含丰富的单不饱和脂肪酸——油酸，还有维生素 A、维生素 B、维生素 D、维生素 E、维生素 K 及抗氧化物等（图 4-58）。橄榄油，能有效地发挥其降血脂的功能，从而可以防止高血脂症、脂肪肝和保护心脏，有助于减少高血压病、冠心病、脑中风等疾病的发生风险。

图 4-58 橄榄

4. 棕榈油

棕榈油是一种热带木本植物油,是目前世界上生产量、消费量和国际贸易量最大的植物油品种,与大豆油、菜籽油并称为"世界三大植物油",拥有超过五千年的食用历史(图4-59)。棕榈油由油棕树上的棕榈果压榨而成,被称为饱和油脂,因为它含有50%的饱和脂肪。人体对棕榈油的消化和吸收率超过97%,和其他所有植物食用油一样,棕榈油本身不含有胆固醇。

图4-59 油棕

5. 榛子

榛子是重要的坚果树种之一,是木本油料树种,为桦木科榛属植物,全世界有16种,主要分布在亚洲、欧洲和北美洲。果形似栗,卵圆形,有黄褐色外壳。种仁气香、味甜、具油性,秋季成熟采收(图4-60)。榛子有丰富的单不饱和脂肪酸和多不饱和脂肪酸。食用榛子仁榨出的植物油,一方面可以促进胆固醇的代谢,另一方面可以软化血管,维护毛细血管的健康,从而预防和治疗高血压、动脉硬化等心脑血管疾病。

图 4-60 榛子

6. 文冠果

文冠果为落叶灌木或小乔木，高 2~5m；小枝粗壮，褐红色，无毛，顶芽和侧芽有覆瓦状排列的芽鳞。耐干旱、贫瘠、抗风沙，在石质山地、黄土丘陵、石灰性冲积土壤、固定或半固定的沙区均能成长，是中国特有的一种食用油料树种（图 4-61）。文冠果是我国特有的经济木本油料树种，种子含油率为 30.4%~47%，种仁含油量高达 66.4%，油黄色而透明，食用味美，油中所含亚油酸是中药益寿宁的主要成分，具有极好降血压作用，文冠果油可有效预防高血压、高血脂、血管硬化等病症。

图 4-61 文冠果

7. 翅果油

翅果油树是胡颓子科胡颓子属落叶直立乔木或灌木，高可达10m，胸径达8cm，芽球形，黄褐色。叶纸质，稀膜质，卵形或卵状椭圆形，叶柄半圆形，花灰绿。果核纺锤形，栗褐色，子叶肥厚，含丰富的油脂（图4-62）。种子粗脂肪含量为46.2%，出油率为30%以上，该油理化性质与二级芝麻油，花生油相近，油质纯净，色泽橙黄透亮，清香可口，产地群众采种熬油食用的历史悠久，种仁中蛋白质含量为32.21%，由17种氨基酸组成，其中有7种人体必需氨基酸，有着丰富的营养价值。

图4-62　翅果油树

8. 元宝枫

元宝枫属于槭树科槭树属，落叶乔木，高8~10m；树皮纵裂。翅果扁平，翅较宽而略长于果核，形似元宝（图4-63）。元宝枫种仁含油量为48%，机榨出油率35%，高于油菜籽出油率。元宝枫是以含油酸和亚油酸的半干性油，其中必需脂肪酸—亚油酸和亚麻酸高达53%，油质优良，是食用植物油中不多见的。元宝枫种仁含蛋白质25%~27%，不含淀粉，在植物种子中是鲜见的。种仁提取油后，油粕是很好的食用蛋白质。据测定，元宝树蛋白质中含有8种人体必需的氨基酸，属完全蛋白质，制取的优质食物味道鲜美，是理想的蛋白质资源。

图 4-63 元宝枫

9. 山桐子

山桐子又名水冬瓜、油果树等,被称为"中国橄榄油树",是我国的本土树种,野生落叶乔木,树高可达 16m 左右,胸径可达 0.6m。其树干端直,树皮灰白,木质纹理细密(图 4-64)。其干果含油率高,果肉含油率为 43.6% 左右,种子含油率为 22.4%~25.9%,平均含油率为 36.3%,被誉为"树上油库"。山桐子油中不饱和脂肪酸比例较高,亚油酸含量高达近 62%,与红花籽油相当,比芝麻油、花生油和橄榄油的含量都高。

图 4-64 山桐子

(四)森林饮料

森林饮料主要指利用森林植物的果、叶、花或花粉、汁液等为原料加工制成的天然饮料。这种饮料具有以下优点：①营养价值比传统水果高；②风味独特；③无污染；④具有医疗价值。近年来，随着人们保健意识的增强和不同消费者的特殊需要，饮料的种类也发生了重大变化，碳酸饮料比重逐年下降，天然饮料呈上升趋势；特种饮料和保健饮料则是从无到有，发展速度强劲。我国的饮料资源极其丰富，目前发现的可作为饮料原料的森林树种约有100种，除茶叶、咖啡等少数外，绝大多数仍处在自生自灭、有待开发的状态。

森林饮料资源丰富，加工成本低，经济效益高，有十分广阔的开发前景。当前国内外开发的森林饮料有以下5种类型。

1. 果汁饮料

果汁饮料是以森林植物的果实加工制作的饮料。目前已开发的植物果实猕猴桃、刺梨、刺玫、西番莲、无花果、番木瓜、罗汉果、沙棘、悬钩子、野蔷薇、山茄、醋栗、桑葚、越橘、山葡萄、桃子、苹果等。比较有名的果汁饮料有核桃汁、沙棘果汁、"沙维康"、椰子汁、杏仁露、蓝莓汁、猕猴桃汁等。

2. 花粉饮料

花粉所含营养成分相当丰富，约有35%的蛋白质，40%的糖分，还有脂肪、复合维生素、各种矿物质等。其中仅氨基酸就达20多种，花粉被誉为天然全营养保健品。近年来，花粉受到国内外营养学家的高度重视，纷纷以此作为原料制作各种保健饮料。这些花粉饮料在市场上十分走俏，对人体健康也大有裨益，如槐花粉除有保健作用外，还有治高血压之功效。枇杷花粉能治老年慢性气管炎，苹果花粉和圆柏花粉有较好的抗衰老作用。

3. 树叶饮料

除茶叶外，现已证明，柿子、苹果、枣树、槐树、核桃、连翘、山檀、黄连木等多种植物的叶均可制作饮料。柿叶可以和茶叶混合饮用，冲饱后气味清香，饮之既可得到"洁、润、鲜"的享受，还有稳定血压、软化血管和消炎去热的作用，对肝炎、结核病、皮肤病均有显著疗效。而松针系列饮料，是近年来树叶饮品中的后起之秀，带有一股清香，对癌细胞有一定的抑制作用。

4. 树液饮料

20世纪90年代初，我国利用白桦树干中流出的汁液生产出一种天然无污染的树液饮料——桦汁汽水。经分析，此种饮料含有人体易于吸收的碳水化合物，各种酸类、氨基酸、香精油、矿物元素、桦芽醇、细胞分裂素、生成素、皂角要化合物等众多生理活性物质，对治疗浮肿、风湿症、关节炎等有一定疗效，堪称高级滋补保健型饮料。目前，桦树饮料的开发在世界位居树汁饮料之首。位居其次的当数枫树树汁饮料，由于它们的含糖量高，既可以用配制饮料，又可以用来制糖。

5. 树花饮料

树花饮料是用树花为原料做成的饮料。最受人们喜爱的是以金银花的花朵为原料制作的"金银露"，气味芬芳，甘凉爽口，有祛暑清热、生津止渴的良效，是树花饮料中的上品。其他的树花饮料还有产于非洲的玫瑰茄，有消暑、利尿解毒、促进胆汁分泌、降低血液黏度、刺激肠壁蠕动、帮助消化、生津止渴等作用。另外，杏花茶可增强胃肠消化机能，治疗胀气及消化不良等症；槐花茶有软化血管，降脂降压，凉血止血的作用；菊花饮料可清肝明目；鸡蛋花茶是我国广东著名"五花凉茶"之一，鸡蛋花含鸡蛋花酸、苷类及挥发油，具有清热解毒、治热下痢、生津止渴的功效。鸡蛋花茶嫩滑爽口，花瓣爽脆，是一款不可多得的保健茶饮。

（五）森林蜜源

森林蜜源植物是指具有蜜腺，能分泌甜液并被蜜蜂采集、酿造成蜂蜜的森林植物，是养蜂生产的物质基础。我国是世界上最大的蜂产品生产和出口国，这依赖于丰富的蜜源植物。我国森林蜜源植物资源可利用的达9 857种，分属于110科394属，比较知名的有100多种，而目前已被系统研究能生产大量商品蜜的只有30多种，其中较重要的有椴树、刺槐、胡枝子、山乌桕等。按养蜂价值的大小，可把整个森林蜜源植物分为主要蜜源植物和辅助蜜源植物，其中数量多、分布广、花期长、分泌蜂蜜丰富，蜜蜂爱采集并能生产商品蜜的植物称为主要蜜源植物，如刺槐、椴树、枣树、荔枝、山桂花等；而只能取得零星蜂蜜的则为辅助蜜源植物，如麻黄、毛白杨、桑、构树、悬铃木等。

（六）森林食用香料

森林香料植物是指那些含有芳香成分或挥发性精油的森林植物，这些挥发性精油可能存在于植物的全株或植物的根、茎、叶、花和果实等器官中。而食用香料植物则是指在饮食业中进行加香调料而用的植物性原料。我国天然香料植物共有400余种(其中木本约100多种),主要集中在芸香科、八角科、樟科、木兰科等。现已开发利用的天然木本香料植物仅50余种,其中较重要的有八角、樟树、黄樟、肉桂等,还有更多的资源未被开发利用。香料植物在食品中具有调味、调香、防腐抑菌、抗氧化等作用,还可以作为饲料的天然添加剂。根据食用香料植物的利用部位不同,可分为:根茎类香料植物,如花椒、姜、菖蒲等;茎叶类香料植物,如月桂、木兰、五味子等;花类香料植物,如菊花、桂花、金银花等;果实类香料植物,如花椒、柠檬、香橙等;种子类香料植物,如扁桃、胡椒、八角、茴香等;树皮类香料植物,如斯里兰卡肉桂、中国肉桂、川桂皮等。

1. 花椒

花椒别名大椒、秦椒、蜀椒、川椒或山椒。为芸香科、花椒属落叶灌木或小乔木,其果皮可作为调味料,并可提取芳香油,又可入药,种子可食用(图4-65)。花椒可除各种肉类的腥气,是中国厨房不可缺少的调味品。花椒可以促进唾液分泌,增加食欲;使血管扩张,从而起到降低血压的作用。一般人群均能食用。

图 4-65 花椒

2. 胡椒

胡椒为多年生常绿攀缘藤本植物,系浅根性作物,蔓近圆形,木栓后呈褐色,主蔓上有顶芽和腋芽。果实在晒干后通常可作为香料和调味料使用(图4-66)。在烹调饮食中,胡椒用于去腥解膻及调制浓味的肉类菜肴。兼有开胃增食的功效,又能解鱼、蟹、荤等食物的毒,故为家厨中常用调料。

图 4-66　胡椒

3. 八角

八角是八角茴香科、八角属的一种植物。乔木,高 10~15m;树冠塔形,椭圆形或圆锥形;树皮深灰色;枝密集。八角为著名的调味香料,味香甜。八角果实在日常调味中可直接使用,如炖、煮、腌、卤、泡等,也可直接加工成五香调味粉。八角果还具有健胃、祛风、镇痛、调中理气、祛寒湿,治疗消化不良和神经衰弱等功用。

图 4-67　八角

4. 大、小茴香

大、小茴香都是常用的调料，是烧鱼炖肉、制作卤制食品时的必用之品。因它们能除肉中臭气，使之重新添香，故曰"茴香"（图4-68）。大茴香即大料，学名叫"八角茴香"。小茴香别名茴香子、小茴、茴香、怀香、香丝菜。小茴香的种实是调味品，而它的茎叶部分也具有香气，常被用来作包子、饺子等食品的馅料。它们所含的主要成分都是茴香油，能刺激胃肠神经血管，促进消化液分泌，增加胃肠蠕动，排除积存的气体，所以有健胃、行气的功效；有时胃肠蠕动在兴奋后又会降低，因而有助于缓解痉挛、减轻疼痛。

图4-68　茴香

5. 桂皮

桂皮是为樟科常绿乔木植物肉桂的干皮和粗枝皮，气味芳香，作用与茴香相似，常用于烹调腥味较重的原料，也是五香粉的主要成分，是最早被人类食用的香料之一（图4-69）。主要产于广东、广西、浙江、安徽、湖北等地，以广西产量大且质量好。

图 4-69　桂皮

(七)森林食用昆虫

森林是各种动物种群的栖息地,森林肉食动物主要分为两大类:一类是野生禽兽,产量最大的有野兔、野禽等;另一类是昆虫食品。但由于森林里栖息着各种珍稀保护动物,国家禁止捕杀,所以这里只介绍昆虫食品。

昆虫是自然界中最大的生物类群,已知近 100 万种,占记载生物总种数的 60%。据估计,自然界现存昆虫种类有 1 000 万种或更多,是迄今尚未被充分利用的最大生物资源。现已被证明能被人所食用的种类就有 3 650 多种。

根据对昆虫的营养成分分析和研究表明:作为食品,食用昆虫含有丰富的蛋白质和氨基酸,人体必需氨基酸含量较高,是一种很好的蛋白资源。食用昆虫还可为人们提供一定量脂肪、脂肪酸、矿质元素、维生素和糖类,尤其是昆虫的不饱和脂肪酸含量较高,有极高的营养价值。不少昆虫还有食疗作用,是难得的保健食品。作为蛋白资源,食用昆虫是对昆虫蛋白最直接的利用。

昆虫作为一种丰富的食物资源,不仅种类繁多,而且群体浩大,并且多数昆虫种类生长周期短,繁殖迅速,适应性强,食物转换率高,作为人类的蛋白质资源,有着非常大的资源优势。专家预言,21 世纪昆虫食品将会成为一种新兴产业。

森林里常见的食用昆虫有蝗虫、白蚁、金龟子、蟋蟀、蜂蛹、蚕蛹、螳螂、蝉、天牛幼虫、龙虱等。食用方法有生吃、油炸、烧烤、腌制等。有的昆虫食品还可以进一步制成罐头、半干制品、冷冻制品等。

1. 蝗虫

蝗虫是蝗科，直翅目昆虫。俗称"蚱蜢"，种类很多，全世界有超过10 000种(图4-70)。中国食用蝗虫有十分悠久的历史，人们习惯将蝗虫洗净用油炸，佐酒食用，蝗虫体内含有蛋白质73.5%，氨基酸18种，总含量为20.3%，蝗虫体内还含有维生素B_1、维生素B_2、维生素E、维生素A、胡萝卜素等，4种脂肪酸和丰富的微量元素，常食用的种类有中华稻蝗，东亚飞蝗等。全世界都有以蝗虫做食品的习惯，蝗虫的肉质松软，味美如虾，各大宾馆、饭店煎炒烹炸做出的"油炸蚂蚱、陆地飞虾、飞蝗腾达"等深受消费者的青睐。

图 4-70 蝗虫

2. 蜂蛹

蜂蛹一般为胡蜂、黄蜂、黑蜂、土蜂等野蜂的幼虫和蛹，这些蜂从属昆虫纲膜翅目胡蜂等科类的昆虫(图4-71)。蜂蛹营养丰富，风味香酥嫩脆，是真正的纯天然美味高蛋白低脂肪食品。食用方法有油炸、清蒸或做成蜂蛹酱。

图 4-71　蜂蛹

3. 蚕蛹

蚕吐丝结茧后经过 4 天左右，就会变成蛹。蚕蛹的体形像一个纺锤锤（图 4-72），是体弱、病后、老人及产妇产后的高级营养补品。蚕蛹能产生具有药理学活性物质，可有效提高人体内白细胞水平，从而提高免疫力、延缓衰老。蚕蛹油可以降血脂、降胆固醇，对治疗高胆固醇血症和改善肝功能有显著作用。食用方法：可炖，可炒、可油炸，可泡酒，或可研末冲服。

图 4-72　蚕蛹

4. 天牛幼虫

天牛幼虫呈蠕虫状，半透明至乳白色，体粗肥，呈长圆形，略扁，少数体细长。头横阔或长椭圆形，常缩入前胸背板很深（图4-73）。蛀蚀树木，常常在树干上引起条形隆起或蛀洞，有木屑从蛀洞排出。天牛幼虫含有蛋白质、脂肪、碳水化合物、维生素、矿物质等成分。炒天牛幼虫是营养丰富且有很好保健作用的菜肴。

图 4-73　天牛幼虫

5. 龙虱

龙虱又称水龟子，为龙虱科各大小种属的统称，隶属于昆虫纲鞘翅目肉食亚目龙虱科，是新兴食用的珍贵水生昆虫。龙虱成虫呈长卵流线型，扁平，光滑，背面拱起，后足扁平刚毛发达（图4-74）。据现代医学研究表明，常吃龙虱对降低胆固醇、防治高血压、肥胖症、肾炎等有良好的效果。龙虱可食部分超过自身的80%，除鲜吃外，还可以成粉剂、浸剂（如龙虱酒）、丸剂等食疗食品。

图 4-74 龙虱

(八)森林天然食品添加剂

由于化学合成食品添加剂在食品中的大量应用,再加上毒理学和化学分析等检测技术的发展,相继发现不少食品添加剂对人体有害。例如,能生成致癌物质亚硝胺酸盐和硝酸盐,能导致过敏反应甚至致死的亚硫酸盐,怀疑有致毒、致癌作用的苯甲酸钠、糖精、甜蜜素等。食品添加剂的安全问题在全世界范围内掀起了一股"食品安全化"浪潮,从而导致了许多合成食品添加剂被禁止使用。开发森林植物资源,制备"优质、安全、无污染"的新型食品添加剂,也已成为食品添加剂工业的一个热点。

从森林植物中提取食品添加剂具有以下优点:①资源丰富、种类繁多、资源综合利用价值高。例如,从茶叶中可提取茶多酚、茶多糖和茶叶色素,从枸杞子中提取枸杞多糖、枸杞精油和枸杞红色素;②无污染,安全性高,市场潜力巨大,符合绿色食品的发展趋势;③成分复杂,功能多。如天然的抗氧化、防腐、杀菌作用。

我国地理气候条件优越,添加剂植物资源极为丰富。据统计,世界香料植物有 3 000 多种,中国有 900 种,已开发利用的有 150 余种;我国色素资源同样丰富，目前开发的色素已达 50 余种，1991 年批准允许使用就有 39 种，如辣椒红、高粱红、β-胡萝卜素等。此外，根据中医药理论，从食药两用中药里提炼出多种天然添加剂。例如，从决明子中提取食用胶，从乌梅、桑葚、青果、红花中提取食用色素，从迷迭香中提取食用香料和抗氧化剂等。

随着人们安全保健意识的增强，对食品添加剂也提出了"天然、营养、多功能"的要求。我们应该合理规划布局，加强科研、生产和应用的结合；应充分发挥我国的资源优势，依靠科技进步，以天然资源为依托，开发"安全、营养、高效、多功能、质优价廉"的天然食品添加剂。

第四节　森林环境与中医药养生

森林以其丰富的自然景观、良好的生态环境、诱人的野趣和优越的保健功能颇受青睐，越来越多的人强烈渴望回归大自然，到森林中去减压放松，健身康体，森林游憩业也逐渐成为各国国民经济新的增长点。森林是一类重要而独特的保健资源，对人体有良好的疗养、减压、调节、保健作用，使人身心愉悦、健康长寿。

《黄帝内经》是中华传统医学的四大经典著作之一，是我国现存最早的中医理论著作。其中记载了很多有关养生的知识，是一部养生宝典。这本书对我们中华民族千百年来的生存繁衍做出了很大的贡献，在当今仍有非常重要的意义。中医养生理论核心首先是强调"天人合一"，就是人与大自然融合，强调人要顺应自然规律，与自然为友，在人与自然的相互感应中，产生养生之道。回到大自然的怀抱——森林中进行各种养生保健活动，正是符合了"天人合一"的思想。森林公园自带各种保健因子，环境优美宁静，空气清新醉人，是养生的最佳场所。

近年来，国内外兴起一股中医药养生保健旅游的热潮，就是利用传统中医养生理论和丰富的森林资源，让游客在游玩过程中不仅可以体验传统中医药养生保健方式，如练习太极拳、五禽戏、八段锦等保健运动，或者品尝各种独具特色的养生药膳；还可以购买产自森林的正宗地道的名贵中药材。这种新的养生旅游模式让人们在旅游休闲的过程中不仅可以欣赏到美丽的风景，还可以获取中医养生保健知识，体验传统中医药服务，感悟中医药文化内涵，从而达到防治疾病、养生休闲、舒适放松的目的。同时促进了旅游业的发展，实现了经济发展的升级，促进了中医药事业的发展，弘扬了中国的传统中医药文化。

中医养生理论与森林相结合,是打造中国特色休闲养生产业的一个很重要的思路。将二者结合,一个最简便的方法,就是在森林中建立中医馆、中医药养生院、中医药疗养院等,把中医直接办到森林中去。同时要针对每个人的身体特点,制订个性化的养生方案。这将是今后养生保健发展的方向之一。

在森林宁静的环境中,可以净化人的心灵,使人心态平和,心情愉快。森林里有大量的原生态环保森林食材,可以让人吃得放心、吃得健康,远离各种化学污染。森林里有丰富多彩的声、色资源,对情绪和心理有良好的医疗作用。因此,森林环境能放大中医养生的效果,在森林里养生能起到事半功倍的保健作用。森林与中医养生的完美结合,将受到越来越多的人喜爱。根据传统养生理论,中医药养生的方法大致可分为环境养生、起居养生、精神情志养生、饮食养生、药膳养生、颜色养生、五行音乐养生、传统运动养生等。

一、环境养生

环境养生是中医养生的重要组成部分。人生活于天地日月之间,形神机能活动不可避免地要受到自然环境和社会环境的影响。《黄帝内经》明确指出,居住在空气清新、气候寒冷的高山地区的人多长寿,居住在空气污浊、气候炎热的低洼地区的人多短寿。现代研究认为,海拔1 500~2 000m 的山区,山清水秀、风景秀美、植被良好、环境幽静的浅山区阴离子密集,是长寿的地理环境。根据我国第三次人口普查统计,百岁以上的老人有3 700 多人。这些长寿者大多生活在多森林的山庄和少数民族地区。

人类和他们居住的地理环境是两种紧密相连的开放系统,他们之间存在着物质流的交换、传递;自然界是一切生命体赖以生存和发展的物质基础,一切生命物质都不能脱离环境,只能在一定的环境条件下才能生存。"人以天地之气生,四时之法成"。所以《黄帝内经》认为人类要想健康长寿,就必须建立和保持同地理环境协调一致的关系,这是防病抗老、保健益寿的重要内容之一。

(一)提高机体适应环境的能力是养生保健的关键

人体是一个有机的整体,具有自我调节功能。能随着环境的改变而调节自身的应激状态。中医认为,人的正常脉象随四季变化有弦、洪、浮、沉的不同。这是因为人体的气血运行会随着四季气候的变化而发生变化，从而导致脉象的不同，这也是机体为适应环境变化而做出的自我调整。

然而不同人体适应地理环境的能力是不等的，它受着禀赋、年龄、性别、地理等因素的影响。如北方人耐寒力强，耐热力较弱；南方人则相反，他们较易适应暖热的气候，对寒冷气候的适应，则要经过较长一段时间的培养。形成这种现象的原因，一方面是缘于遗传因素的影响；一方面则是后天地理环境的条件刺激所造成的。所以《黄帝内经》认为人体适应地理环境的能力是有一定限度的，超过这一限度就会产生疾病。在生活中经常可以看到水土不服的现象，还有坐长途飞机后出现"倒时差"现象，去西藏时出现的高原反应，这都是机体不能适应环境变化而产生的生理功能紊乱状态。可见提高机体适应环境的能力在养生保健中是很重要的。

（二）选择适宜的地理环境是环境养生的主要方法

自然地理环境是影响长寿的重要因子之一，适宜的地理及气候条件是长寿不可缺少的条件。通过对居住环境的对比研究后发现：从地形上看，长寿老人多集中分布在山区，这可能与山区环境相对封闭，避免了工业、噪声等污染有关；从气候因素看，我国现有长寿乡年均气温大多介于15~20℃，这也符合寒带地区寿命高于热带地区的规律；从大气环境看，较高浓度的空气负离子则会延缓衰老，促进人类健康长寿；从水环境看，多数长寿区水资源丰富、水质优良。优良的水质对增强免疫功能、预防心脑血管疾病、延缓衰老有益；从生态环境看，长寿老人多分布在林区和有较多绿化的地区；《千金翼方》中认为居处环境当选择"背山临水，气候高爽，土地良沃，泉水清美"的自然地理环境。《本草纲目》也说"人赖水土以养生，可不慎所择乎"等，皆论述了人类要想健康长寿应当选择良好的居处环境。从上面所述，可以发现，健康长寿离不开适宜的气候、少污染低噪音的环境、优质的水资源及绿地环境。森林公园里有适宜的气候、幽静的环境、大量的负离子、无污染的泉水和多彩的林木，完全符合健康长寿的环境要求。走进森林就等于走近健康、走向长寿。

选择宜居的环境可以促进健康，相反，居住在不合适的地方就会影响身体的健康。一般而言，寒冷地区的寿命要高于热带地区。这是因为低温环境可以减缓细胞的分裂速度，从而促进人体长寿。近年来，北方有些老人像候鸟一样，一入冬就跑到海南岛，以避开北方寒冷的气候。这个现象看起来很合理，但其实是违背了养生理念。从中医来讲，阳气是人体生命的原动力，阳气保养得越好，身体就越健康。按照"天人合一"思想，在冬天，人体的阳气是要收敛潜伏的。从脉象来看，冬天的脉是沉伏的，这也证实了冬天阳气是不能外泄的。海南天气炎热，处在其中，人体毛孔张开，阳气极易外泄。阳气不固，代谢加速，更加容易促进衰老。正所谓，寒冬难熬，生机潜藏；暖冬好过，阳气不固。

不同的人由于体质、年龄、性别的差异，对于居住地的要求也各不相同。但总的来说，要避开潮湿、阴暗、风沙、闷热之地。就个体而言，湿气重的人，就不要居住在水边；火气大的人，就要远离高温环境；阳气不足的人，就应该居住在阳光充足之地。对城市居民来说，要避开高压线、变压器、通讯基站等电离辐射对人体的危害。不要居住在噪音污染很大的地方，如铁轨边。也不要居住在化学污染严重的化工企业旁边。总而言之，环境养生就是要避开不利环境对身体的损害，吸收适宜环境中的有利因素以促进健康。保护环境，其实就是保护自己的健康。

二、起居养生

起居养生是指顺应自然变化规律，做到起居有常、劳逸结合、动静相宜等一系列养生措施。起居养生的原则，《黄帝内经》谓之"起居有常"。"常"，即"常度"。生活作息应有一定的规律，这样才有利于身心健康。昼夜节律对人体有重要影响，中医学的时空观认为，昼为阳，夜为阴，阴阳消长呈周而复始的节律变化。人的作息习惯应顺应昼夜阴阳变化的规律。这一观点与现代医学所倡导的生物钟学说大体吻合。起居养生法包括起居有常、安卧有方等。

（一）起居有常

起居有常，是指在日常生活中的作息要顺应自然界的昼夜晨昏和春夏秋冬的变化规律，并要持之以恒。传统养生学认为"精、气、神"为人生之三宝，神为生命的主宰，能够反映人体的脏腑功能和体现生命的活力，故有"失神者死，得神者生"之说。人们起居有常，作息合理，主要作用就是能够保养人的精神，使人精力充沛，面色红润，目光炯炯，神采奕奕。长期的起居无常，作息失度，会使人精神萎靡，面色萎黄，目光呆滞无神。

1. 一日的起居有常

中医认为，一日之内人体的阳气会有生、长、收、藏的变化。人体的阳气在白天运行于外，推动着人体的脏腑组织器官进行各种机能活动，所以白天是学习或工作的最佳时机。夜晚人体的阳气内敛而趋向于里,则有利于机体休息以便恢复精力。这就提示,夜晚是不适合剧烈运动的。这是因为养生讲究一个"顺"字,顺应自然。

2. 一年的起居有常

人体应按照春夏秋冬四季变化的规律对起居和日常生活进行适当地调整。一年四季具有春温、夏热、秋凉、冬寒的特点,生物体也相应具有春生、夏长、秋收、冬藏的变化。人体在四季气候条件下生活,也应顺应自然界的变化而适当调节自己的起居规律。

(1) 春季起居　春季人体的阳气开始趋向于表,皮肤逐渐舒展,肌表气血供应增多而肢体反觉困倦。因此,在起居方面要求早睡早起。而且晨起后要求免冠披发,松缓衣带,舒展形体,在庭院或场地信步慢行,以免束缚阳气的生发。春季气候变化较大,极易出现乍暖乍寒的情况,加之人体皮肤肌理开始变得疏松,对寒邪的抵抗能力有所减弱,所以,春天不宜顿去棉衣,特别是年老体弱者,减脱冬装尤应谨慎,不可骤减。

(2) 夏季起居　夏季作息,宜晚些入睡,早些起床,以顺应自然界阳盛阴衰的变化。夏日炎热,亦受风寒湿邪侵入,睡眠时不宜过用空调,更不宜夜晚露宿。夏日午后困倦,可稍事午休,但时间不宜过长,一般以半小时为佳。

(3) 秋季起居　秋季,自然界的阳气由疏泄趋养收敛,起居作息要相应调整。《素问·四气调神大论》说:"秋三月,早卧早起,与鸡俱兴"。早卧以顺应阳气之收,早起使肺气得以舒展,且防收之太过。天气入秋,稍有凉意,不宜过多增添衣物,要保持稍稍凉意,以保"秋冻"。秋冻有利于阳气的收敛。

(4) 冬季起居　而在寒冷的冬季里,不应当扰动阳气。因此要早睡晚起,日出而作,以保证充足的睡眠时间,以利阳气潜藏,阴精积蓄。至于防寒保暖,也必须根据"无扰乎阳"的养藏原则,做到恰如其分,穿着不宜过于暖和,睡觉时被褥也不要过于厚重,以免扰动阳气外泄。

(二) 安卧有方

睡眠是人的一种生理需要。人在睡眠状态下,身体各组织器官大多处于休整状态,气血主要灌注于心、肝、脾、肺、肾五脏,使其得到补充和修复。安卧有方就可以保证人的高质量睡眠,从而消除疲劳,恢复精力,有利于人体健康长寿。若要安卧有方,第一,必须保证足够的睡眠。一般说来,中老年人每天睡眠时间以 8~10h 为宜。第二,是要注意卧床宜软硬适宜,过硬,全身肌肉不能松弛得以休息;过软,脊柱周围韧带和椎间关节负荷过重,会引起腰痛。第三，是枕头一般离床面5~9cm为宜，过低，可使头部血管过分充血，醒后出现头面浮肿；过高，可使脑部血流不畅，易造成脑血栓而引起缺血性中风。第四，是要有正确的睡眠姿势，一般都主张向右侧卧，微曲双腿，全身自然放松，一手屈肘平放，一手自然放在大腿上。这样，心脏位置较高，有利于心脏排血，并减轻负担，同时，由于肝脏位于右侧较低，右侧卧可使肝脏获得较多供血，有利于促进新陈代谢。在长寿者调查中，许多长寿老人都自述以右侧弓形卧位最多。古谚也说："站如松、坐如钟、卧如弓""屈股侧卧益人气力"。第五，是要养成良好的卫生习惯，晚饭不宜吃得过饱，也不宜吃刺激性和兴奋性食物，中医认为"胃不和则卧不安"。

(三)坚持"冷面、温齿、热足"保健

在起居养生中，还应注意要长期坚持"冷面、温齿、热足"的保健方法。

1. 冷面

指用冷水(水温20℃左右)洗脸。在一般情况下从水龙头流出来的自来水基本上就是20℃左右的冷水，可以直接用来洗脸。冷水洗面，可以提神醒脑，使人头脑更清为醒，特别是早晨用冷水洗脸对大脑有较强的兴奋作用，可以迅速驱除倦意，振奋精神。冷水洗面，还可以促进面部的血液循环，增强机体的抗病能力。因为冷水的刺激可以使面部和鼻腔的血管收缩，冷水刺激后血管又反射性地进行扩张，一张一弛，既促进了面部的血液循环，改善了面部组织的营养供应，又增强了面部血管和皮肤的弹性，所以除能够预防疾病外，还有一定的美容作用。

2. 温齿

指用温水(水温35℃左右)刷牙和漱口。我们知道人体的口腔内的温度是恒定的，牙齿和牙龈在35℃左右温度下，才能进行正常的新陈代谢。如果刷牙或漱口时不注意水温，经常给牙齿和牙龈以骤冷骤热的刺激，则可能导致牙齿和牙龈出现各种疾病，使牙齿寿命缩短。特别是在冬季气候寒冷的时候，刷牙漱口时更要注意用温水。有研究资料表明，用温水刷牙有利于牙齿的健康。反之，长期用凉水刷牙，就会出现牙龈萎缩，牙齿松动脱落的现象。

3. 热足

指每晚在临睡前用热水(水温在45~50℃)洗泡脚和洗脚。从传统医学上讲，双足是人体阳经和阴经的交接地点，有诸多穴位，对全身的气血运行起重要作用。从现代医学讲，足部为肢体的末端，又处于人体的最低位置，离心脏最远，血液循环较差。应用热水泡脚洗脚，从中医讲可以促进人体的气

血运行，并有舒筋活络，颐养五脏六腑的作用；从西医讲可以促进全身血液循环，从而达到增强机体各个器官的生理功能和消除疲劳的目的。

专栏八：养生歌起居
欲求康寿乐逍遥，起居养生有诀窍。
黎明即起庭院扫，散步慢跑做做操。
踢腿甩臂伸懒腰，摇头晃脑并踮脚。
定时大便莫憋尿，二便通畅疾病少。
增减衣服随气候，被褥常晒勤洗澡。
春来不要忙减衣，秋到不要急加帽。
劳作有序莫大劳，疲劳过度精气耗。
安闲好逸气血滞，体弱多病易早夭。
居室洁净通风好，空气新鲜病不扰。
睡眠定时枕勿高，切莫恋床睡懒觉。
行立坐卧不可久，休息安排要巧妙。
年高之人要慎行，持杖在手防跌倒。
遵循起居养生道，便是长生不老药。

三、坚持精神情志养生

人的精神活动与脏腑气血等功能密切相关，精神情志活动是脏腑功能活动的体现。正常的情志变化，有利于脏腑的功能活动，对于防御疾病、保持健康是有益的。异常的情志变化，如突然、强烈、反复、持久的情志刺激，可以直接影响脏腑功能，如大喜伤心，大怒伤肝，大悲伤肺，久思伤脾，大恐伤肾。还可以导致人体气血紊乱而发生病变。如《素问·举痛论》说："怒则气上，喜则气缓，悲则气消，恐则气下，惊则气乱，思则气结"。现今社会，生活节奏快、竞争压力大，人们普遍存在焦虑、郁闷等不良情绪。这些不良情绪往往会直接导致身体的疾病。有资料表明，当前引起各种疾病的原因中有百分之七八十与心理因素有关。其中主要由心理因素、特别是情绪因素引起的心身疾病患者已占总人口的10%，由此可见，不良心理因素对健康危害不亚于病菌，而良好心理因素对健康的作用则胜过保健品。因此，精神调养已是现代医学的重要组成部分。

中医历来就重视精神调养，提出了"静者寿，躁者夭"的观点。强调心静的人容易长寿，急躁的人容易出现健康问题。古往今来，文献记载很多情志养生方法，归纳起来，大致可分为节制法、疏泄法、转移法和情志制约等方法。

朱丹溪在《内经》中指出："怒伤，以忧胜之，以恐解之；喜伤，以恐胜之，以怒解之；忧伤，以喜胜之，以怒解之；恐伤，以思胜之，以忧解之；惊伤，以忧胜之，以恐解之，此法唯贤者能之"。后世不少医家对情志的调摄有时比药石祛疾还重视，而且创造了许多行之有效的情志疗法。例如，或逗之以笑，或激之以怒，或惹之以哭，或引之以恐等，因势利导，宣泄积郁之情，畅遂情志。总之，情志既可致病，又可治病的理论，在心理保健上是有特殊意义的。在运用"以情胜情"方法时，要注意情志刺激的总强度，超过或压倒致病的情志因素，或是采用突然地强大刺激，或是采用持续不断的强化刺激，总之，后者要适当超过前者，否则就难以达到目的。

四、注意饮食养生

饮食是人生存所必需的。我们每天都要吃，但怎样吃才是健康的，这是一门很大的学问。无论医生还是一般民众，都应该学习合理饮食的知识，以避免不合理的饮食损害人体的健康。具有数千年悠久历史的中医学很早就十分重视饮食与养生保健的关系，中医食疗养生源远流长，在长期的反复的实践中也形成了独有的思想和原则，主要包括以下几个方面。

（一）三因制宜

人有性别、年龄、体质的不同，还有季节、地理环境的不同，因此要合理地因时、因地、因人安排饮食。

1. 因时制宜

一年四季，春生夏长秋收冬藏。这指的是阳气运行的轨迹。"春夏养阳，秋冬养阴"是中医阴阳养生的核心思想。按照这个观点，春夏之时，要注意保养人体的阳气，秋冬要顾护人体的阴气。春季阳气生发，不宜多食酸收固涩之食物，以免妨碍阳气升发。应多食助阳之品，如韭菜、山药、大蒜等。夏季天气炎热，人体阳气在外，体内阳气不足。此时不可过食寒凉之品，尤不可多食冰镇之品，以免损伤体内阳气。夏时需常饮温水，常食升阳助阳之品，以利于阳气的宣通。秋季燥邪偏胜，易耗伤津液，饮食应该以滋阴润燥为主，多吃梨、银耳、柠檬等，燥邪易与热邪相兼为病，故秋季饮食应忌辛辣煎炸之品，以免助长燥邪致病。冬季寒冷，阳气潜伏体内，不宜扰动。所以不可过食温燥助阳之品，而应多食滋阴潜阳之品如甲鱼、百合、牡蛎之类。总之，不同的季节有不同的饮食特点，民间也有"冬吃萝卜夏吃姜，不用医生开药方"的说法。

2. 因地制宜

我国南北气候差异明显，各地的生活习惯也不尽相同。北方气候寒冷干燥，冬天时，为了弥补热量的不足，多进食狗肉、羊肉等温热之品。南方炎热潮湿，宜少用辛辣之品。如长期居住于海边或水上作业者，多有湿邪内侵，食养时必须佐以健脾燥湿的中药，方可达到养生之目的。

3. 因人制宜

每个人的体质不同，又有年龄和性别的差异，饮食上亦有差别，要根据人体阴阳气血的不同状态选择合适的食物。阳气不足者，应多食羊肉、狗肉、韭菜等；阴虚火旺者，则应多食蜂蜜、百合、银耳等；中气不足者，则应多食香菇、牛肉、山药、土豆等；精血不足者，则应多食乌鸡、红枣、桂圆、花生等。体内多痰湿者，则应清淡饮食。从体型来说，瘦者多虚火，应多食滋阴之品。肥人多痰湿，应少食肥甘厚腻，多食蔬菜。从年龄来说，老人脏腑虚弱，饮食上宜清淡为主，多食五谷杂粮以通便。青少年要注重营养的合理搭配，多食瓜果蔬菜及豆奶类食品；从性别来说，女性要多食养血之品，男性要多食养气之品。

（二）调和五味

中医强调整体平衡观，人是一个有机的整体，五脏六腑相互联系，各自不衰不盛则功能正常，五味偏嗜，会导致脏腑功能失衡，不能相制相用，内生杂病。如过食酸味易伤人筋脉，过食苦味则易伤胃阳，过食甘味则易于阻碍气机，过食辛味则易于上火，过食咸味食物则易于伤血脉而致血压升高。饮食五味各有之用，酸者收涩、甘者和缓、苦者泄泻、辛者发散、咸者软坚，其对人体均有重要的调节作用。现代医学表明，辛者可以促进血液循环，甘者可补气养血，酸者可健脾开胃，苦者可明目泻火，咸者可治疗便秘，这与中医学所示饮食五味的作用相吻合，因此，要保持身体健康长寿，需调和五味。

（三）饮食有节

1. 饮食要有规律

定时定量进行饮食，身体才会健康。一日三餐，定时进食，尤其是晚餐要早，要少。不可暴饮暴食，不可饱食，饱食容易阻碍气机，导致气血不通，易生积聚。过饮会导致水湿内停，滋生痰饮之患。尽量不吃宵夜，保持七分饱。

2. 饮食要洁净

凡食物变馊或腐败都不宜食用，变气味，变颜色，没有煮熟，也都不宜食用，为的是预防疾病。肉食必须新鲜并且必须烹饪方可食用，因为肉食如不煮熟就食用，很容易感染寄生虫病。山上采集的野蘑菇，要仔细辨认，防止食物中毒。有条件者，尽量食用生态绿色食品。饮水要清洁，要煮沸才能饮用。

3. 饮食温度适宜

饮食的冷热，必须适度，不可过偏。尤其是夏天，不可过食冷饮，否则很容易伤脾胃。食物太冷，不利于消化，而且对牙齿有害。食物太热，则易引起消化道癌变。要坚持做到常饮温水。

4. 饮食要细嚼慢咽

中医主张"饮必细呷"，因为"大饮则气逆"，造成呛咳或气喘，甚至造成痰饮病。孙思邈之所以提出"先渴而饮"和"不欲极渴而饮，饮不欲过多"，也是为了防止暴饮，因为人们在过分干渴的时候进水，就很难避免暴饮。吃饭必须细嚼慢咽，切忌狼吞虎咽。细嚼慢咽有利于减轻胃肠负担，有利于营养的吸收。

5. 饭后漱口和散步

坚持饭后用盐水漱口，清除食物残渣，既可防止产生龋齿，又能消除口臭。饭后散步和摩腹，这对促进食物消化很有帮助。饭后散步，身体得到活动，情绪上轻松愉快，更能增进消化功能，防止积食不化。所以民间至今有"饭后百步走，活到九十九"的说法。

6. 饮食要保持良好的情绪

进食时必须摒除一切忧愁烦恼，务使情绪轻松愉快，切忌愤怒惊恐，否则食欲锐减，即使勉强进食也难以消化，甚至影响到晚上的睡眠。"思则伤脾"，长期情绪不好，就会损伤脾胃，进而引起其他疾病。反之，如果精神愉快，食欲也会不断增加，肠胃便能很好地消化食物和吸收营养。

五、药膳养生

药膳是在中医学理论指导下，采用天然药物与日用食物，尤其是具有药用价值的食物，按一定配伍规则合理配制，经饮食烹调技术加工烹制成色、香、味、形俱佳的，既美味可口，又有一定疗效和养生作用的特殊膳食。药膳所用的原料多为药食两用，且已在民间和中医行业中流传数千年，无任何毒副作用，可以起到有病治病，无病强身的作用。森林里有许多野生的名贵中药材和各种生态食材，是制作药膳的理想来源。如野山参、灵芝、首乌、茯苓、桑黄、黄精、雪莲、石斛、三七等都是天然的保健品。药膳既有食物的营养价值，又有药物的药用价值，对于调理亚健康，提高人体的免疫力具有特殊的作用，已经越来越受到大众的喜爱。药膳的保健作用如下：

1. 调节人体阴阳平衡

阴阳平衡是人体健康的基本前提，一旦平衡被打破，健康就会出现问题。中医认为，阴阳失衡是疾病的根本原因。药膳具有寒热温凉的性味特点，能够纠正人体寒热的盛衰，通过"损其有余"和"补其不足"的方法来恢复阴阳平衡。例如，对于阳热亢盛的人，可以采用芦根粥和石膏粥等清泄实热的膳食。对于阴寒内盛的人，可以采用椒面粥和干姜粥等起到温热散寒的效果。而对于阴虚之人，可以采用二冬膏、玉竹粥等达到滋阴的目的。对于阳虚之人，则可以采用鹿角胶粥、附片炖狗肉等达到温补阳气的目的。

2. 调理脏腑

人体是一个有机整体，其以五脏为中心，如果某一脏器出现病变，就会对其他脏腑的功能造成影响。药膳可以通过调理人体脏腑功能来达到恢复健康的目的。例如，对于肺热之人，可以采用生芦根粥、枇杷叶、鱼腥草粥等起到清肺止咳化痰的效果。若是肝火旺盛之人，则选择菊花绿茶饮、芹菜粥等清肝泻火。如果是肾阴不足者，则可以食用天门冬粥、山茱萸粥等滋补肾阴。而对于有食滞、消化不良者，应先食用神曲末粥、山楂粥等开胃消食。对脾胃气虚的患者，可以食用健脾糕、参芪粥等补中益气。

3. 三因制宜

药膳理论来自中医学，讲究辨证论治，讲究个体差异和时空差异。不同的人群，不同的季节，不同的地理环境都要采用相应的药膳。例如，就季节来讲，春季可选择玫瑰五花糕、菊杏饮等来升散疏肝；夏季可选择百合粥、灯芯竹叶汤等来清心散热；秋季可选择桑菊蜜糕、核桃芝麻糊等润肺滋阴；冬季可选择虫草炖老鸭来潜补肾阳。就体质来讲，体瘦之人多阴亏血少，应多吃滋阴生津之品；体胖之人多痰湿，应多食清淡之品。

专栏九：常见药膳食谱

木耳核桃枸杞羹

原料：黑木耳 3~5 朵，核桃仁 2 个，枸杞子 10 粒，大枣 4 枚。

做法：以上材料隔水炖 10 分钟，每晨空腹吃下。

功效：黑木耳具有降血脂、调整心血管功能的功效，枸杞子甘平滋补肝肾，益精明目，有降血压、血脂、血糖作用。该膳食对高血脂和高血压的患者适用。

枸杞明目茶

原料：枸杞子 9g，菊花少许。

做法：将枸杞子、菊花洗净，加适量热水冲泡即可。

功效：消除眼睛疲劳，有明目之功效。

海带菠菜豆腐汤

原料：海带 100g，菠菜 50g，豆腐 250g。

做法：将上物用水煮熟，加调味后食用。

功效：清热利水，祛脂降压，养血止血，益气和中，生津润燥，清热解毒，有防止血管硬化作用。

酸枣仁粥

原料：酸枣仁 12g，柏子仁 12g，桂圆肉 15g，粳米 50g。

做法：先将粳米加水煮成粥，加入酸枣仁及柏子仁、桂圆肉煮熟后即可食用。

功效：酸枣仁养心、安神、敛汗，柏子仁、桂圆肉有宁心、益气、调理营卫的作用。二者合用可改善睡眠，增强脑力。

当归枸杞茶

原料：当归 3g，枸杞子 9g，红枣 9g。

做法：将当归、枸杞子、红枣放入锅中，倒入 500L 水，煮 10 分钟即可。

功效：补血调经，养肝明目。当归有抗贫血及增强免疫功能作用，枸杞子有保护肝脏和增强非特异性免疫功能，对造血功能有促进作用，配合红枣丰富的维生素及铁质，是养颜补血、保肝、明目妙品。

山药生地茶

原料：山药 3g，生地 15g。

做法：将山药与生地加水熬煮 30~40 分钟，取汁代茶饮。

功效：糖尿病患者饮用可降血糖，减少尿糖。

白果腐竹淮山粥

原料：粳米 60g，白果仁 15g，腐竹皮 1 张，山药 30g。

做法：将粳米洗净，白果仁用净水浸泡片刻，山药去皮，腐竹泡软，上物入锅煮熟，可常食。

功效：健肝养胃，敛肺益阴。

虫草全鸭

原料：冬虫夏草 9~15g，老雄鸭 1 只，酒、生姜、葱白、胡椒粉、盐适量。

做法：将收拾干净的鸭子用开水烫过，将冬虫夏草、生姜、葱白等填入鸭腹，倒入酒、胡椒粉，上火蒸熟，吃肉喝汤。

功效：冬虫夏草有补肾助阳、补肺定喘、止血化痰功效，配以雄鸭，更显味美。

菊花决明饮

原料：菊花 5g，决明子 15g，生山楂 15g。

做法：将菊花、决明子、生山楂加水煮 5 分钟，去渣当茶饮。

功效：清热泻火，凉肝明目，有降血压功效。

益智天麻鱼

原料：天麻 15g，黄芪 15g，白术 9g，黄精 6g，鲜鱼 1 条，姜、葱适量。

做法：先将黄芪、白术、黄精放入锅中，加两碗水，煮 15 分钟，滤汁去渣备用，天麻用热水泡 10 分钟备用，将鲜鱼洗净用开水烫过放盘中，倒入中药汁，放天麻、姜丝，上火蒸 10 分钟，取出后撒上葱花、香油即食。

功效：醒脑益智，镇静镇痉，滋补强壮。

莲子百合饮

原料：莲子 15g，百合 15g，红豆 30g，糖少许。

做法：将莲子、百合、红豆先放水中泡软，放入锅中用小火煮 1h，起锅后加入适量糖即可饮用。

功效：滋补清肺，化痰止咳，改善咳嗽和肺功能不佳等症状。

养筋壮骨排骨汤

原料：山药 9g，骨碎补 9g，川芎 3g，麦冬 6g，桂枝 6g，红枣 9g，枸杞子 9g，黄芪 9g，排骨 250g，盐适量。

做法：将所有药材装入纱布袋中，与排骨一同置锅中，加水 2 000mL 炖煮约 20 分钟，煮至排骨熟后，加盐调味即可食。

> 功效：有补益肝肾、强壮筋骨、活血通络的作用，对筋骨酸痛、腰膝酸软者适用。
>
> 五行蔬菜汤
>
> 原料：白萝卜1/4根，白萝卜叶1/4片，胡萝卜1/2根，香菇1枚，牛蒡1/4根。
>
> 做法：将以上5种蔬菜切成大块，放入3倍的水，放锅中煮开后用小火煮1h，煮好后装玻璃瓶中放入冰箱，3天吃完。
>
> 功效：提高免疫力，增加细胞再生力。促进脑血管疾病患者的恢复。

六、颜色养生

大自然的各种色彩使人产生各种感觉，并可陶冶人的情操。不同的颜色使人产生不同的情绪，从而引起人的心境发生变化。近年来，分析得出了"颜色能影响健康"的结论。试验证明：适当的选用颜色，将会成为一种有益健康的"营养素"，反之则对健康不利。其次，不同颜色的天然食品含有不同的营养成分，对人体不同脏腑有特定的作用。因此，颜色养生可以分为：视觉颜色养生和食物颜色养生两类。

森林里有丰富的自然资源，有各种自然天成的颜色林，有品种繁多的各种颜色的生态果蔬，是进行颜色养生的理想场所。

（一）视觉颜色养生

不同颜色使人产生不同的情绪，从而引起人的心境发生变化。心理学家对颜色与人的心理健康进行了研究。红色具有刺激情绪、加速血液循环、升高血压的作用；绿色给人凉爽之感，有镇静作用；黄色令人心情愉快，有提神作用；白色纯净、素雅，使人有安全感、舒适感；蓝色使人感到安定；紫色使人昂扬；橙色让人精神振奋，有温暖感。而从中医理论来讲，讲究五色配五脏，不同的颜色对应不同的脏腑功能。例如，红色配心，而心主神。对于情绪低落、郁闷的人，可以去红色环境中，或者穿红色衣物，可以改变低落的情绪。黄色配脾胃，黄色对脾胃功能有促进作用。所以脾胃不好的人，家居装修可以用黄色做主色调。性格急躁的人就不宜穿红色或橙色的衣物，而应该多去绿色环境中熏陶。

森林里有很多不同颜色的树林，是进行颜色养生的好地方。对于血压偏低、情绪低落的可以在枫叶林下漫步游憩。天然的绿色森林对心脑血管疾病患者有辅助治疗效果。森林绿还可以缓解视疲劳，对视力保护有一定的效果。森林公园可以根据不同颜色的树林划分不同的功能区，设计步道，放置座椅或躺椅，游客可以根据自己的身体状况选择合适的颜色养生区域。

(二) 食物颜色养生

现代营养学家研究证明，天然食物的营养与它们的颜色有密切的关系。其营养价值以黑色为最佳，其次为紫色、绿色、红色、黄色、白色。

黑色食物有黑豆、黑米、黑芝麻、海带、乌骨鸡、黑木耳等。研究表明，黑色食物具有抗肿瘤，降血脂和抗动脉粥样硬化的作用，有利于心血管疾病的防治，是营养学家推荐的最佳食物。

紫色食物包括葡萄、黑刺莓等，具有改善血液循环，保护心脏的功能。

绿色食物指各种绿色果蔬，富含丰富的维生素C、核酸和叶绿素。

红色食物有西红柿、西瓜、红萝卜、山楂、红枣、柿子等，红色食物大多富含天然铁质、蛋白质和矿物质，对提高人体免疫力、抗氧化都有很好的功效。另外，红色食物视觉刺激强，能起到开胃、增加食欲的功能。

黄色食物有黄豆、黄玉米、金针菇、南瓜、杧果、柚子等，黄色食品是高蛋白、低脂肪食品中的佳品，最适宜高脂血症的中老年人食用。

白色食物有白糖、白米、百合、银耳、白萝卜等，白色食物的营养价值一般较低。尤其是精白米，由于经过了加工，其营养成分已经部分丢失，少吃为佳。

中医认为，不同颜色的食物，由于其气味、归经不同，功效也有所不同。主要观点如下。

1. 青色食物养肝脏

中医认为，青绿色食物具有疏肝解郁、消除疲劳、保健明目、提高免疫力的功效。如经常喝青柠檬汁能够增强肝脏的解毒功能。

2. 红色食物养心脏

中医认为，红色食物能增加心脏之气，有补血、生血、补阳的功效。如经常吃西红柿，对心脏有保护作用。又如花生，有很好的补血的效果，但中老年人过食不去皮的花生，容易导致血黏度增加，提高了脑血栓的风险。

3. 黑色食物养肾脏

中医认为黑色食物入肾，可以增加肾脏之气，具有抗衰老、抗癌等功效。肾虚之人，可以通过经常食用黑色食物来补肾。肾主骨，骨骼的好坏与肾有密切关系，因此，老年可以食用黑色食物来防治骨质疏松症。

4. 白色食物养肺脏

中医认为，白色食物入肺，具有养肺之功，如白萝卜可以下气宽肠、去油腻；百合有滋阴润肺的功能；白蘑菇有补益肺气的作用。

5. 黄色食物养脾脏

中医认为，黄色食物入脾脏，可以增加脾脏之气，促进和调节新陈代谢。脾胃不好之人，可多食黄色的南瓜。

七、五行音乐养生

最早在医院中应用音乐治疗的是在19世纪后期，那时用留声机放送音乐以帮助病人睡眠，减轻手术相关的焦虑，辅助局部麻醉。其实早在2000多年前，我国中医经典著作《黄帝内经》就提出了"五音疗疾"。中医认为，五行"木、火、土、金、水"，会生出"角、徵、宫、商、羽"这五种音调，也就是常说的"五音"；而人体的"肝、心、脾、肺、肾"五脏，又生出"怒、喜、思、悲、恐"这五种情绪，在中医里被称为"五志"。这五脏、五音、五志之间相互呼应，相互关联，因此五行音乐能够直接影响脏腑气机，调理阴阳气血，改善人体健康状况。

五种调式的音乐因主音、旋律、配器的不同，所发出的声波和声波形成的场质不同，对脏腑和情志的作用也有所不同，其大概作用介绍如下。

1. 角调

以角音(3 - Mi)为主音，属木，主生，通于肝，能促进体内气机的上升、宣发和展放。具有疏肝解郁、养阳保肝、补心利脾、泻肾火的作用。代表曲目有《胡笳十八拍》《姑苏行》《鹧鸪飞》《春风得意》《春之声圆舞曲》《蓝色多瑙河》《江南丝竹乐》《江南好》等。

2. 徵调

以徵音(5 - So)为主音，属火，主长，通于心，能促进全身气机上炎。具有养阳助心、补脾利肺、泻肝火的作用。代表曲目有《新春乐》《步步高》《狂欢》《解放军进行曲》《卡门序曲》等。

3. 宫调

以宫音(1 - Do)为主音，属土，主化，通于脾，能促进全身气机稳定，调节脾胃之气的升降。具有养脾健胃、补肺利肾、泻心火的作用。代表曲目有《卖报歌》《高山》《流水》《秋湖月夜》《鸟投林》《十面埋伏》等。

4. 商调

以商音(2 - Re)为主音，属金，主收，通于肺，能促进全身气机的内收，调节肺气的宣发和肃降。具有养阴保肺、补肾利肝、泻脾胃虚火之功效。代表曲目有《将军令》《黄河》《潇乡水云》《金蛇狂舞》《十五的月亮》《第三交响曲》《嘎达梅林》《悲怆》等。

5. 羽调

以羽音（6 - La）为主音，属水，主藏，通于肾，能促进全身气机的潜降。具有养阴、保肾藏精、补肝利心、泻肺火的作用。代表曲目有《梅花三弄》《梁祝》《二泉映月》《汉宫秋月》《平沙落雁》《月光奏明曲》等。

五行音乐养生，要根据个体差异如文化程度、音乐修养等来选择曲目，更要在中医辨证论治思想的指导下，根据自身脏腑虚实来选择合适的曲目。如肺虚之人，可以选择商调式曲目，也可以采用培土生金的原则，选择补脾的徵调式曲目。而对于肝病之人，则需选择补脾之徵调式曲目，以防肝病影响脾脏功能。另外，要根据五行相生相克的规律来选择曲目，如肝火旺盛、脾气火爆之人，可以采用养金抑木的原则，选择补肺的商调式曲目，通过补肺金来抑制肝木。

五行音乐养生，是最休闲最舒服的养生方式，但在中国知晓的人却不多。很多人喜欢听音乐，却不知道，听多了不适合自身的歌曲，不但对身体无益，而且有可能损伤脏腑功能。所以，普及五行音乐养生，让大众了解五行音乐的魅力，对保健养生有重要的意义。森林疗养是近年来出现的新生保健方式，五行音乐可以完美地与森林相结合，体现它的养生价值。森林公园以她独特的保健作用吸引越来越多的人前去体验。根据森林公园环境幽静、空气清新的特点，可以设计专门的音乐养生林。游客只要或坐或躺在林间，聆听着音乐就可以达到保健养生的效果。而且音乐林可以根据不同群体、不同时段、不同季节播放不同的曲目，做到因人制宜、因时制宜。森林浴与五行音乐养生的有机结合，将成为休闲养生的一种重要方式。

八、传统运动养生

传统运动养生学是在中国古代养生学说指导下逐渐形成的多种健身运动的总称。它包括太极拳、五禽戏、八段锦、易筋经、导引等各种练习方法。长期坚持练习，就能起到调整呼吸、调节五脏六腑和四肢百骸机能的作用，从而达到强身健体、怡养心神、防病治病、益寿延年的目的。

随着经济的发展和人们生活水平的提高，人们的养生保健意识增强，传统运动养生以它简单易学、操作方便、收效显著的特点逐渐被重视，并在民众中得到普及和推广，对促进身心健康、继承与发展祖国优秀传统文化具有重要的意义。森林公园，以它环境幽静、空气清新、富含多种保健因子而成为传统运动养生的理想场所。传统运动养生中最常应用的一些项目如下所示：

（一）五禽戏

五禽戏，是通过模仿虎、鹿、熊、猿、鸟（鹤）五种动物的动作，以保健强身的一种气功功法。是中国古代医家华佗在前人的基础上创造的，故又称华佗五禽戏。五禽戏能治病养生，强壮身体。练习时，可以单练一禽之戏，也可选练一两个动作。单练一两个动作时，应增加锻炼的次数。

1. 虎戏

脚后跟靠拢成立正姿势，两臂自然下垂，两眼平视前方。

（1）左式　①两腿屈膝下蹲，重心移至右腿，左脚虚步，脚掌点地、靠于右脚内踝处，同时两掌握拳提至腰两侧，拳心向上，眼看左前方。②左脚向左前方斜进一步，右脚随之跟进半步，重心坐于右腿，左脚掌虚步点地，同时两拳沿胸部上抬，拳心向后，抬至口前两拳相对翻转变掌向前按出，高与胸齐，掌心向前，两掌虎口相对，眼看左手。

（2）右式　①左脚向前迈出半步，右脚随之跟至左脚内踝处，重心坐于左腿，右脚掌虚步点地，两腿屈膝，同时两掌变拳撤至腰两侧，拳心向上，眼看右前方。②与左式②相同，唯左右相反。如此反复左右虎扑，次数不限。

2. 鹿戏

身体自然直立，两臂自然下垂，两眼平视前方。

（1）左式　①右腿屈膝，身体后坐，左腿前伸，左膝微屈，左脚虚踏；左手前伸，左臂微屈，左手掌心向右，右手置于左肘内侧，右手掌心向左。②两臂在身前同时逆时针方向旋转，左手绕环较右手大些，同时要注意腰胯、尾骶部的逆时针方向旋转，久而久之，过渡到以腰胯、尾骶部的旋转带动两臂的旋转。

（2）右式　右式动作与左式相同，唯方向左右相反，绕环旋转方向亦有顺逆不同。

3. 熊戏

身体自然站立，两脚平行分开与肩同宽，双臂自然下垂，两眼平视前方。先右腿屈膝，身体微向右转，同时右肩向前下晃动、右臂亦随之下沉，左肩则向外舒展，左臂微屈上提。然后左腿屈膝，其余动作与上左右相反。如此反复晃动，次数不限。

4. 猿戏

脚跟靠拢成立正姿势,两臂自然下垂,两眼平视前方。

(1)左式 ①两腿屈膝,左脚向前轻灵迈出,同时左手沿胸前至口平处向前如取物样探出,将达终点时,手掌撮拢成钩手,手腕自然下垂。②右脚向前轻灵迈出,左脚随至右脚内踝处,脚掌虚步点地,同时右手沿胸前至口平处时向前如取物样探出,将达终点时,手掌撮拢成钩手,左手同时收至左肋下。③左脚向后退步,右脚随之退至左脚内踝处,脚掌虚步点地,同时左手沿胸前至口平处向前如取物样探出,最终成为钩手,右手同时收回至右肋下。

(2)右式 右式动作与左式相同,唯左右相反。

5. 鸟戏

两脚平行站立,两臂自然下垂,两眼平视前方。

(1)左式 ①左脚向前迈进一步,右脚随之跟进半步,脚尖虚点地,同时两臂慢慢从身前抬起,掌心向上,与肩平时两臂向左右侧方举起,随之深吸气。②右脚前进与左脚相并,两臂自侧方下落,掌心向下,同时下蹲,两臂在膝下相交,掌心向上,随之深呼气。

(2)右式 右式动作与左式相同,唯左右相反。

(二)八段锦

八段锦是我国流传最广的传统保健方法,其动作舒展优美,祛病健身效果极好,此功法分为八段,每段一个动作,故名为"八段锦"。分站式和坐式,这里只介绍站式八段锦。

1. 站式八段锦口诀

双手托天理三焦,左右开弓似射雕。

调理脾胃须单举,五劳七伤向后瞧。

摇头摆尾去心火,两手攀足固肾腰。

攒拳怒目增力气,背后七颠百病消。

2. 站式八段锦练法

(1)双手托天理三焦 自然站立,两足平开,与肩同宽,含胸收腹,腰脊放松。正头平视,口齿轻闭,宁神调息,气沉丹田。双手自体侧缓缓举至头顶,转掌心向上,用力向上托举,足跟亦随双手的托举而起落。托举六次后,双手转掌心朝下,沿体前缓缓按至小腹,还原。

(2)左右开弓似射雕 自然站立,左脚向左侧横开一步,身体下蹲成骑马步,双手虚握于两髋之外侧,随后自胸前向上划弧提于与乳平高处。右手向右拉至与右乳平高，与乳距约两拳许，意如拉紧弓弦，开弓如满月；左手捏箭诀，向左侧伸出，顺势转头向左，视线通过左手食指凝视远方，意如弓箭在手，等机而射。稍作停顿后，随即将身体上起，顺势将两手向下划弧收回胸前，并同时收回左腿，还原成自然站立。此为左式，右式反之。左右调换练习六次。

（3）调理脾胃须单举　自然站立，左手缓缓自体侧上举至头，翻转掌心向上，并向左外方用力举托，同时右手下按附应。举按数次后，左手沿体前缓缓下落，还原至体侧。右手举按动作同左手，唯方向相反。

（4）五劳七伤往后瞧　自然站立，双脚与肩同宽，双手自然下垂，宁神调息，气沉丹田。头部微微向左转动，两眼目视左后方，稍停顿后，缓缓转正，再缓缓转向右侧，目视右后方稍停顿，转正。如此六次。

（5）摇头摆尾去心火　两足横开，双膝下蹲，成"骑马步"。上体正下，稍向前探，两目平视，双手反按在膝盖上，双肘外撑。以腰为轴，头脊要正，将躯干划弧摇转至左前方，左臂弯曲，右臂绷直，肘臂外撑，臀部向右下方撑劲，目视右足尖；稍停顿后，随即向相反方向，划弧摇至右前方。反复六次。

（6）两手攀足固肾腰　松静站立，两足平开，与肩同宽。两臂平举自体侧缓缓抬起至头顶上方转掌心朝上，向上作托举劲。稍停顿，两腿绷直，以腰为轴，身体前俯，双手顺势攀足，稍作停顿，将身体缓缓直起，双手右势起于头顶之上，两臂伸直，掌心向前，再自身体两侧缓缓下落于体侧。

（7）攒拳怒目增力气　两足横开，两膝下蹲，呈"骑马步"。双手握拳，拳眼向下。顺势头稍向左转，两眼通过左拳凝视远方，右拳同时后拉。与左拳出击形成一种"争力"。随后，收回左拳，击出右拳，要领同前。反复六次。

（8）背后七颠百病消　两足并拢，两腿直立、身体放松，两手臂自然下垂，手指并拢，掌指向前。随后双手平掌下按，顺势将两脚跟向上提起，稍作停顿，将两脚跟下落着地。反复练习六次。

（三）六字诀

六字诀养生法是一种以练气为主的静功，练功者分别作出嘘、呵、呼、哂、吹、嘻等不同的发音口型，使得呼气时，肺气分别通过已经发生位置变化的不同的唇、舌、齿、喉，这样即可使胸腹之中产生不同的气流及气压，从而影响到脏腑的功能及活动。古代医家通过长期的医疗实践证实嘘、呵、呼、哂、吹、嘻等不同的发音口形会分别影响到肝、心、脾、肺、肾及三焦等六种不同的脏器。因此，经常习用六字诀既可起到和调五脏，疏通经络，平秘阴阳的作用，又可以有选择地以某一字音治某一脏病，借以祛病延年。

1. 六字诀歌诀

春嘘明目夏呵心，秋呬冬吹肺肾宁。

四季常呼脾化食，三焦嘻出热难停。

发宜常梳气宜敛，齿宜数叩津宜咽。

子欲不死修昆仑，双手摩擦常在面。

2. 六字诀练习法

预备式：两足开立，与肩同宽，头正颈直，含胸拔背，松腰松胯，双膝微屈，全身放松，呼吸自然。

呼吸法：顺腹式呼吸，先呼后吸，呼所时读字，同时提肛缩肾，体重移至足跟。

调息：每个字读六遍后，调息一次，以稍事休息，恢复自然。

（1）嘘字功平肝气　嘘，读（xū）。口型为两唇微合，有横绷之力，舌尖向前并向内微缩，上下齿有微缝。呼气念嘘字，足大趾轻轻点地，两手自小腹前缓缓抬起，手背相对，经胁肋至与肩平，两臂如鸟张翼向上、向左右分开，手心斜向上。两眼反观内照，随呼气之势尽力瞪圆。屈臂两手经面前、胸腹前缓缓下落，垂于体侧。再做第二次吐字。如此动作六次为一遍，作一次调息。嘘字功可以治目疾、肝肿大、胸胁胀闷、食欲不振、两目干涩、头目眩晕等症。

（2）呵字功补心气　呵，读（hē）。口型为半张，舌顶下齿，舌面下压。呼气念呵字，足大趾轻轻点地；两手掌心向里由小腹前抬起，经体前到至胸部两乳中间位置向外翻掌，上托至眼部。呼气尽吸气时，翻转手心向面，经面前、胸腹缓缓下落，垂于体侧，再行第二次吐字。如此动作六次为一遍，作一次调息。呵字功治心悸、心绞痛、失眠、健忘、盗汗、口舌糜烂、舌强语言塞等心经疾患。

（3）呼字功培脾气　呼，读（hū）。口型为撮口如管状，舌向上微卷，用力前伸。呼字时，足大趾轻轻点地，两手自小腹前抬起，手心朝上，至脐部，左手外旋上托至头顶，同时右手内旋下按至小腹前。呼气尽吸气时，左臂内旋变为掌心向里，从面前下落，同时右臂回旋掌心向里上穿，两手在胸前交叉，左手在外，右手在里，两手内旋下按至腹前，自然垂于体侧。再以同样要领，右手上托，左手下按，作第二次吐字。如此交替共做六次为一遍，做一次调息。呼字功治腹胀、腹泻、四肢疲乏，食欲不振，肌肉萎缩、皮肤水肿等脾经疾患。

(4)呬字功补肺气　呬，读(si)。口型为开唇叩齿，舌微顶下齿后。呼气念呬字，两手从小腹前抬起，逐渐转掌心向上，至两乳平，两臂外旋，翻转手心向外成立掌，指尖对喉，然后左右展臂宽胸推掌如鸟张翼。呼气尽，随吸气之势两臂自然下落垂于体侧。重复六次，调息。

(5)吹字功补肾气　吹，读(chuī)。口型为撮口，唇出音。呼气读吹字，足五趾抓地，足心空起，两臂自体侧提起，绕长强穴、肾俞穴向前划弧并经体前抬至锁骨平，两臂撑圆如抱球，两手指尖相对。身体下蹲，两臂随之下落，呼气尽时两手落于膝盖上部。随吸气之势慢慢站起，两臂自然下落垂于身体两侧。共做六次，调息。吹字功可对治腰膝酸软，盗汗遗精、阳痿、早泄、子宫虚寒等肾经疾患。

(6)嘻字功理三焦　嘻，读(xī)。口型为两唇微启，舌稍后缩，舌尖向下。有喜笑自得之貌。呼气念嘻字，足四、五趾点地。两手自体侧抬起如捧物状，过腹至两乳平，两臂外旋翻转手心向外，并向头部托举，两手心转向上，指尖相对。吸气时五指分开，由头部循身体两侧缓缓落下并以意引气至足四趾端。重复六次，调息。嘻字功治由三焦不畅而引起的眩晕、耳鸣、喉痛、胸腹胀闷、小便不利等疾患。

第五章

森林疗养

第一节　森林疗养概述

近年来，随着社会经济飞速发展，市民对离开"水泥城市"开展森林游憩、进行户外休闲、呼吸新鲜空气、舒缓紧张身心的需求越来越迫切。以改善城市亚健康人群身心状况为主要目标的森林疗养活动，已成为全国各地快速发展的新兴产业，在充分发挥了城郊森林的多重功能的同时，增加了广大市民的福祉。

回归自然，已然成为一种时尚。这是因为我们在不知不觉中，已经与自然渐行渐远。

回归自然，我们所寻求的不仅仅是一种感觉，更想得到意外的惊喜。我们一般都知道，到森林中可以呼吸负氧离子，其实森林给我们的健康所带来的好处，远不止此。国外大量的研究证明，林木所释放的植物杀菌素等化学物质，有助于提高免疫细胞活性，对我们健康的益处难以估量。森林疗养是一座有待挖掘的宝藏。

一、森林疗养的含义

（一）疗养

疗养就是治疗、休养以恢复健康或体力，或者是病后逐步地复原体力和健康。疗养医学的理论是以进化论、机体与环境相关学说、"生物—心理—社会—环境"医学模式及相关的医学理论为指导的。近年来又提出了疗养因子对机体的"适应性作用论"，认为机体对外界环境的适应是生命的基本性能和特征，生物系统对各种环境因素的反应是通过适应实现的。分子水平的研究证实，产生适应即意味着信息分子经负反馈在功能系统上的增减，基因功能活动的类型对适应外界环境起决定性作用。基因研究结果揭示，生物的新基因往往是通过基因重复获得，在人类基因组近 4 万个基因中已知有 1.5 万个基因是通过重复产生的，重复基因中的一部分可能产生新功能，有助于生物对环境的适应。基因重复为基因的分工和功能完善提供了进化的素材，在基因突变和自然选择的作用下，重复基因的进化使生物能更好地适应环境变化。

自然疗法是疗养医学的核心内容，主要是指在疗养地通过自然界综合性理化因子（宇宙因子、气象因子、地理因子等）的作用来促进机体的健康。随着科学技术的迅猛发展、经济水平的不断提高及城市的日益现代化，人们逐渐体验到现代化城市生活和工作中存在不少有损于健康的因素，"代谢综合征""计算机综合征""空调房综合征""慢性疲劳综合征""过劳死"等已成为严重的健康问题。人们对自然与健康关系的认识发展到一个新的历史阶段，全球出现了"人类向大自然回归"的趋势，自然疗法、自然医学得到进一步发展。一些国家(如美国、加拿大、英国等)和地区(如我国香港)成立了以自然医学命名的学院、研究所和研究会，一些国家(如俄罗斯、乌克兰、日本、埃及、以色列等)积极建设疗养地开展自然疗法防治疾病。俄罗斯贝加尔湖周围的疗养院每年约有200万人疗养，日本每年有超过1亿的人接受自然疗养因子的度假或旅游。我国的一些地区组建了自然医学学会(如南京、青岛)，建成了自然疗法医院(如广州祈福医院)、环境生态医院(如北京解放军309医院)。现代疗养学和疗养事业成为自然因子疗法最高水平的和最大效益的体现。

(二)康复疗养

康复疗养主要是凭借疗养地所拥有的特殊自然资源条件，先进或传统的医疗保健技艺，优越的设施，将休闲度假与健身治病结合起来的专项活动。具体包括为治疗和康复而进行的气功、针灸、按摩、矿泉浴、日光浴、森林浴、中草药药疗等多种形式的活动，以及高山气候疗养、海滨、湖滨度假等。康复疗养具有以下优点：一是康复疗养一般都有明确的目的性，以治疗、康复为主，娱乐和观光为辅。二是康复疗养一般以物理治疗为主，强调自我康复，避免手术、药物产生的副作用。三是康复疗养是整体康复，通过整个身心的放松，来调理身体机能，达到修身养性的目的。

康复疗养类型分为健康疗养、慢性病疗养、老年病疗养、骨伤康复、职业病疗养等，大多数康复疗养区有各自的特点和疗养适应症。康复疗养是现代社会发展的一个必然的需求，康复疗养将来的发展前景是非常广阔的。

(三)森林疗养

森林疗养是个全新事物(森林疗养的概念见第一章)。森林疗养以森林医疗为主，主要目的是针对疾病的预防，压力的缓解，病体的康复。森林疗养是以森林医学为出发点和落脚点，必须以医学为基准，以实验数据为依据。

(四)森林疗养的功能

1. 延年益寿

森林及地貌组合形成的森林气候，以温度低、昼夜温差小、湿度大、区域内降雨较多、云雾多等气候特征适应于人类生存。考古学材料证实，人类的漫长童年期就是在森林中度过。森林的存在能大量地制造人类生存所必须需求的氧气，有效地降低太阳辐射和紫外线对人类健康的危害。据人口普查资料，我国多数长寿老人和长寿区，大都分布在环境优美、少污染的森林地区。法国的朗德森林是在这方面的一个突出例子，朗德森林的树种多是海岸松，为人工林，朗德森林也是西欧面积最大的沿海松树林，位于法国西部亚奎丹大区。这个地区的居民在营造海岸松树林之后，平均寿命有所增长。虽然寿命增长是必然的，但增长的非常突然，于是人们普遍认为长寿是由于森林的直接影响。

2. 可以控制病情或者替代治疗

森林能分泌杀菌素如萜烯、酒精、有机酸、醚、醛、酮等。这些物质能杀死细菌、真菌和原生动物。使森林中空气含菌量大大减少。研究表明，森林中许多树木能挥发不同的杀菌素。如1hm^{2}的榉、圆柏、杨、槐等树木，一昼夜能分泌30kg杀菌素，能将一个小城市的细菌控制在一定标准之下。因而患有呼吸道疾病的人呼吸大量的带有杀菌素的洁净空气，能使病情得到控制和治疗。尤以松树林为佳，因其针叶细长，数量多，针叶和松脂氧化而放出臭氧，稀薄的臭氧具有清新的感受，使人轻松愉快，对肺部疾病有一定的治疗作用。所以有许多疗养医院大多建在松林之中或者建在松树分布较多的地区。

3. 负氧离子的镇静、催眠和降血压功能

在森林的卫生保健功能中，一个最大的作用在于森林能大量产生负氧离子。据国外研究表明，负氧离子浓度高的森林空气可以调解人体内血清素的浓度，有效缓和"血清素激惹综合征"引起的弱视、关节痛、恶心呕吐、烦躁郁闷等症状，能改善神经功能，调整代谢过程，提高人体的免疫力。被誉为"空气维生素"的负氧离子有利于人体的身心健康。它主要是通过人的神经系统及血液循环系统对人的机体生理活动产生影响。负氧离子能使人的大脑皮层抑制过程加强和调整大脑皮层的功能，因此能起到镇静、催眠及降血压作用；负氧离子进入人体呼吸道后，使支气管平滑肌松弛，解除其痉挛；负氧离子进入人体血液，可使血液红细胞沉降率变慢，凝血时间延长，还能使红细胞和血钙含量增加，白细胞、血钾和血糖下降，疲劳肌肉中乳酸的含量也随之减少。负氧离子能使人体的肾、肝、脑等组织的氧化过程加强，其中脑组织对负氧离子最为敏感，能成功地治疗高血压、气喘病、肺结核以及疲劳过度，对于支气管炎、冠心病、心绞痛、神经衰弱等20多种疾病，也有较好的疗效。并能杀死感染性细菌，促使烧伤愈合。

4. 满足人类深层次的心理需求

在第二次世界大战期间，在战场前线，当败局已定的德国军队士兵，在战壕中满含眼泪聆听了那首迪特利希著名的哀愁思乡之歌后，许多士兵在高喊："我要回布兰肯的森林去！""我的家在黑森林！""我是在巴伐利亚的森林中长大"……汇成了一曲回到故乡森林去的大合唱，反映了人类追求向住森林的一种潜意识的深层次的心理需求的感情。

历史表明，人类的漫长童年是在森林中度过的，而且森林在不同的时期，都提供给人类心理和生理上的庇护场所，满足了人类的种种需求。人类对森林有着积极肯定的情感。根据巴甫洛夫的"大脑动力定型"理论，人类早期的这种积极肯定的情感，已经映入了人类大脑皮层深处，形成了一种潜在的意识。因此，尽管人类已从森林中走出，走入了城市与田园，然而这种深层次的要求会时时表露出来，影响到人们对森林的感情和需求。人们一旦进入森林，这种感情就会爆发出来。人好像回到了童年，甚至母胎中的美好境界，心理得到镇静、中枢神经系统得到轻松，全身得到良好的调节，并感到轻松、愉悦、安逸。许多因环境紧张或者心理因素引起的疾病，通过森林的这种功能会不治而愈。

二、森林疗养的层次

（一）疗养保健

最早关注、研究和利用森林保健功能的国家是德国、韩国、日本，但日本研究的更深入。日本一些医学界科学家与林业专家合作，研究森林的医疗和保健功能，并得到大量案例证实。例如，日本医科大学的李卿博士、千叶大学的宫崎良文博士、森林综合研究所的香川隆英博士等研究人员，以东京工作繁忙的白领和高血压、抑郁症、糖尿病等患者为研究对象，通过分析比较他们在森林中不同时长的休养，发现他们血液中的NK细胞活性明显增加，证明森林对高血压、抑郁症、糖尿病等症状具有显著的预防和减缓作用。因此，利用森林环境为人体带来的放松效果，能对患者产生辅助替代治疗的作用。

侧重于养生和游憩森林疗养的保健属性以高端休闲业态存在。政府、公众和研究机构都非常关注森林保健功能。研究表明，森林中高浓度的负氧离子可起到调节中枢神经、降低血压、促进内分泌功能等作用,而植物芬多精则可杀死细菌和真菌,增加 NK 细胞活性,提高人体免疫力。现阶段,公众对森林保健功能已有一定认识,养老产业与森林疗养相结合的实践项目也取得了显著成效,随着对森林保健功能研究的不断深入,森林疗养的保健属性将得到充分开发和利用。

(二)疗养康复

森林疗养的康复属性是指疾病治疗之后的健康恢复过程。如心脑血管疾病在生命抢救成功后的功能恢复可以通过森林疗养达到较好的结果。人与森林有一种天然亲和感,森林里的溪流和植物光合作用可释放大量负离子,为病人提供了符合康复要求的身心环境。近年来森林康复机构在各地不断兴起,2010 年,第一个模拟原始森林环境的"室内森林环境康复中心"在上海建成;2014 年,北京协和医院在大兴安岭建设了第一家森林康复医院,森林疗养有望为病人康复带来春天。

(三)疗养预防

森林疗养的预防属性主要针对生活习惯病。生活习惯病是在城市紧张生活中,由不良生活习惯所造成的亚健康状态,包括肥胖、高血糖、高血压、过敏、头痛、抑郁、男性 ED 等。据调查,北京地区平均每 10 个成人中,就有 5 个人受生活习惯病困扰。生活习惯病大多因为压力而产生,由心理问题传导为生理病态,而森林疗养可有效调节生活压力,因此预防生活习惯病效果显著。日本相关研究表明,每月进行 3 天 2 晚的森林疗养,可有效预防生活习惯病。

(四)替代治疗

主要用于心理疾病的治疗,未来将逐渐开展生理疾病的治疗研究。森林疗养的治疗属性主要集中在心理疾病领域。认知障碍、自闭症等心理疾病患者长期或定期进行森林疗养,其精神和情感表现为安定化,恐慌行为减少,交流行为增加。日本称这类森林疗养为"疗育",欧美和日本均有大量疗育效果的证实报告。此外,森林疗养对治疗部分生理疾病也具有重要意义,早在 100 年前,德国通过森林疗养来治疗肺结核。随着循证医学研究的进一步发展,森林疗养对肿瘤等疾病的治疗机理也有望得到论证。

三、森林疗养的形态

（一）运动疗法（Kinesitherapy）

运动疗法就是借助于运动来使患者调整身心、恢复健康和劳动能力的一种方法。其既是医学治疗的一个补充，又是构成运动医学精神的重要内涵，符合新的医学模式的重要内容，已成为现代社会最受欢迎的临床和康复医疗重要手段之一。运动疗法是运动在医学中的应用，是以运动学、生物力学和生理学、病理学等为基础，以改善躯体、生理、心理和精神的功能障碍为主要目标，以作用力和反作用力为主要因子的治疗方法。

运动医学主要是研究运动、训练、体育和缺乏运动对健康人和患者身体功能的生理、病理影响，其研究的成果主要是用于伤病的预防、治疗和康复。随着现代医学的发展，运动疗法作为一种防治疾病非药物的无创的自主疗法，日益受到关注，这是因为随着疾病病谱的改变，脏器病已经成为当今严重威胁和危害人类健康的主要疾病，当前报道已被列入中国前5位死亡率的疾病：脑血管意外、癌症、心血管疾病、意外事故、呼吸系统疾病中，脏器病占了3位。

近年来导致死亡的主要心脑血管疾病有高血压、高血脂、高血糖和高体重，被人们称为"死亡四重奏"。因此，如何通过运动疗法来防治疾病，通过研究来推荐合适的、有针对性的运动处方，并用此来指导临床实践具有非常重要的意义。为了防治疾病而进行的运动疗法，当前多采用有氧训练法，即耐力运动练习。有人认为对人体有利的有氧训练的运动强度应为中等强度，采用靶强度和靶心率来控制运动强度，这样能获得良好的训练效应。对于某些疾病，已有研究发现进行有氧训练可降低血液中的心钠素含量，提高前列腺素、降低血栓素而使两者的比例更趋向合理化；对于高血压患者则可以使其血压平稳、血钠降低，儿茶酚胺以及5-羟色胺含量有所降低等；进行有氧训练还可以缓解血液的高凝状态使过高的血糖下降，降低血清低密度脂蛋白胆固醇的水平，同时提高高密度脂蛋白胆固醇的浓度。

在森林中开展适合森林的各种运动，如散步、爬山、滑雪、滑草、太极拳、气功、瑜伽、溯溪、攀岩、林中穿越、漂流、温泉浴等（在第四章进行了详述）（图5-1至图5-5）。对于不同年龄，不同阶段的常见病、慢性病、亚健康状态，选择针对性强的森林运动疗法将会取得较好的康复效果，森林运动疗法将越来越受到人们的青睐。

图 5-1　森林温泉浴

（本图片来自 http：//piao.ctrip.com/dest/t70234.html？）

图 5-2　森林散步

（本图片来自 http：//www.websbook.com/sc/sc_img/7172.html）

图 5-3　森林气功

（本图片来自 http：//mt. sohu. com/）

图 5-4　森林瑜伽

（本图片来自 http：//www. huitu. com/photo/show/）

图 5-5　森林太极

(本图片来自 http://mt.sohu.com)

(二)作业疗法(Occupational therapy)

在疾病的慢性阶段,用药物减轻精神症状的同时,社会心理康复措施可减少和预防患者的衰退,对提高患者适应社会生活的能力起着难以替代的作用。作业疗法是通过有目的的选择相关的作业活动,对于躯体上、精神上有残疾以致不同程度丧失生活自理和职业获取能力的患者,进行治疗和训练,使其恢复改善和增强生活、学习和劳动能力。它的历史根源可以追溯到 19 世纪初美国的道德疗法,20 世纪 40 年代以后,作业疗法迅速发展,与康复医学密切配合,取得了较好的疗效。一般认为作业疗法对减轻慢性精神分裂症患者的衰退,恢复和改善心理与躯体功能,帮助学习和掌握生活的技能有一定疗效,作业疗法作为连接医院、家庭和社会的纽带逐渐受到各方重视。森林疗养中的作业疗法以体验森林经营、木工制作和园艺制作为代表,能够让一些有运动功能下降的患者或者慢性精神障碍患者得到部分功能的恢复。

(三)气候疗法或森林浴

森林气候是现代疗养学的一项重要的自然疗养因子,森林气候疗法也就是人们通常所说的森林浴(Forest bathing)。随着社会的不断进步,科学技术日新月异,信息技术飞速发展,人们的生活节奏越来越快,工作压力也越来越大，随之而来的便是各种因身心压力而导致的疾病，包括躯体的和心理上的疾病逐年增加。于是人们在寻找释放身心压力的空间，越来越多的人渴求一种赏心悦目、田园牧歌式的休闲生活，在清新恬静的大自然绿色环境中得到充分的休息和美的享受。为此，以阳光、空气和森林为主题的森林浴应运而生。森林浴在国外有多种称呼，如德国称之为"自然韵律疗法"（Natural rhythm therapy），前苏联叫做"芬多精（Pythoncidere）科学"，而法国则称为"空气负离子浴"（Negative zon shower），它指的是人们在森林中享受清新的绿色，呼吸洁净的空气和林中的负氧离子，达到疗养保健的目的。

1. 森林浴的疗养因子

森林浴的疗养因子包括森林中的植物杀菌素、森林洁净空气与氧气、空气负离子、森林洁净水、森林小气候环境和绿色的视觉环境等因素（详见第二章）。

森林小气候的形成有利于人体健康，特别是局部地方的小气候，其效果更加明显。森林小气候的形成是由于森林具有调节气候的作用，一般说来，森林对气候的调节作用主要表现在以下几个方面。

（1）调节气温作用　森林因蒸腾和光合作用，能吸收35%~70%的太阳热能，树木枝叶能阻挡返回20%~30%的大气热能，所以直接到达森林地面的热能仅有5%~20%。夏季森林内气温比空旷地区约低8~10℃，比城市气温低7~8℃。

（2）调节湿度作用　森林土壤含水分多，枯枝落叶覆盖地面，土壤疏松，阻滞了水分向大气蒸发，故森林内的湿度比林外高10%~26%，甚至高达40%。

（3）减少辐射作用　树冠如伞，可遮挡80%~95%太阳的热辐射，有利于保护皮肤，在炎热夏季可免受阳光中紫外线的侵害。

2. 森林浴需具备的基本条件

一是空气清新，不含有毒物质，无菌、无尘。二是绿树成荫，林中凉爽，气候宜人。三是林中小道或集中沐浴场具有松软的落叶层或地被物。四是树叶或树干能散发出各种杀菌物质。五是有鸟叫蝉鸣，并伴有溪间流水声，形成自然和谐的气氛。六是具有优美、秀丽的景色。

3. 森林浴的实施方法

森林浴可使多种自然因素作用于人体而发挥效应，包括登山观景、林中逍遥、荫下散步、闭目养神、瑜伽锻炼、打太极、练气功、推拉运动、仰天长啸及郊游野餐等广泛接触森林环境的健身活动，方法简单，容易掌握。根据森林状况及地理环境可灵活应用，进而取得健身和防治疾病的效果。进行森林浴最理想的时间是太阳辐射强、树木光合作用好的时候，而且森林中的气温、湿度等适宜人体的生理要求。

4. 实施森林浴活动注意事项

（1）每天的行浴时间以阳光灿烂的白天最为理想，一般为上午 11：00 较好。林间步行，上下爬动，尽量以微出汗，有疲劳感为最好。

（2）选择步行目标里程，走完 2 km 后尽量快步行走，速度要适中，要边走边与人正常交谈。

（3）置身于幽林深处，面对连接天际的壮丽森林或仰望千年巨木，敬畏之心油然而生，喜悦、神秘、悲伤等情感涌上心头，这是人与大自然的无声对话，这时候放松、自然的静思最舒松身心。每次以 2~3 h 为宜。

（4）着装以棉织料为宜，穿防滑运动鞋，做森林浴时，最好配合深呼吸运动，有利于吸入新鲜空气和树木的芳香物质，排出体内的浊气，使大脑和机体得到充分的休息。进行比较正式的森林浴时，要穿宽松的衣服，先在林中散步 10 min 左右，做深长舒缓的呼吸运动以增加肺活量。然后在机体适应的情况下逐渐脱去外衣，最大的裸露方式是穿短衣短裤，但要视情况而定。

（5）因林中见不到太阳，所以不宜全裸。行浴方式既可以采用卧于床上或躺椅上的静式森林浴，也可采用一般体育活动式的动式森林浴。

（6）在海拔 1 000~2 000 m 左右的山地行森林浴时，因山地风大气温低，对人体刺激大，生理反应也十分明显；在海拔 500m 以下的平原或丘陵地带的森林中行浴时，因平原林区的气候特点为风小，气温凉爽，空气中含氧量高，而且湿润宜人，对人体作用温和，所以适宜性较广泛。

（7）无论是山地森林还是平原森林，第一次行浴时间为 20 min，以后每次增加 5~10 min，随着次数的增加，逐步达到 60~90 min/次，1~2 次/d，1 个月为一疗程。

（四）芳香疗法（Aromatherapy）

芳香疗法是利用天然植物的芳香挥发油或精油，通过呼吸、敷涂、按摩、沐浴、室内设香、闻香等多种方式，促使人体神经系统受良性激发，诱导人体身心朝着健康方向发展，实现调节新陈代谢，加快体内毒素排除、消炎杀菌、保养皮肤等保健和祛病功能的方法。芳香疗法萌芽于古埃及等文明古国，在 20 世纪初，被法国工业化学家 Rene. Mauriee Gattefoss（盖特佛赛）正式命名。20世纪80年代，芳香疗法盛行于欧洲、美国及澳大利亚，趋于成熟并得到社会的认同。精油存在于植物的各个部分，可通过挤压、冷榨、蒸馏、萃取等方式提取得到。可作药用、食用、工业用等。芳香疗法用精油大约有300多种，常用的有薰衣草、迷迭香、罗勒、玫瑰、薄荷、檀香、广藿香、柠檬等。这些精油具有高度透皮渗透性和扩散性，可通过呼吸或皮肤吸收进入人体，对人体神经系统、消化系统、呼吸系统、皮肤、泌尿系统都存在着治疗和辅助治疗作用。

作为补充与替代医学中的一个重要门类，芳香疗法如今已成为祛病保健、调理情绪、增强活力、美容塑身的有效方法。我国很早就有了利用植物香气治疗疾病的方法，香薰文化和中医药文化一样源远流长，是中国传统文化的重要组成部分。在《神农本草经百种录》中就有对香气治病的论述，"香者，气之正，正气盛则除邪辟秽也"，说明芳香植物的清正之气，可以起到匡扶正气、祛除浊气的作用。古代洗拜菩萨、祭祀先祖、陛见皇帝等重要活动都要焚烧香料。民间流传端午节将艾叶、菖蒲插于门楣，悬于堂中的习俗，以辟秽除疫，杀灭各种虫害，减少夏季传染病的流行。此外，民间还广泛流传"佩香法"，即将芳香药物制成小巧玲珑的香囊随身携带，以达到芳香辟秽、防病治病的效果。明清时期，香薰的使用十分普及，当时的文人高士，多在书案上设有造型典雅的香薰盒，读书之时可以芳香醒脑，小姐老妪手中常捧一炉，内放香料，取暖的同时可以舒缓神经、怡情悦性。皇室贵族们常常把一些芳香植物制成丸剂等服用，从而使身体散发出香味，并能起到美容养颜、养生保健的作用，如曹雪芹的《红楼梦》中曾记载香疗方"冷香丸"、食用的玫瑰洁露、木樨清露等。清代宫庭的医药档案中有关芳香疗法的内容十分丰富，香发方、香皂方、香浴方、香丸方等药方，以及日用的香串、香瓶、香珠、香枕、香鼎、薰炉等芳香制品和工具，成为古代应用芳香疗法的生动写照。

现代芳香疗法也有具体的操作方案和环境要求，如配合舒缓音乐及轻柔按摩，使人视觉、嗅觉、听觉、触觉都得到享受，从而产生一种极佳的心理、生理反应。假设在对艾灸产生的烟雾的化学、药理、生理等方面研究的基础上，对现行灸法进行适当的改良，使艾灸的芳香治疗作用充分体现出来，将会促进艾灸疗法的推广和应用。

（五）食物疗法（Alimentotherapy）

森林食品是继有机食品、绿色食品、无公害食品之后，更直观诱人的可食林产品。森林食品具有无公害、纯天然、无污染、不可替代性以及营养、保健和医疗价值高的特点,未来将会以较快的速度得到全面的开发和利用。以医学科学理论为指导,特别是以中医理论主张药食同源为代表的森林食品,通过合理搭配食用,以期达到调理身体功能,预防与治疗疾病为目的的方法,称之为食物疗法。它是森林疗养中一个独具特色的方法与手段。

四、森林疗养的要素

(一)基于认证的森林疗养基地

森林疗养的环境载体应以森林自然环境为主,而非人工痕迹过重的造景或者展览馆式的陈列与堆砌。森林疗养基地的认定必须符合3条标准,即基于数据的医疗评价体系、软件方面和硬件方面都要达到标准。其中,软件方面包括文化、历史、饮食、温泉等;硬件方面包括森林本身的质量,住宿设施、医院、疗养路线等。同时,在森林疗养基地认定时还需要进行6项指标的测试,即交感神经活动(心率变动分析)、副交感神经活动(心率变动分析)、最高血压、最低血压、心率、皮质醇浓度(压力荷尔蒙)。通过测定以上6项指标,来评价森林环境的减压放松效果。目前,日本已经认定的森林疗养基地有60个,目前还有2个已经做了评价,等待审批。在日本的森林疗养基地内,除注有标识外,试验结果还会被绘成图,其中不但标注研究者姓名,还包括实验结果,让人一目了然。例如,进行的两晚三天的森林疗养,可以提高免疫活性;看森林景色时,可以减压等。目前,采用国际规

图 5-6　森林疗养基地
(摄于湖南省林业科技研究院未名森林康养基地)

范模式建设的北京松山自然保护区森林疗养基地已经进入评价阶段,有望在2017年4月,中国首个森林疗养基地将会诞生(图5-6)。

(二)医学证实的森林疗养课程

近年来,通过国内外的权威医学机构所做的森林疗养科研成果,构建了具有确定疗效的疗养课程。

(1)森林疗养课程因树而异　在心理层面,人们对树种的喜好有偏差;在生理层面,不同树种的健康功效也有所不同。现有研究证实,桉树、槐树、柏树产生的芬多精对杀灭结核、痢疾、白喉等病菌有效;白杆、白皮松、油松产生的芬多精能杀死96.2%以上的葡萄球菌和百日咳杆菌;栎类产生的芬多精对血液循环有良好的疏通作用,适合高血压患者和心脏病患者疗养。

(2)森林疗养课程因时而异　大部分森林季相变化较大,不同季节要安排不同的疗养课程。在生长季节,编制森林疗养课程时,可选择余地比较大。但是在冬季,也未必不能做森林疗养,白雪和树干能够带来另外一种体验。需要注意的是,在不同时期,树木芬多精的分泌量不同,一般春秋芬多精分泌量较小,而夏季芬多精分泌量较大。研究证实,低浓度芬多精对呼吸道疾病患者有治疗作用,而高浓度芬多精却恰恰相反,呼吸道疾病患者不宜在夏季分泌高峰期进行森林疗养。另外,肾病、缺血性心脏病患者也不宜在芬多精分泌高峰期进行疗养。

(3)森林疗养课程因人而异　每个人生活环境不同,身体对长期生活环境的适应和依赖程度也不一样。一定要根据体验者需求和身体状况编制森林疗养课程。例如,在高原缺氧地区生活的人,不能突然进行森林疗养,以免发生"氧中毒"。研究证实,尽管富氧环境能提高人体细胞新陈代谢能力、增强人体免疫力,但突然进入富氧环境并长期生活的话,会发生肺泡表面活性物质减少,引发肺泡内渗液,出现肺水肿、头昏、面色苍白、心跳加快等诸多问题。

针对不同的森林疗养适用人群,不同的身体调理需求编制个体化森林疗养课程,以达到保健、预防和治疗的最佳效果。

(三)合格的森林疗养师

森林疗养必须有一批具有一定的医学知识和心理咨询知识的个人健康顾问,即森林疗养师。日本从事森林疗养一线的工作人员有森林疗养师和森林向导之分。森林疗养师要懂得林学、心理学、保健学等综合知识,能够为客人提供向导之外的增值服务，考试难度也远高于森林向导。森林向导与普通导游差异不大，主要要求对当地社会和环境资源充分了解，并掌握应急处理技能。日本目前并未要求每个森林疗养基地有多少名森林疗养师和森林向导，但要求森林疗养师和森林向导在带客人之前，至少按照森林疗养菜单实际模拟3次。这决定了森林疗养师和森林向导只能为当地服务。由于不同地区的森林环境资源差异较大，所以各个地方政府都热衷于培养熟悉本地森林的疗养师和森林向导，疗养师是基地运行的灵魂，疗养师的水平直接决定着疗养的效果及市民对森林疗养的认可程度。

这就要求必须对疗养师进行严格的专业化培训，经过考核合格后方可上岗。我国疗养师的构成可以借鉴日本的做法，即培训疗养基地周边社区居民为森林疗养师，一是为社区居民提供就业机会，二是保障疗养师队伍的稳定，实现根据需要随时上岗。

五、森林疗养的适用人群

（一）儿童和青少年

对儿童和青少年主要开展的是森林教育（Forest education）。森林教育是指在林地环境里，为儿童或青少年提供亲身体验的机会，以此来培养他们自信心和自尊心的一种户外学习过程与实践。森林是幸福教室，大树是毫无保留的教师，花草动物是活的教科书，上课时还有小鸟鸣虫伴唱。不仅如此，森林也有包容度和同情心，能够平复孩子所受到的伤害。利用森林教育来平复心理创伤，孩子们把森林称为"能给予幸运的福袋"。针对犯有孤独症、多动症、厌学、手机控、游戏迷等的孩子可以进行森林教育。森林教育颠覆了传统教学中过分灌输学科知识而忽视孩子实践的理念，它注重让孩子从直接经验中获取知识，并在此基础上整合学科知识。1840年，德国教育家弗里德里希·福禄贝尔（Friedrich Froebel）创办了世界上第一所幼儿园，他一向主张，孩子们应该在大自然中玩耍。森林幼儿园的兴起正是对福禄贝尔的教育主张的回归（图5-7）。

图 5-7 森林教育

（本图片来自 http：//blog.sina.com.cn/s/blog）

　　森林教育实质上就是对青少年进行的生命教育。它给予孩子们亲身经历、用感官去亲近大自然，呼吸到城市中难以寻觅的新鲜空气，怀抱绿色丛林带来的自由之感，从而激起他们保护自然、热爱自然，尊重生命之心。让孩子们在无约束的情况下，给予他们大胆进行思维创新的勇气，认识到只有靠自己双手创造出的事物、成功才是最有价值、最具说服力的。让孩子们在与伙伴以及老师互动的过程中，培养他们的团队协作和互帮互助的精神，以及感受到来自别人的爱和学会如何爱别人，如何热爱生命与懂得珍惜自己。让孩子们在实践中认识和了解大自然，从对于一草一木的好奇和探索拓展到对于世界乃至宇宙的探索，从认识一朵花的生长至凋谢引申到对一个人生老病死的认识，理解生与死的意义。对于孩子成长起着引导作用的父母、教师等相关人士该如何带领孩子亲近大自然，获取更全面的知识，这是值得我们思考、关注和实施的问题。这就需要家庭教育、学校教育与社会教育相结合，从低年级到高年级设置不同级别的户外教育课程，遵循以人为本、可持续发展的原则，让教育回归自然。

(二)亚健康人群

亚健康人群是森林疗养最适合人群。中国医学专家指出,目前中国"亚健康"人群比例达70%。亚健康是指非病非健康的一种临界状态,是介于健康与疾病之间的次等健康状态,故又有"次健康""第三状态""中间状态""游移状态""灰色状态"等称谓。世界卫生组织将机体无器质性病变,但有一些功能改变的状态称为"第三状态",我国称为"亚健康状态"。处于亚健康状态的人,通常没有器官、组织、功能上的病症和缺陷,但会有自我感觉不适、疲劳乏力、反应迟钝、活力降低、适应力下降等,经常处在焦虑、烦乱、无聊、无助的状态中,感觉活得很累。如果这种状态不能得到及时的纠正,非常容易引起身心疾病。

白领阶层是亚健康状态的主要人群。紧张的工作和生活的压力,造成白领阶层人士生理与心理的双重疲劳,所以,白领阶层是亚健康状态的主要人群。据我国一项专题调查显示,北京市高级职称的中年知识分子中,竟有高达75.3%的人处于亚健康状态。更令人担忧的是,有85%以上的企业管理者处于慢性疲劳状态或亚健康状态,这是由他们所处的特殊工作、生活环境和行为模式所决定的。白领阶层社会生活节奏快、心理压力大,面临着都市生活的繁杂,人际关系的复杂,难以避免的风险,意料不到的挫折,环境质量的恶化,生活没有规律,特别是吸烟、酗酒、暴饮暴食、缺乏必要的运动,使很多人陷入亚健康状态。这类亚健康人群通过森林疗养,可以最大限度消除亚健康状态,恢复到人类正常健康状态。

(三)病体康复群体、慢性病患者

目前,患有肥胖、高血压、高血脂、高血糖、心脑血管疾病等慢性病的人越来越多,并且年轻化趋势明显,疾病本身及疾病带来的并发症,严重威胁着人们的健康和生命。随着经济发展,人们生活条件改善。因营养保健知识及习惯爱好,使生活方式和饮食习惯发生了很大变化,选择余地加大,加上营养不均衡,使相关慢性病迅速发展。多年的疾病治疗证明,仅靠简单的药物治疗对这些病显现出无能为力,只暂时解除病症,并不能控制疾病发展。致使患者病情无法控制、用药不断增加,并发症出现,造成致残、致命,严重降低了患者生存质量和寿命。这些特殊慢性病患者及需要康复的患者适合到森林疗养基地,利用森林的疗养功能进行有效的辅助替代治疗。

(四)老年人

老年人全身的组织和器官都有不同程度的老化和功能减退,生活自理能力下降，伤病也多，常常多病共存。老年人的伤病往往比年轻人病情复杂，病势沉重，病程迁延，并容易致残。因此，解决"病而不残，伤而不残，残而不废"的康复医学、森林疗养，对生理能力下降的老年人和伤病老年人至关重要。在人口老龄化的当代，老年人的康复医疗日益受到重视。老年人康复的内容与一般的康复医疗相同，在实践中要注意老年人的特点。

老年人森林疗养的主要目的在于恢复年迈体衰者及因伤、病致残老年人的日常生活活动能力，提高生活自理程度，减少发生久病卧床和老年性痴呆的机会，力争重返社会。职业康复在老年人中并不重要。凡有明确的残疾或功能障碍、慢性病以及年迈体衰者，均适应于康复医疗、森林疗养。对年迈体衰者的康复大部分属于预防性康复处置，即通过卫生教育、健康管理增强老年人体质，以减少伤病。伤病后尽早开始康复医疗对老年人同样适用。如无并发症的急性心肌梗塞病人，发病第二天即可活动肢体，几天后就可下床。早期进行康复医疗者与传统的长时间卧床休息者相比，不但恢复得早，后遗症少，而且有助于心理恢复。

六、森林疗养的发展趋势

据资料显示，森林疗养最早起源于上世纪早些时候的德国，此后由于其特殊功效，被人们逐渐接受并得以普及。自20世纪80年代以来，日、韩、美、欧洲部分国家等纷纷调整森林经营模式，根据各自的特点，寻求森林生态、经济和社会效益的平衡点和增长点，纷纷将森林疗养作为林业提质增效和转型升级的重要抓手，将其作为提高国民福祉、民族整体健康水平和生活质量的重要手段和措施，并且成为了本国国民的一种福利。因此，无论是世界的发展趋势还是国外的研究结果和实践均已充分证明，森林疗养将成为未来国际社会发展的主要方向和动力，是目前乃至今后相当长一个时期林业发展的最高境界，既可使森林的社会、生态效益得以充分提升，更可以最大程度地彰显森林的经济价值和生态服务价值。

中国自古以来就清楚地认识到了森林的疗养、医药、卫生、保健功能。秦汉时期高人雅士的隐居实际上就是一种心理和肌肤的治疗，通过山水、森林的作用抚慰人的心理和肌肤创伤。历朝皇家行宫别苑均建在风景秀丽、森林茂密之处，就是利用森林的优美环境调养身心，恢复体力与健康。因此，森林疗养对我们并不只是一个概念和现代技术、模式的引进，其实践早已有之。中国共产党第十八次全国代表大会提出的生态文明建设五位一体架构、全面建成小康社会的目标为我们进一步明确了方向,全国人民都在努力为实现伟大复兴的中国梦而奋发图强。森林疗养就是生态文明建设和全面建成小康社会的具体体现和实践,是服务党和国家工作大局与中心任务的重要抓手,完全契合伟大中国梦的实现。

当前我国已经进入了城镇化快速发展时期,全国城镇人口比例超过人口总数的一半以上。然而由于我国目前所处的发展阶段,经济发展与环境保护处于矛盾状态。据世界卫生组织的统计资料显示,全球处于亚健康状态的人超过60%,而我国随着经济的快速发展,相当部分人群已经出现了精神紧张、压抑、烦躁、高血压、高血脂等亚健康症状。不仅如此,按照民政部的标准,2014年底,我国65岁以上老人为1.375亿,占10.1%。预计2020年将突破2.43亿,2025年将达到3亿。因此,森林疗养将是改善和解决这些问题的良方,并为这些事业的进一步发展带来生机。就中国林业而言,我们适时地提出了大力发展"生态林业、民生林业"的号召,而森林疗养就是生态林业、民生林业的具体体现。

我国森林资源丰富,而森林疗养则是以优质的森林资源和不破坏森林植被为先决条件,以因地制宜为基础,以充分保持和发挥森林植被和环境功效为前提,以适度的人工设施为辅助,以科学缜密的医疗监测数据为依据,以健康的衣食住行为保障,以亚健康、老年人和病体康复人群为主要目标群体,以城镇居民为主要服务对象。由于森林中对人体有益物质和成分的作用,使人体的生理和精神发生很大甚至是质的变化,从而达到防病治病、缓解压力、修身养性、解除疲劳、康体健身、益寿延年的目的。

当前我国的人均国民生产总值已经从1982年改革开放初期的360美元提高到2014年的7 485美元,大家在满足衣食住行以后,已经开始考虑如何提高自己的生活质量和水平,并舍得拿出闲置的钱用于观光旅游消费。据有关资料统计,仅今年的春节假期,我国出境游客500多万人,消费1 400多亿元。然而就目前发达国家的情况来看,其观光旅游已回归理性,在本国以游玩性质的观光旅游已不多见,取而代之的是赴国外深度游,国内则以休闲养生、森林游憩、森林疗养为主。与国外相比较,我国的旅游大都还停留在游山玩水、逛景点、购物的初级阶段,这虽与我国的节假日过于集中有一定关系,但也表现出大家在解决温饱、生活相对安逸以后,希望走出去看看外边世界的心情。实际上,我国的旅游业发展已经呈现出由人文旅游为主向自然、生态旅游转移的趋势,据2013年数据显示,全国约1/4旅游收入、约1/5的旅游人数是由森林旅游贡献的，而且还有进一步上升的势头。随着我国经济的快速发展，已经给百姓特别是城市居民的生活带来了一些负面影响，如雾霾、$PM_{2.5}$、饮水安全、食品安全等，因此百姓已经开始关注健康和养生，越来越多的人感受到了森林对其健康的作用。他们自发、主动地进行着与森林疗养相关的活动，有众多的、特别是身患疾病的个体通过在森林中的活动，使自身疾病得到了改善、控制甚至治愈，只是大多数人还只知其然，不知其所以然。因此，只要我们坚定信念、引导得力、完善设施、优化环境，让了解并且亲眼目睹、亲身体验到森林疗养的益处。

目前，国家林业局已将森林疗养作为今年乃至今后的重点工作。森林疗养在我国不仅是一项新兴的事业，还是一项新兴的产业，不仅是新常态下我国林业改革的创新模式，更是"十三五"国家和林业发展目标的最佳切入点。国家林业局以促进第三产业发展和我国经济转型升级为着眼点，将森林疗养与林业"十三五"规划有机融合，为促进我国生态经济绿色发展做出林业人应有的贡献。

在我国森林疗养尚属新生事物，目前国家在森林疗养方面尚未出台相关的政策，但在国务院已经颁布实施的《关于促进健康服务业发展的若干意见》《关于进一步促进旅游投资和消费的若干意见》等文件中已有所包含；有关养老等的政策和措施中都涉及了森林疗养的内容，在推进国家公园建设中也会出台相应政策；就林业而言，正在实施的一系列林业政策，如天然林保护、自然保护区建设、森林公园建设、林业产业等都与这项工作有关。我们一方面要争取新政策，同时把握好现有政策，为这一新兴产业发展做好政策保障。森林疗养无论理念还是技术、模式，就中国而言其切入点都离不开国际合作，在未来一段时间内，林业国际合作将会以独特的视角审视我国森林疗养事业的发展，同时与国际社会的相关机构和组织开展合作，努力推进我国森林疗养事业健康、有序的发展，并为我国森林疗养事业建设提供试验样板和试点示范。转变经济发展模式、调整优化产业结构、推动创新驱动发展是我国提高经济综合竞争力、保持可持续增长的关键举措。而森林疗养正是在这关键的时间节点出现的一个充满活力的新型产业，如何进行专业化运营是核心问题之一。森林疗养事业和产业正在中国兴起，未来虽任重道远，但前景光明灿烂。森林疗养产业能够走向新的发展阶段，并为建设生态文明、打造美丽中国、实现中华民族伟大复兴的中国梦做出新的更大的贡献。

第二节 森林疗养对不同人群的作用

现代医学认为，影响人群健康的诸多因素中，环境因素起重要作用。强调人体与自然环境和社会环境的统一，强调健康、环境与人类发展问题不可分割，保持自然环境与人类的和谐，对维护、促进健康有着十分重要的意义。中医著作《黄帝内经》指出人体所处的环境对人体健康有相当的影响力，且古代风水学理论表明最佳人居环境的条件之一便是"背山临水""依山傍水"。森林中疗养、保健资源丰富，森林中的各类自然疗养因子对不同人群发挥的作用不同。因此，要善于利用其差异针对不同群体采取相应的森林疗养方法，发挥其对人体的积极的保健作用。森林疗养对维持人体生理健康与心理健康的作用在第三章已详述，本章主要介绍森林疗养对亚健康人群、慢性病患者、老年人群的作用。

一、森林疗养对亚健康人群的作用

随着社会文明程度的提高和医学水平的发展，健康问题越来越受到人们的关注。进入20世纪以来，国际医学界在人类健康领域产生了一种新思维，"亚健康"这一概念应运而生。在这个新生的医学领域里，实验证明，森林疗养可以凭借其自身优势而扮演重要角色，对亚健康状态有很好的康复作用。

(一)亚健康状态概述

亚健康状态是指机体虽无明确的疾病，却呈现人体活力减退、反应能力降低、适应能力下降、生理功能减弱的状态。是个体介于健康和疾病之间的一种状态，临床检查无明显疾病，但机体各系统的生理功能和代谢过程活力降低。它是一种动态的过程，又是一个独立的阶段。处于该状态的个体虽然还未患病，但已有不同程度的各种患病的危险因素，具有发生某种疾病的高危倾向。发生亚健康状态既可因为心理、生理和社会三方面因素失调而导致机体神经系统、内分泌系统和免疫系统整体失衡、功能紊乱，又可由生活条件、工作压力、环境变化等多种因素的影响所致。

一般认为，亚健康的发生与下列因素有关：一是心理因素，因为理想没能实现、追求没有结果、工作开展不顺、能力不被认可等原因而感到心力交瘁、对工作生活兴趣减退，从而导致心理性亚健康状态。二是生理因素，因为紧张的工作节奏、过重的工作负荷、倾斜的生活方式等导致机体生理平衡状态的紊乱，使机体抵抗力下降、生理功能减退。三是环境因素，环境污染、生态失衡、交通拥挤、嘈杂不安等因素导致的心境不宁、心慌意乱。四是社会因素，市场经济条件下，各种社会关系越来越复杂，社会竞争形成的危机感、风险感、失落感，人际冲突造成的紧张情绪，家庭关系不和使人精神或体能呈超负荷紧张状态，长期的社会压力造成机体机能下降以至生理机能退化。五是不良生活和行为方式，不良生活方式主要为不良饮食习惯、精神紧张、吸烟、酗酒及运动减少或不当等。不良饮食习惯使内分泌、激素分泌不正常，营养不均衡及偏食、节食等，造成人体营养素的缺乏和肥胖及机体的代谢功能紊乱，都是导致亚健康状态的重要因素。现今社会交通发达，出门多以车代步，人们长期忽视体育锻炼，缺乏运动，导致体质下降、疾病增多。过度娱乐使大多数人习惯熬夜、睡眠不足，导致亚健康的产生和迅速蔓延。

亚健康状态的表现多种多样，具体可分为四个方面：一是精神心理方面，可表现为精神不振、情绪低落、抑郁寡欢或急躁易怒、反应迟钝、失眠多梦或嗜睡、记忆力减退、注意力不集中、烦躁、焦虑等。二是生理方面，表现为疲劳乏力、头昏头痛、心慌心悸、胸闷气短、食欲不振、腰腿酸痛、性欲减退、抵抗力差等。三是社会适应能力方面，表现为不能较好地承担相应的社会角色、工作学习欲望低、人际关系紧张、家庭不和谐等。四是过劳死，过劳死是各种亚健康状态恶化到一定程度的最严重后果。

(二)森林疗养对亚健康人群的作用

根据亚健康状态的发生原因和特点，医学专家认为，森林疗养应该是干预和解决亚健康状态的最佳方法之一。亚健康状态主要是因为心理压力、工作压力、环境压力等多方因素引起的一种疲劳状态，缓解疲劳首先就需要休养，而休养的最佳方法是首选森林疗养。

1. 森林疗养环境对亚健康人群的作用

森林疗养院一般位于奇峰密林的山谷，树木花草茂盛，拥有排除各种诱因、缓解各种压力所需要的优越的自然条件。当代人们几乎整日奔波和栖息于拥挤的钢筋混凝土空间，很难找到一个幽静空旷的场所，而森林疗养院占地面积比较大，且地理位置优越，森林茂密，树种繁多，植被丰富，环境幽雅，并有保持完好的原生态环境和优雅的人文景观，大面积覆盖的山林和多品种的花草树木，只要身临其境，就足以使人远离尘世的喧嚣和压力，从源头上消除了亚健康状态的诱因。

据研究证实，在森林环境中疗养可以使人从紧张的压力、恶劣的环境氛围之中解脱出来，进而平抚心境、愉悦心情，放松紧张的神经，达到解除心情疲劳、缓解心理压力之功效；同时美丽的景观环境可使神经系统紧张状态得到调节，使焦虑、烦躁、忧伤、悲观或苦闷的心态趋于平复，使得大脑皮质唤醒水平下降，交感神经系统兴奋性下降，机体耗能减少，血氧饱和度增加，血红蛋白含量及携氧能力提高，肌电、皮电、皮温等一系列促营养性反应加强，这些对亚健康状态的康复都起到了很好地调节作用。

森林中气温、气压较低而平稳，日变化较小，湿度大，空气清新，氧含量高，空气负离子浓度高，宜人的气候能使人情绪愉悦、精神振奋，从而对中枢神经系统起到良好的镇静作用，也对亚健康状态的康复起到很好地调节作用。

2. 森林中自然疗养因子对亚健康人群的作用

森林疗养地有丰富的自然疗养因子，各种疗养因子作为物质、能量、信息作用于机体，机体内环境与外环境之间不断进行交换，使机体适应各种外环境的改变而提高抵抗力，对紊乱的内环境进行调整，而促进机体逐渐恢复正常、有序，从而防病治病，对亚健康状态的恢复起到良好的调节作用。

（1）空气负离子　森林中具有较高的空气负离子水平，对人体健康有着积极作用。空气负离子能调节神经系统功能，使神经系统的兴奋和抑制过程正常化，能加强新陈代谢、促进血液循环，也能促进人体内形成维生素及贮存维生素，还可以使肝、肾、脑等组织的氧化过程加速以提高其功能，能使气管壁松弛，加强管壁纤毛活动，改善呼吸系统功能。这些都有助于缓解亚健康状态。

（2）植物挥发物　树木在其生理过程中会释放出大量的挥发性物质——叫"芬多精"。研究表明，侧柏植物挥发物有镇静、降压作用；丁香花香有健脑、预防疾病的功能；茉莉的香味有使人清醒、觉醒的功效；沁人心脾的桂花能增强人体记忆力、缓解压力；春黄菊油能使人心情愉悦；纯松树林的挥发物使人感到舒适；柠檬香可让人镇静、清醒；迷迭香和台湾扁柏挥发的芳香物则使人注意力集中，提高学习工作效率，少量的萜烯类物质则使人减缓疲劳。亚健康状态的人们，在森林中游憩，吸入植物挥发物"芬多精"，有些能使人愉快，缓解压力，有些能使人安静、集中注意力，有些使人镇静、感到舒适，这些改变均有利于亚健康状态的缓解和恢复。

（3）绿视率　森林通常具有很高的绿视率，绿色的森林环境可以使人体的紧张情绪得到稳定，使血流减缓，呼吸均匀，绿色给人体带来舒适感，给人以凉爽、清新、有活力、振奋的感觉，使心理活动也会处于最佳状态。这些有利于减轻或消除亚健康状态的精神心理及生理方面的症状，促进亚健康状态的缓解和恢复。

3. 各种森林疗养活动对亚健康人群的作用

（1）劳动疗法　劳动疗法有助于减轻或消除亚健康人群的心理社会方面的症状。森林疗养中的劳动疗法，跟国外的园艺疗法相似，就是专门利用植物栽植、植物养护管理等园艺体验活动对不同人群进行心理疏导和调整工作。从目前国内外研究来看，园艺疗法对人们心理的影响主要表现在以下几个方面：第一，可以消除不安心理与急躁情绪。在绿色环境中散步眺望，能使病人心态安静。第二，可以增强忍耐力和注意力。园艺的对象是有生命的树木花草，在进行园艺活动时要求慎重并有持续性，长期进行园艺活动无疑会培养忍耐力与注意力。第三，可以通过植物张扬气氛，进而影响人的心情。一般来讲，红花使人产生激动感，黄花使人产生明快感，蓝花、白花使人产生宁静感。鉴赏花木，可以刺激、调节、松弛大脑。第四，可以帮助病人树立自信心。自己培植的植物开花结果会使劳作者在满足内心需要的同时增强自信心，这样可以使亚健康状态的人们树立自信心。第五，可以使人增加活力。投身于园艺活动中，能使人忘却烦恼，产生疲劳感，加快入睡速度，起床后精神更加充沛。这些都能有助于亚健康状态的人们减轻或消除心理方面的症状。

（2）拓展训练　森林中的拓展训练，是通过林中的集体活动，以同伴间相互影响的方式，实现个人成长，如登山、露营野餐或做"不倒森林"等游戏（图5-8）。在森林中一同游憩和观赏，在游玩中进行交流，可以促进家庭和睦，也可以使朋友之间的友谊得到升华。同时在拓展训练各种活动中，还能结识新朋友，拓展交际和朋友圈，提高团队精神和社交能力，有效改善内部人际关系。这样可以减轻或消除亚健康状态人们在社会适应方面的症状。

（3）其他森林疗养形式对亚健康状态人群的作用

①运动疗法。安排亚健康状态人们每天在空气清新、富含负离子的森林疗养地进行慢跑、骑车、爬山、打球或练气功、太极拳等有氧运动，每次30~60min，每日2次；这些疗法对亚健康状态具有良好的干预作用，对祛除疲劳、改善不适症状及调整心理状态有益。

②食物疗法。以科学搭配本地食材为原则的食物疗法为基础，结合中医的辨证施治观点，制定适合不同亚健康个体生理需要的疗养膳食，也可达到

图 5-8　集体做"不倒森林"游戏
（本图片来自 http：//www.cpgroup.cn）

健脾益胃、静心养神的效果，有利于亚健康状态的缓解和恢复。

研究证明，优美的景观、适宜的森林气候、综合运用森林中的自然疗养因子及各种森林疗法，可以消除紧张感、缓解心理矛盾、增强社会适应能力，改善人体各系统机能，促进新陈代谢和增强免疫力，使亚健康人群的不适症状消失，亚健康状态基本控制，各项血液异常指标均有明显改善，表明森林疗养对亚健康状态有很好的康复作用。

二、森林疗养对慢性病患者的作用

（一）慢性病概述

慢性病（Chronic disease）全称是慢性非传染性疾病，不是特指某种疾病，而是对一类起病隐匿，病程长且病情迁延不愈，缺乏确切的传染性生物病因证据，病因复杂，且有些尚未完全被确认的疾病的概括性总称。慢性病病程长，易出现并发症，且有阶段性。

常见的慢性病包括以下疾病：一是心脑血管疾病，如高血压、冠心病、慢性心衰、脑卒中等；二是恶性肿瘤；三是代谢性异常，如糖尿病；四是精神异常和精神病；五是遗传性疾病；六是慢性职业病；如矽肺、化学中毒等；

七是慢性呼吸系统疾病，如慢性支气管炎和肺气肿、慢性肺心病、慢性阻塞性肺疾病等；还有其他类型的慢性病。

世界卫生组织（WHO）调查显示，慢性病60%的发病原因取决于个人的生活方式，同时还与遗传、医疗条件、社会条件和气候等因素有关。在生活方式中，膳食不合理、身体活动不足、使用烟草和酒精习惯是慢性病的四大危险因素。

慢性病的危害主要是造成脑、心、肾等重要脏器的损害，易造成伤残，影响劳动能力和生活质量，且医疗费用极其昂贵，增加了社会和家庭的经济负担。《中国疾病预防控制工作进展（2015年）报告》称慢性病综合防控工作力度虽然逐步加大，但防控形势依然严峻，其中，脑血管病、恶性肿瘤等慢性病已成为主要死因，慢性病导致的死亡人数已占到全国总死亡人数的86.6%，此前为85%，而导致的疾病负担约占总疾病负担的70%。

（二）森林疗养对高血压病患者的作用

高血压病（Hypertensive disease）是以血压升高为主要临床表现的综合征，我国将高血压定义为收缩压≥140mmHg和（或）舒张压≥90mmHg。收缩压≥140mmHg和舒张压<90mmHg单列为单纯收缩期高血压。按血压水平将高血压分为1、2、3级，1级高血压（轻度）是收缩压在140~159mmHg和（或）舒张压在90~99mmHg；2级高血压（中度）是收缩压在160~179mmHg和（或）舒张压在100~109mmHg；3级高血压（重度）是收缩压≥180mmHg和（或）舒张压≥110mmHg，且当收缩压和舒张压分别属于不同级别时，以较高的级别作为标准。

高血压病是常见的慢性病之一，也是心脑血管病最主要的危险因素，可导致脑卒中、心力衰竭及慢性肾脏病等主要并发症，严重影响患者的生存质量，给国家和家庭造成沉重负担。临床上有效地控制血压对预防和降低心、脑、肾并发症的发生有非常重要的意义，高血压病目前仍以药物治疗为主，但非药物治疗越来越受到人们重视。

据研究证实，疗养因子对高血压病具有良好的治疗作用，可降低患者血压，预防并发症，减少药物副作用，改善患者的生存质量。

高血压病患者的疗养指征：无严重心、脑、肾并发症的稳定期高血压病患者，以及缓进型高血压病1、2级（轻、重度）患者均可以进行森林疗养。

1. 森林疗养对高血压病的作用机理

（1）森林疗养地优美的景观使人使人心旷神怡，花草遍布，绿树成荫，有益于协调和平衡神经系统的兴奋和抑制过程,有利于血压的调整。

(2)森林中富含氧,可减慢心率,增加心脏功能和降低血压。含有足够负离子的新鲜空气可提高呼吸系数,促进氧的吸收,增加二氧化碳的排出,降低血粘度,扩张血管和降低血压。负离子还能降低胆固醇,增加血钙含量,降低血糖。

(3)森林中的树木成长过程中释放的挥发性物质,可杀灭空气中多种病原菌,另外树木散发的清爽芳香性气味,作用于机体植物神经系统,可以产生安神、镇静作用,并能调整神经反射,达到扩张血管,降低血压的作用。

(4)森林中适当的运动,如散步、医疗保健操等有氧运动,可有效地提高心血管系统的功能,使血管扩张,血流改善,心肌能量利用改善,血压降低,可以有效地协助降低血压,减少降压药物使用量及靶器官(心、脑、肾)损害,提高体力活动能力和生活质量,也是高血压治疗的必要组成部分。

(5)气功、太极拳等祖国传统运动疗法及散步、球类等运动疗法有助于强身健体,减轻或控制体重,调整糖、脂代谢,可以改善心肌血液循环,增强心肌代谢,使心肌能量利用得到改善,心肌收缩力增强,血管扩张,不仅血压下降,而且还有明显降低心率的作用,有利于降低心血管疾病的发生率。

(6)通过心理疗法和景观疗法,如舒适的环境、规律的起居及音乐疗法等对感官的刺激,在人体的中枢神经系统中建立起大自然优势灶,从而抑制病理兴奋灶。

上述综合森林疗养因子有助于调节大脑皮质功能失调,降低外周去甲肾上腺素的神经递质水平,从而降低血压,促进并维持身体内环境平衡,使紊乱的神经系统特别是交感-肾上腺系统和迷走胰岛素系统功能恢复,从而提高心血管功能,使血管扩张,血压下降,减少心脑血管疾病的发病。研究显示,森林疗法对轻、中度高血压有非常显著的治疗作用,有效地减少或避免了药物降压的诸多副作用,提高了患者的生活质量。

2. 高血压病在森林疗养期间的一般疗法

(1)空气浴(森林漫步)　9:00~10:00和16:00~17:00在森林疗养区林中步道散步,可以有效地吸收森林中的自然疗养因子,要求速度适中,四肢放松自然摆动,行走状态从短距离慢速度开始,以后可逐渐延长距离并加至中速,一般不宜快速(每分钟多于100步),每日1~2次,每次15~20min,以后逐渐延长至40~60min;活动时最高心率保持在(170-年龄)次/min。

(2)生活方式调节和景观疗法　舒适优美的疗养环境,起居规律,保证充分睡眠等可消除影响血压波动的有关因素,适当安排一些有益于身心健康的活动,如钓鱼、书法、绘画、打牌、下棋等文体活动。

(3)运动疗法　每天进行太极拳、太极剑、八段锦、气功等传统体育运动,20~30 min/次,1 次/d;运动宜以中等偏慢速度或有节律活动为宜,不宜做头低于心脏水平的动作,不宜跳跃、快速旋转,不做负重活动,以免憋气等,防止反射性血压升高。

(4)食物疗法　宜予以低盐、低脂、低胆固醇饮食。多食蛋白较高、脂肪较少的禽类和鱼类,同时科学地搭配林地的中药食材,药食同源,有针对性地进行食疗。

(5)心理疗法　通过森林疗养师有针对性地运用移情易性、森林冥想、生物反馈疗法等方法,给疗养员进行个体化的心理疏导。

(6)药物疗法　对 2、3 级高血压患者还要选择适当的降压药物。

(三)森林疗法对冠心病患者的作用

冠心病(Coronary heart disease)是指冠状动脉血管发生粥样硬化病变而引起血管腔狭窄或阻塞,造成心肌缺血、缺氧或坏死而导致的心脏病,它和冠状动脉功能改变(痉挛)一起,统称为冠状动脉性心脏病,简称"冠心病"。世界卫生组织将冠心病分为 5 大类。一是隐匿型冠心病(无症状性心肌缺血),病人无症状,但静息或负荷试验后有 ST 段压低、T 波降低或倒置等心肌缺血的心电图改变,病理学检查心肌无明显组织形态学改变。二是心绞痛型冠心病(心绞痛),发作性胸骨后疼痛,为一过性心肌缺血不足引起,病理学检查心肌无组织形态改变或有纤维化改变;一般经休息和含服硝酸酯制剂(硝酸甘油片)可以缓解。三是心肌梗死型冠心病(心肌梗死),由冠状动脉闭塞致心肌急性缺血坏死所致,表现为持久的胸骨后剧烈疼痛,经休息和含服硝酸甘油不能缓解。四是心力衰竭型冠心病(缺血性心肌病),为长期心肌缺血导致心肌纤维化引起,表现为心脏扩大、心力衰竭和心律失常。五是猝死型冠心病(猝死),因原发性心脏骤停而猝然死亡,多为缺血心肌局部发生电生理紊乱,引起严重心律失常所致。

冠心病的疗养指征:近期内无频繁心绞痛发作,无严重心律失常,心功能基本正常者;患心肌梗死后 6 个月以上病情稳定者;安装永久性人工心脏起搏器而无并发症者。

1. 森林疗养对冠心病患者的作用机理

（1）森林疗养地一般风景秀丽，气候温和，森林覆盖面广，环境无污染，是产生负离子的有利条件，含有足够负离子的新鲜空气对人体具有良好的治疗价值。负离子可提高呼吸系数，促进氧的吸收，增加二氧化碳的排出，降低血粘度，改善心功能及心肌营养不良状况，扩张血管和降低血压。负离子还能降低胆固醇，增加血钙含量，降低血糖。这些都有利于冠心病患者的康复。

（2）森林中的树木生长过程中释放的挥发性物质"芬多精"，可杀灭空气中多种病原菌，另外，树木还可散发出清爽的芳香性气味，作用于机体植物神经，产生安神、镇静作用，并能协调神经反射作用，可减少心肌耗氧量和减轻心脏负担，这些可有效消除冠心病的症状、减少并发症的发生。

（3）适当的体育活动，可扩张冠状动脉、促进侧支循环的形成，增加心肌供氧量，提高心肌利用氧的能力，降低心肌耗氧量；同时可以减肥、降血脂、降低血黏度；这些都能减少发生冠心病的危险因素及延缓并发症的发生。

（4）社会心理应激与行为因素在冠心病中起明显作用，心理治疗方法很多，森林疗养过程中选用行为治疗（矫正疗法）、音乐疗法及安排舒适环境，减少不良刺激的方法，通过调节内环境的平衡，从而达到抗心律失常和改善心肌缺血的目的，有利于冠心病患者的康复。

研究结果显示，森林疗养对冠心病患者有明显的治疗效果，可有效消除心绞痛、胸闷、心慌等症状，减少发作次数；可明显改善心肌缺血，抗心律失常效果明显，表现为 ST－T 恢复正常，或 ST 段缺血性压低回升 1 mm 以上，早搏消失或偶发；同时可以减肥、降血脂、降低血黏度、改善心功能及心肌营养不良状况，减少了发生冠心病的危险因素。总之，冠心病患者不应只偏重药物治疗，综合利用各种森林疗法和自然疗养因子，可促进冠心病患者的康复，减少并发症的发生。

2. 冠心病患者在森林疗养期间的一般疗法

（1）空气浴（森林漫步）　上午日出后和傍晚日落前在森林疗养区附近空气新鲜的盘山道、花园旁散步，散步的速度根据病人的具体情况而定，体质较差的以每分钟 60~80 步的速度平地散步，体质较好的可每分钟增加 20~30 步，或增加一定的坡度（5°左右），每次 30min，上午和傍晚各 1 次。

（2）运动疗法　运动疗法以练太极拳、健身操、气功等方式进行。每日 1~2 次，每次 10~60min，可逐渐增加时间，以防运动后引起不适。心率较运动前增加 10~20 次/min 为正常反应。太极拳可根据身体条件做简化太极拳或繁式太极拳，可练全套，也可练半套。健身操只能做简易操，呼吸自然，节律平稳，避免屏气。

（3）膳食疗法　所有冠心病疗养者均宜予以低盐、低脂、低胆固醇、富含纤维素饮食，每天吃富含钾、钙、维生素的新鲜蔬菜水果，同时科学地搭配林地的中药食材，药食同源，有针对性地进行食疗。

（4）心理疗法　一是保持病人疗养房间整齐、安静、舒适，合理安排生活，保证睡眠充足，减少不良刺激；二是让病人欣赏旋律优美的音乐，每日 1 次，每次 30min；三是让病人参加文娱活动、参观、游览等，使疗养者保持良好的情绪；四是对病人进行有关冠心病的知识宣教，详细讲解行为因素对冠心病的不良影响及其矫正措施，视冠心病患者情况每周 1~2 次，每次 30~60min。

（5）药物疗法　所有冠心病疗养者在疗养期间停用一切影响血液流变学及血脂的药物，按常规备用急救药盒，在必要时仍需服用相应的治疗药。

（四）森林疗养对慢性心衰患者的作用

慢性心衰（Chronic heart failure）即慢性心力衰竭，是多数心血管疾病的终末阶段，也是最主要的死亡原因。慢性心衰是由于慢性心脏病变和长期心室负荷过重，以致心肌收缩力减弱，导致心室充盈和（或）射血能力低下（心室血液排出困难，静脉系统瘀血，而动脉系统搏出量减少，不能满足组织代谢需要）而引起的一组临床综合征。特定的症状是呼吸困难和乏力，特定的体征是水肿，这些情况可造成器官功能障碍，影响生活质量。

根据心力衰竭的严重程度通常采用美国纽约心脏病学会的心功能分级方法，分为四级：Ⅰ级：患者有心脏病，但日常活动量不受限制，一般体力活动不引起过度疲劳、心悸、呼吸困难或心绞痛；Ⅱ级：心脏病患者的体力活动轻度受限制，休息时无自觉症状，一般体力活动引起过度疲劳、心悸、呼吸困难或心绞痛；Ⅲ级：患者有心脏病，以致体力活动明显受限制，休息时无症状，但小于平时一般体力活动即可引起过度疲劳、心悸、呼吸困难或心绞痛；Ⅳ级：心脏病患者不能从事任何体力活动，休息状态下也出现心衰症状，体力活动后加重。

慢性心衰的疗养指征：慢性心衰的原发疾病，如冠心病、高血压性心脏病、风湿性心脏病等，病情稳定，心功能Ⅰ~Ⅱ级者，可以进行森林疗养。

1. 森林疗养对慢性心衰患者的作用机理

研究证明,通过采取空气浴、经自然疗养因子(空气负离子、氧、植物杀菌素、植物挥发物)、自然疗养环境、运动疗法、膳食疗法和心理疗法等的综合应用,森林疗养对慢性心衰患者达到以下作用:第一,有助于改善心衰指标;第二,下调相关心血管发病因子的水平;第三,降低体内炎症水平\氧化应激水平;第四,改善患者不良情绪。作用机理基本同本节森林疗养对冠心病患者的作用机理。

2. 慢性心衰在森林疗养期间的一般疗法

(1)空气浴　空气浴时间宜选在夏、秋季的日出后、日落前,一般在9:00和16:00。在森林疗养地设床榻或躺椅,以闲适的心情在林中坐卧0.5~1h;也可在森林中平坦地带慢步,注意坡度不能太大,每次10~30min,每天2次。

(2)运动疗法　运动疗法以打太极拳、练气功为主,也可做医疗体操;体操以放松地、四肢运动为主,中间可穿插步行,不宜做腰肌锻炼和屏气动作,避免耗氧量大的运动如举重、快跑等,以免加重心脏负担。可逐渐增加时间,以免运动后引起不适,心率较运动前增加10~20次/min为正常反应。

(3)膳食疗法　饮食以清淡、易消化、富营养饮食为宜,限制钠盐、低盐、低脂、低胆固醇,多食蔬菜水果,同时科学搭配林地的中药食材,药食同源,有针对性地进行食疗。

(4)心理疗法　通过森林疗养师有针对地采取心理疏导、移情易性等疗法,帮助慢性心衰疗养者寻求放松的方法,避免精神紧张、兴奋,指导疗养者生活规律、睡眠充足。

(5)药物疗法　对伴有高血压的患者仍适当地选用降压药物。

(五)森林疗养对慢性阻塞性肺疾病患者的作用

慢性阻塞性肺疾病(Chronic obstructive pulmonary disease,COPD)是一种以不完全可逆性气流受限为特征呈进行性发展的肺部疾病。COPD主要累及肺脏,病理改变主要为慢性支气管炎和肺气肿的病理改变,可进一步发展为肺心病和呼吸衰竭。COPD是呼吸系统疾病中的常见病和多发病,与有害气体及有害颗粒的异常炎症反应有关,患病率和致死率均很高,因肺功能进行性减退,严重影响病人的劳动力和生活质量。全球40岁以上发病率已高达9%~10%,且随年龄增长,发病率升高。

慢性阻塞性肺疾病的疗养指征:慢性阻塞性肺疾病的稳定期,即病人咳嗽、咳痰、气短等症状稳定或症状轻微，没有出现肺部感染、呼吸衰竭等并发症。

1. 森林疗养对慢性阻塞性肺疾病患者的作用机理

（1）森林疗养环境中空气的含氧量相对较高，研究表明，森林游憩活动（森林浴）可以显著提高人体的血氧含量和心肺负荷水平，森林游憩后，游人血氧饱和度平均升高0.81%，通气量降低0.81L/min，平均心率、最小心率和最大心率分别降3.25、5.32和7.23bmp。一般来讲，血氧含量升高可以使人精神振奋，更有活力，可以提高COPD患者的生活质量，而每分钟通气量、心率的降低，则能在一定程度上说明呼吸效率增强，心脏跳动渐趋平稳，从而改善心肺功能，对COPD患者极为有利。

（2）森林中空气负离子浓度高，据现代医学研究表明，利用负离子进行疾病疗法不仅能够使氧自由基无毒化，也能使酸性的生物体组织及血液和体液由酸性变成弱碱性，有利于血氧输送、吸收和利用，促使机体生理作用旺盛，新陈代谢加快，提高人体免疫能力，增强人体机能，调节机体功能平衡，这样可使COPD患者病情稳定，不易出现急性加重和并发症，可提高患者的生活质量，延长患者的生命。

（3）在优美的环境中，适度体育锻炼，如练气功、打太极拳、散步等活动，使人体内RBC-SOD活性增高，LPO的含量减少，使机体自由基清除系统中的酶维持在较高的功能状态，从而加强了机体对自由基的清除能力，减少自由基对组织的损伤，增强了机体内环境的稳定和对外环境的适应能力，起到了延缓衰老、促进代谢的作用。同时，适度的体育锻炼，呼吸肌肌力增强，特别是膈肌功能的改变，更加有利于肺通气功能的改善；据实验显示，森林对健康人肺功能具有较好的改善作用，尤以FEV1、FEV1.0%、MVV（反应肺功能的指标）改变更加明显，促进人体身心健康。

（4）据研究表明，森林疗养提高人体NK细胞的活性和数量，增强免疫力；降低皮质醇、肾上腺激素等人体应激激素的水平；缓解心理紧张、增加活力，这样能提高COPD患者免疫状态、降低炎症水平、改善情绪状态。

综合这些作用，通过森林疗养可阻止COPD患者病情发展，缓解或阻止肺功能下降，改善COPD患者的活动能力，提高其生活质量，降低死亡率。

2. 慢性阻塞性肺疾病患者在森林疗养期间的一般疗法

（1）空气浴　在适当季节，在9：00和14：00左右，在森林疗养地设床榻或躺椅，以闲适的心情在林中坐卧0.5~1h；也可在林中平地上缓慢步行，每次10~30min，每天2次。

（2）运动疗法　运动疗法以打太极拳、练气功为主，每天1~2次，每次30~60min；也可指导患者进行腹式呼吸、缩唇呼吸等呼吸功能锻炼，腹式呼吸和缩唇呼吸每天训练3~4次，每次重复8~10次。

（3）劳动疗法　安排COPD稳定期疗养者参加养花种草等森林作业，以分散对疾病的注意力，缓解焦虑紧张的精神状态，但注意劳动的场地坡度不能太大，劳动时间和强度也要因人而异。

（4）膳食疗法　饮食予以高热量、高蛋白、富含维生素的食物为宜，少量多餐，避免进食产气食物，如豆类、马铃薯和胡萝卜等，再配以滋阴润肺的中药食材，根据个体的病情及体质进行食疗。

（5）心理疗法　由森林疗养师给疗养者作心理疏导，鼓励疗养者消除焦虑、紧张、易激动的情绪，保持情绪稳定；组织疗养者参加垂钓、下象棋、听音乐、打牌等活动，陶冶性情，提高生活质量。

（六）森林疗养对糖尿病患者的作用

糖尿病（diabetes mellitus，DM）是一种由不同原因引起的胰岛素分泌绝对或相对不足，以及外周组织对胰岛素敏感性降低，致使体内糖、蛋白质、脂肪代谢异常，以慢性高血糖为突出表现的内分泌代谢性疾病。临床上出现多尿、多饮、多食、消瘦等表现，即"三多一少"症状，久病可引起多系统损害，导致眼、心脏、血管、肾、神经等的组织的慢性进行性改变、功能减退及衰竭；病情严重或应激时可发生酮症酸中毒、高渗性昏迷等急性代谢紊乱。

糖尿病的诊断标准：目前国际上通用1999年WHO糖尿病专家委员会提出的诊断标准，具体如下：糖尿病症状 + 空腹血浆葡萄糖（简称血糖）（FPG）≥7.0mmol/L（≥126mg/dl）或随机血糖≥11.1mmol/L（≥200mg/dl），或者口服葡萄糖耐量试验（OGTT）2h≥11.1mmol/L（≥200mg/dl）。符合以上任意一条并在另一天再次证实则诊断为糖尿病。

糖尿病的病因及分型：糖尿病的病因和发病机制较复杂，目前未完全明了，主要跟遗传因素和环境因素有关。糖尿病分为四大类型，即1型糖尿病、2型糖尿病、妊娠糖尿病和特殊类型糖尿病。其中1型糖尿病又叫胰岛素依赖型糖尿病，主要与自身免疫有关，多见于年轻人，需用胰岛素治疗；2型糖尿病又叫非胰岛素依赖型糖尿病，约占本病的95%，多见于40岁以上的成年人，患者多肥胖；其他类型糖尿病相对少见。

糖尿病患者的疗养指征：无急性感染及严重心、脑、肾、眼并发症和酮症酸中毒的患者。

1. 森林疗法对糖尿病患者的作用机理

（1）森林疗养地具有美丽、幽雅、宁静的景观环境和富有大量负离子的宜人清爽空气，对人的生理和心理状态有着良好的调节和保健作用，对高级神经组织活动、特别是对大脑皮层的功能活动发挥着有益的、积极的作用，使人心旷神怡，有益于调节神经和内分泌功能。据报道，空气中大量的负离子有利于调节碳水化合物、脂肪、蛋白质代谢，从而降低血糖、血脂、血液黏度；负离子还增加酶的活性，促进新陈代谢，进一步降低血糖、血脂，这些均可促进糖尿病患者康复。

（2）研究表明，森林富氧环境中的有氧运动，如太极拳、气功、医疗步行等运动疗法可以促进神经调节中枢的恢复，促进胰腺（分泌胰岛素的腺体）的功能活动，加强神经系统对内分泌系统的调节作用，还可促进代谢，增加机体对葡萄糖的利用，从而降低血糖、血脂、血液黏度，纠正血液高凝倾向，有利于控制糖尿病患者的病情、延缓或预防并发症的发生。

（3）森林温泉浴和空气浴可促进糖、脂肪、蛋白质代谢，增加葡萄糖的利用，降低血糖、血脂，降低血液黏度，纠正血液高凝倾向，可延缓或减少心脑血管并发症的发生。

（4）研究表明，森林浴能提高人体的免疫力，减少人体产生应激激素，降低炎症介质水平。糖尿病与自身免疫异常有关，抵抗力低下，易并发感染，通过森林疗养，可提高患者的免疫力，减少感染等并发症的发生。

（5）在适应生理需要的基础上，根据个体需要，控制摄入饮食总热量，合理安排糖、脂肪和蛋白质等营养物质的比例，有利于血糖水平的控制，减少和延缓各种急、慢性并发症的发生和发展。

（6）对患有糖尿病的疗养者进行健康教育和心理疏导，使疗养者了解糖尿病基本知识和治疗控制要求及其重要性，取得疗养者的密切配合，严格遵循康复疗养方案，掌握一些心理保健知识，及时调整心理状态，避免不良心理反应，有助于康复疗养方案的有效实施。

2. 糖尿病患者在森林疗养期间的一般疗法

（1）空气浴　每天上午日出后和下午日落前在林中步道步行或在林区静息，每次 30~60min，每天 2 次，步行的速度因人而异，快速为每分钟 120~124 步、中速为每分钟 110~115 步、慢速为每分钟 90~100 步，全身情况良好，病情较轻者可进行快速步行，其他患者视情况选用中、慢速步行。

(2)运动疗法　根据个人爱好,可选择林区富含空气负离子的区域做医疗体操、太极拳、太极剑、气功等,每次30~40min,每天2-3次,最佳运动时间为餐后1h;也可视体质情况选择在林中慢跑、骑自行车、划船、垂钓等运动;以有氧运动为主,保持中等负荷的运动强度,即以最大耗氧量(VO_2max)60%的脉率为度。采用简易法:运动中的脉率=170-年龄,作为运动中脉搏的自我监测。避免过度疲劳和精神紧张的竞技比赛运动,运动时随身携带糖果,如运动中感到头晕、乏力、心悸等应立即停止运动。

(3)劳动疗法　劳动疗法为组织糖尿病疗养者栽树、种花草,或采摘野菜等,也可进行木工小制作,可视情况每周1~3次。

(4)温泉浸浴疗法(也叫温泉浴)　有条件者可于每天下午进行森林温泉浴,水温38~40℃,全身浸泡法(合并有糖尿病足者除外),每次15min。

(5)饮食疗法　饮食疗法为根据标准体重,在疗养期间按轻体力劳动者计算食物总热量,给予每日总热量为每千克体重125.5~146kJ,肥胖者酌减;每日三餐按1/5、2/5、2/5分配,食物中糖、蛋白质、脂肪的比例大致可为3:1:1,在控制总热量的基础上给予高碳水化合物、低脂肪、适量蛋白质、高纤维素饮食,碳水化合物约占饮食总热量的50%~60%,提倡用粗制米、面和一定量的杂粮。配合森林中的食材药材,结合中医辨证施治的原则,给予相应的药膳。

(6)健康教育　森林疗养师通过各种方式对糖尿病疗养者进行个性化的健康教育,使其对糖尿病的有关知识得到补充和进一步地了解,制定合理的一日作息制度及给予相关的饮食指导,指导其正确地用药并讲解相关疗养方法。同时,结合森林疗养院自身特点,合理而有计划地安排温泉浴、空气浴及森林作业疗法等辅助治疗方式,引导其进行有规律的运动锻炼。

(7)心理疏导　森林疗养师定期给糖尿病疗养者进行心理咨询,教导他们正确认识与对待糖尿病,保持平和心态,树立战胜疾病的信心,并积极参加治疗及疗养。

(8)药物疗法　根据糖尿病疗养员各自的情况,对饮食和运动疗法不能控制血糖的患者,继续药物治疗,注意药物疗效及不良反应。

(七)森林疗养对癌症恢复期患者的康复作用

癌症(Cancer)是一大类恶性肿瘤的统称。癌细胞的特点是无限制、无止境地增生,使患者体内的营养物质被大量消耗,癌细胞释放出多种毒素,使人体产生一系列症状,癌细胞还可转移到全身各处生长繁殖,破坏组织、器官的结构和功能，引起坏死出血合并感染，患者最终由于器官功能衰竭而死亡。癌症的病因目前尚未完全明确，医学家指出癌症的病因可能是机体在环境污染、化学污染（化学毒素）、电离辐射、自由基毒素、微生物（细菌、真菌、病毒等）及其代谢毒素、遗传特性、内分泌失衡、免疫功能紊乱等各种致癌物质、致癌因素的作用下导致身体正常细胞发生癌变的结果，常表现为局部组织的细胞异常增生而形成的局部肿块。据估计约80%以上的癌症与环境因素有关。

癌症是一种严重威胁生命的疾病，目前虽然已经有一些治疗方法，但死亡率还是排列第1、2位，其主要原因是癌症的复发和转移，因为初愈的癌症病人在经过了手术、长期的放疗化疗治疗后身体损伤很大，免疫力低下，此时在身体内残存、潜伏的肿瘤细胞特别容易死灰复燃，引起复发和转移。据报道，有氧运动能够提高身体的免疫能力和身体的机能状况，防止癌症的复发和转移引起的免疫抑制反应和氧化损伤的情况。

癌症患者的疗养指征：癌症患者在接受手术、放疗、化疗后的恢复期，或晚期癌症患者不宜手术治疗者均可采用森林疗养。

1. 森林疗养对癌症恢复期患者的作用机理

（1）森林浴能防治癌症，人体内有一种免疫细胞叫自然杀伤细胞，简称NK细胞。现有大量研究表明，NK细胞能够诱发癌细胞的凋亡，NK细胞活性高的人，癌症发生率低。李卿等人研究发现，森林浴之后，在人体血液中，不仅NK细胞活性得到显著提高，颗粒酶、穿孔素等抗癌蛋白的数量也大幅增加。这就为"森林浴预防癌症"提供了最直接、最有力的证据。

（2）森林浴富氧环境的运动能使人体处于"弱碱性环境"的状态下，癌细胞是无法生长，甚至是无法生存的。森林疗养地森林覆盖面广，不断地释放氧和吸收二氧化碳，森林中空气富含氧气，有研究表明，"缺氧"是癌症、心脏病以及严重损害人类健康的变质性疾病的主要原因，如果人在缺氧环境下运动，酸性物质就会在体内不断堆积，量变引起质变，疾病就会产生。肿瘤细胞的生长环境表现为细胞外呈酸性，pH值为6.85～6.95，细胞内呈中性或偏碱性的特殊微环境。研究表明，弱酸性体液微环境有利于肿瘤细胞的增殖、侵袭和转移。当人体处于"弱碱性环境"的状态下，癌细胞是无法生长，甚至是无法生存的。由于森林中植物的光合作用，可自动调节氧气和二氧化碳在空气中的比例，这种环境使患者进行慢跑、打太极拳等有氧运动时不会产生过多的酸性物质，使人体处于"弱碱性环境"，使癌症细胞无法生长，甚至无法生存,有利于防治癌症。

(3)有研究表明,有氧运动对癌症患者恢复期的作用表现在:①有氧运动能诱发 CD_{16}^+ 细胞双倍转移,且其溶解活性有所增加,提高全身免疫功能,帮助控制癌症及其治疗引起的免疫抑制反应和氧化损伤的情况;同时能显著改善 NK 细胞溶解活性和单核细胞功能,不利于癌细胞的生长。②一定时间的有氧运动能够减轻癌症患者术后恢复期的恶心、疲劳等症状,对癌症患者的恢复是有积极作用的。

(4)森林疗养地空气中负离子浓度高,有研究表明,森林环境中的负离子具有防治癌症的作用。量子医学认为,癌症的病源不是细胞本身的病变,而是电子运动的异常,即量子平衡失调引起的,如果能输入负离子,提供大量负电子,来中和正离子提高免疫细胞活力,就可以终止连锁反应及基因突变,而制止癌症的发生。负离子还能直接促进人体的 NK 细胞、T 细胞等免疫细胞的增长,提高人体的免疫力,消灭癌细胞。

(5)森林中的植物杀菌素和植物挥发物能杀灭微生物和吸附尘埃,使癌症患者能在安全的环境中运动,这样才能达到有氧运动增强免疫力、减轻症状的效果,才能够避免身体内残存、潜伏的肿瘤细胞死灰复燃,引起复发转移,从而提高患者的生存率。

(6)森林疗养地优美的景观、植物芳香和绿视率,可调节大脑皮质活动和心理状态,从而提高机体的代谢功能、免疫功能和对环境的适应能力,达到消除紧张情绪和疲劳、增强体质,使人心情愉快、食欲增加、睡眠改善,起到祛病强身的作用。

2. 癌症恢复期患者在森林疗养期间的一般疗法

(1)森林漫步 每天 9:00~10:00 和 16:00~17:00,在林中步道上散步,根据病人的体质每次步行 30~60min,速度不宜过快,时间可以逐渐增加,每天 2 次。

(2)有氧运动 森林中的有氧运动可选择练气功、打太极拳、练瑜伽或做医疗体操,具体方法为每天在森林疗养地负离子浓度高的区域,患者根据自己的喜好,跟随森林疗养师练气功或打太极拳,或练瑜伽,每次 60min,每天 1 次。

(3)劳动疗法 劳动疗法为组织癌症恢复期患者进行栽树养花或采野菜等森林劳动,每周 1~2 次。

(4)膳食疗法 饮食予以清淡、易消化、富含蛋白质的食物为宜,选择甲鱼、蘑菇、大蒜等有抗癌作用的食物,再根据每个患者的具体情况结合中医辨证施治,充分利用当地无污染的食材,配以能增强抵抗力的养阴益气生津的中药食材煲汤,予以食疗。

(5)心理疗法 心理疗法为森林疗养师定期给癌症恢复期疗养者做心理咨询,给予相应的心理疏导,讲解情绪与疾病的内在联系,督促他们消除焦虑恐惧心理;每天组织他们听轻音乐、下棋、打牌或绘画等文娱活动,以分散对疾病的注意力,保持情绪稳定。

三、森林疗养对老年人群的作用

(一)老年人概述

国际上通常把60岁以上的人口占总人口比例达到10%,或65岁以上人口占总人口的比例达到7%作为国家或地区进入老龄化社会的标准。2000年,中国开始进入老龄化社会,截至2014年年底,我国60岁以上老年人口已经达到2.12亿,占总人口的15.5%。据预测,21世纪中叶我国老年人口数量将达到峰值,超过4亿,届时每3人中就会有一个老年人。由于我国人口老龄化超前于现代化,"未富先老"和"未备先老"的特征日益凸显,老龄化给社会带来诸多问题,老年人面临诸多问题和困难,其中最突出的是医疗卫生保健问题,老年人最为重要的是健康,健康老龄化是我国老龄化的战略目标。个体的健康老龄化,是指老年阶段健康时期延长,伤残和功能丧失只在生命晚期出现,且持续时间很短,老年人生存质量提高,晚年生活更加有意义。

1. 老年人的生理功能改变

(1)代谢与能量消耗改变 ①合成代谢降低,分解代谢增高,尤其是蛋白质的分解代谢大于合成代谢。致器官、肌肉细胞和多种蛋白类酶的合成降低,而导致肌肉、器官及物质代谢功能下降,体成分发生改变。②由于老年人体内的瘦体组织(去脂组织)或代谢组织活性组织减少,脂肪组织相对增加,与中年人相比,老年人的基础代谢降低约15%~20%。

(2)人体结构成分的衰老变化 ①身体水分减少,主要为细胞内液减少,影响体温调节,降低老年人对环境温度的适应改变。②细胞数量下降,突出表现为肌肉组织的重量减少,而出现肌肉组织萎缩;器官细胞减少而器官体积减小,功能下降。③骨组织矿物质和骨基质减少,致骨密度降低,骨强度降低致骨质疏松和骨折。尤以绝经期妇女骨质减少最明显,据估计,70~80岁的骨量,女性降低约30%,男性降低约15%。老年人对葡萄糖、脂类代谢能力都明显下降，组织对胆固醇的利用减少，因而使脂类在体内组织及血液中积累，脂肪增多，血总胆固醇随之增加。

(3) 各器官功能随着增龄而下降　①肝脏功能降低，致胆汁分泌减少及食物消化及代谢类相关蛋白类酶合成减少，进一步降低了老人的消化功能和物质代谢。加上肾功能降低，影响到维生素 D 在肝脏和肾脏中的活化和利用。②胰腺分泌功能的降低，使老年人对糖代谢的调节能力下降，有人估计，65~75 岁的人，约 40% 老年人糖耐量下降。③免疫组织重量减少和免疫细胞数量下降使老年人免疫功能降低而易于罹患感染性疾病。老年人心率减慢，心脏搏出量减少，血管逐渐硬化，高血压患病率随年龄升高而增加。

2. 老年人的心理特点

(1) 感知觉能力减弱　老年人视力、听力逐渐减退，使老年人和周围环境产生隔阂，可引起抑郁、淡漠、孤独等复杂的心理反应。

(2) 记忆力下降　近期记忆减退明显，远期记忆力减退较慢。老年人对近期发生的事件常常遗忘，表现为丢三落四，对往事回忆准确而生动，故老年人喜欢念叨往事、留恋过去。

(3) 智力特点　老年人注意力、感知觉整合能力和心智的敏捷度皆有所减退，而知识的广度、判断事物的能力不减退，故老年人学习能力下降，但根据积累的经验，处理问题的能力并不降低。

(4) 性格特点　老年人的性格特点一般表现为主动性、灵活性、积极性降低，喜安静、惧孤独，不耐寂寞。

(5) 希望健康长寿　老年人希望看到社会的进步与儿孙们的茁壮成长是老年人的共同心愿，他们都希望自己有一个健康的身体，一旦生了病则希望尽快痊愈，不留后遗症，不给后辈增加负担，尽可能达到延年益寿。

3. 老年人的森林疗养指征

(1) 适合森林疗养的老年人　主要包括：一是从事各种不同职业或已离退休的健康老年人；二是从事各种不同职业或已离退休的亚健康老年人；三是疾病治愈或手术后已基本恢复正常，不需特殊治疗，生活能自理的老年人；四是增龄所致的老龄变化，未构成疾病者，如老年性脊柱后凸、肺活量及心排血量呈不同程度下降等。

(2) 森林疗养对老年人群的作用机理　医学研究显示，森林疗养对于老年人非常有利。第一，森林中优美的环境、大量负离子、有氧运动等综合疗养因子有助于调节大脑皮质功能失调，降低外周去甲肾上腺素源的神经递质水平，从而降低血压，促进并维持身体内环境平衡，使紊乱的神经系统特别是交感—肾上腺系统和迷走胰岛素系统功能恢复，从而提高心血管功能，使血管扩张，血压下降，减少心脑血管疾病的发病。第二，森林中负离子浓度高，空气负离子又称为"空气维生素""长寿素"，能使气管黏膜上皮纤毛运动加强，腺体分泌增加，平滑肌张力增高，改善肺的呼吸功能，并具有镇咳平喘的功效；空气负离子能使脑、肝、肾的氧化过程加强，提高基础代谢率，促进上皮细胞增生，增加机体自身修复的能力，加速创面的愈合；能提高免疫系统的功能，增强人的抵抗力；能刺激骨髓的造血功能，对贫血有一定的疗效。这些功效都有利于老年人增强体质，延年益寿。第三，在森林疗养地优良的环境中，适度体育锻炼，如练气功、打太极拳、爬山等活动，使老年人体内 RBC-SOD 活性增高，LPO 的含量减少，使机体自由基清除系统中的酶维持在较高的功能状态，从而加强了机体对自由基的清除能力，减少自由基对组织的损伤，增强了机体内环境的稳定和对外环境的适应能力，起到了延缓衰老，促进代谢的作用。第四，森林疗养中的劳动疗法，专门利用植物栽植、植物养护管理等园艺体验活动，可对老年人群进行心理疏导和调整，可以消除不安心理与急躁情绪，同时在森林中一同游憩和观赏，还能结识新朋友，拓展交际和朋友圈，在游玩中进行交流，可以使朋友之间的友谊得到升华，这样可以消除老年人惧孤独、不耐寂寞的负性心理，提高老年人的生活质量。第五，森林疗养能降低老年人体内炎症介质水平，促进人体健康。第六，森林疗养通过植物挥发物和色彩对人体感官的刺激，有利于缓解紧张、保持头脑清醒，可以使老年人减少压抑感和疲劳、产生新鲜感，使老人心情愉悦，改善老人的不良情绪。

(三)老年人在森林疗养期间的一般疗法

1. 森林漫步

一般宜在 9：00~10：00 和 16：00~17：00，根据各自的情况在森林步道或平地上散步、步行或慢跑，每次 15~30min，每天 2 次。

2. 运动疗法

运动疗法一般选择传统医疗体育锻炼，太极拳、气功、八段锦、五禽戏等，每次 30~60min，每天 1 次；也可根据老年人的健康状态，组织老年人爬山、划船、打门球等。

3. 劳动疗法

劳动疗法为组织老年人栽树、种花草，或采摘野菜等，也可进行木工小制作,可视情况每周1~3次。

4. 膳食疗法

膳食疗法为根据老年人健康情况及基础疾病的要求,有针对性地给予清淡、易消化、低热量、低蛋白质、富含维生素、纤维素饮食,再结合当地食材,根据药食同源原理,对老年人进行食疗。

5. 心理疗法

心理疗法为森林疗养师定期与老年人交谈,了解老年人的心理,给予相应的心理疏导,组织老年人听音乐、唱歌、绘画或下棋等文娱活动,使老人能保持轻松愉快的心情。

(四)老年人在森林疗养中的注意事项

老年人在森林疗养期间应根据各自的健康状况和疾病情况充分利用森林中的自然疗养因子,同时根据老年人的生理功能改变,注意保障老人的安全。

1. 选择适当的运动项目

老年人宜做耐力性的有氧运动,不宜做剧烈或对抗性强的运动,运动前必须进行准备活动,使肌肉、关节放松;动作宜柔和,避免身体骤然前倾、后仰或低头弯腰、急剧弯腰、跳跃等动作,以防血压升高,发生心脑血管意外。

2. 运动量要适宜

老年人进行体育运动锻炼应掌握适当的运动量,应从小运动量开始,逐步达到中等运动量即可。简易的方法是按心率的变化来确定运动量:运动时最高心率(次/min) = 170 – 年龄。年龄过大,体质过弱者,心率以不超过每分钟90次为宜,除了观察心率外,同时注意老人的反应,以免运动后出现身体不适。

3. 重视运动卫生

运动场地宜选择地面平坦、树木较多的地方;运动中要保持心情愉快、轻松,避免紧张、激动等不良情绪;运动时间以早上日出后最佳,餐后需间隔2h进行运动,运动后需休息0.5h才能进食。

4. 注意安全

因老年人机体各项功能衰退、肌力较弱、反应较迟钝、动作协调能力较差等特点,老年人进行运动疗法和作业疗法时,要合理组织,最好集体锻炼。至少要有2人以上,在森林疗养师的指导下进行,以防止运动中发生意外,保证安全。

参考文献

上原巌. 2009. 森林療法最前线[M]. 东京：全国林业改良普及协会.

大井玄，宫崎良文，平野秀树. 2009. 森林医学Ⅱ[M]. 东京：朝仓书店.

上原巌. 2010. 著名人の森林保养[M]. 东京：全国林业改良普及协会.

刘华豪. 1992. 森林浴：绿的健身法[M]. 台湾：大展出版社.

莎莉·比尔. 2010. 世界五大长寿村饮食大揭秘[M]. 吉林：吉林出版集团有限责任公司.

林金明. 2006. 环境健康与负氧离子[M]. 北京：清华大学出版社.

贺庆棠. 1999. 森林环境学[M]. 北京：高等教育出版社.

曾毅. 2004. 健康长寿影响因素分析[M]. 北京：北京大学出版社.

张枢贤. 1994. 社区医学[M]. 北京：北京大学医学出版社.

魏德保. 1981. 森林与人类健康[M]. 北京：科学出版社.

王五一，张世秋. 2010. 环境与健康[M]. 北京：社会科学文献出版社.

李卿. 2013. 森林医学[M]. 王小平，等译. 北京：科学出版社.

徐万林. 1983. 中国蜜源植物[M]. 哈尔滨：黑龙江科学技术出版社.

吴楚材，吴章文，罗江滨. 2006. 植物精气研究[M]. 北京：中国林业出版社.

徐莉. 2011. 疗养与保健[M]. 北京：人民军医出版社.

李晓松. 2014. 护理学导论[M]. 3版. 北京：人民卫生出版社.

尤黎明，吴瑛. 2014. 内科护理学[M]. 5版. 北京：人民卫生出版社.

孙建萍. 2014. 老年护理学[M]. 3版. 北京：人民卫生出版社.

薛静，王青，付雪婷，等. 2004. 森林与健康[J]. 国外医学医学地理分册，25(3)：109-112.

林乔，吴斌，王米渠. 2004. 中华养生术相关基因分析：环境因子与养生[J]. 现代中西医结合杂志，13(9)：1121-1125.

李悲雁，广会，蔡燕飞，等. 2011. 森林气候疗法的研究进展[J]. 中国疗养医学，20(5)：385-387.

易晓阳. 2012. 成都军区昆明疗养院自然疗养因子优势分析[J]. 中华保健医学杂志，14(4)：334-335.

何彬生，贺维，张炜，等. 2016. 依托国家森林公园发展森林康养产业的探讨[J]. 四川林业科技，37(1)：81-87.

卢素兰. 2010. 森林养生保健旅游文献研究[J]. 林业经济问题，30(6)：531-534.

肖光明,吴楚材. 2008. 我国森林浴的旅游开发利用研究[J]. 北京第二外国语学院学报(旅游版)(3):70-74.

但新球. 1994. 森林公园的疗养保健功能及在规划中的应用[J]. 中南林业调查规划(1):54-57.

南海龙,王小平,陈峻崎,等. 2013. 日本森林疗法及启示[J]. 世界林业研究(6):74-78.

周彩贤,张峰,冯达,等. 2015. 北京市以森林疗养促进公众健康对策研究[J]. 北京林业大学学报(社会科学版)14(2):13-16.

周玉丽,任士福. 2008. 谈森林环境对人类健康的影响[A]. 河北省环境科学学会环境与健康论坛暨2008年学术年会论文集[C].

王春香. 2008. 刍议森林与健康[A]. 河北省环境科学学会环境与健康论坛暨2008年学术年会论文集[C].

宗美娟,王仁卿,赵坤,2004. 大气环境中的负离子与人类健康[J],山东林业林技(2):32-34.

程希平,2015. 森林,有关人类健康的九大功能[J]. 森林与人类(9):28-33.

叶文,李小龙. 2015. 森林养生全球报告[J]. 森林与人类(9):102-111.

郄光发,房城,王成,等. 2011. 森林保健生理与心理研究进展[J]. 世界林业研究,24(03):37-41.

金宗哲. 2006. 负离子与健康和环境[J]. 中国建材科技(03):85-87.

石强,钟林生,等. 2002. 森林环境中空气负离子浓度分级标准[J]. 中国环境科学,22(4):320-323.

李萍. 2004. 森林环境健康因子的研究综述[J]. 中国城市林业,2(06):45-47.

牟少华. 2013. 森林生态浴的养生保健价值[J]. 前进论坛(03):267-270.

刘艳. 1993. 森林对人体健康的影响[J]. 国外林业(3):22-24.

王国付. 2015. 森林浴的医学实验[J]. 森林与人类(9):182-183.

藩国兴. 1992. 谈"森林浴"[J]. 华东森林经理(03).

李影. 2014. 时尚减压沐浴:爱上森林浴[J]. 中国林业产业(10):63-65.

任建生,陈岩. 2004. 高血压病康复体育的作用机理与运动处方[J]. 中国康复理论与实践,10(10):602-603.

张宝慧. 2003. 运动对心脏康复的有益作用[J]. 心血管康复医学杂志,12(3):503.

胡巍,常燕. 2006. 运动与免疫的研究现状[J]. 中国临床康复,10(8):132-134.

李海芸,林建棣,徐勇灵,等. 2003. 运动对自然杀伤细胞的影响及其免疫调节机制[J]. 中国临床康复,7(27):3784-3785.

邓金阳,沈守云,尹少华. 1997. 城郊自然旅游开发探讨[J]. 资源开发与市场,13(6):273-274.

颜立红,黎玉才,等. 1992. 试论湖南攀援植物资源及其开发前景[J]. 国土与自然资源研究(2).

谢炳庚,等.1994.湖南森林植物资源及其开发利用研究[J].国土与自然资源研究(4):56-60.

和太平,温远光,文祥凤,等.2004.广西十万大山自然保护区植物资源[J].中国野生植物资源,23(1):24-26

罗洁,杨卫英.1997.中国野生蔬菜资源研究和开发利用现状[J].广西植物,17(4):363-369.

龙秀琴.2003.贵州木本食用油料资源及其开发利用[J].资源开发与市场,19(4):243-245.

胡芳名,谢碧霞,何业华.1996.我国木本粮食资源开发现状、问题、潜力及对策[J].经济林研究(2):134-139.

邢自生,王晓春.1992.康南木本油料植物资源及开发利用[J].甘肃林业科技,24(增刊):144-147.

汪东凤,王常红.1994.中国饮料植物资源利用[J].中国野生植物资源(4):33.

胡正海,黄建成,秦雪梅.1987.油菜蜜腺的形态解剖学研究[J].西北植物学报,7(1):1-5.

欧阳杰,王晓东,赵兵,等.2002.香料植物应用研究进展[J].香料香精化妆品(5):32-34.

宗良炳,钟昌珍,雷朝亮.1933.开发昆虫蛋白质及其产品的应用前景[J].湖北植保(增刊)(2):57.

易诚,宾冬梅,姜小文,等.2002.森林食品资源的开发利用[J].林业科技开发,16(6):9-11.

吴章文.2003.森林游憩区保健旅游资源的深度开发[J].北京林业大学学报,23(2):63-67.

潘志明,王晓红.2004.从中医经典理论看环境与养生[J].湖北中医学院学报(6):50-52.

王五一,杨林生,李海蓉,等.2008.从长寿分布区看环境影响[J].中国社会导刊,32(1):21-3.

翟德华.2012.中国区域长寿现象与区域长寿标准评价体系[J].人口与经济,4(1):71-77.

薛芳芸,许馨.2013.《东坡养生集》中饮食养生观探析[J].时珍国医国药,24(3):704-706.

高捷,作新荣.1995.祖国医学与音乐疗法[J].中医药学报(3):53-54.

崔莹雪,赵百孝.2010.艾灸与芳香疗法[J].中华中医药杂志(10):1548-1551.

赵永光,张卫兵,等.2010疗养医学发展现状与展望[J].解放军医学杂志.35(9):1053-1056.

李悲雁，郭广会，等．2011．森林气候疗法的研究进展［J］．中国疗养医学，20(5)：385－387．

李善华，屈红林．2007．运动医学与运动疗法．中国组织工程研究与临床康复，11(45)：9194－9197．

刘杰，代新年．2015．青岛海滨自然疗养因子在运动系统疾病康复中的优势分析［J］．中国疗养医学（7）：690－692．

施敏，徐维安．2012．作业疗法对慢性精神分裂症患者生活质量的影响［J］．中国民康医学，24(17)：2120－2122．

高岩．2005．北京市绿化树木挥发性有机物释放动态及其对人体健康的影响［D］．北京：北京林业大学．

李梓辉．2002．森林对人体的医疗保健功能［J］．经济林研究，20(3)：69－70．

蒙晋佳，张燕．2005．地面上的空气负离子主要来源于植物的尖端放电［J］．环境科学与技术，28(1)：112－113．

包冉．2010．空气负离子与人体健康［J］．科学之友，12(4)：97－98．

杜丽君．2000．森林自然疗养因子在疗养医学中的应用［J］．中国疗养医学，9(4)：6－8．

赵瑞祥．2001．自然景观在疗养医疗中的应用与发展［J］．中国疗养医学杂志，10(4)：1－3．

林忠宁．1999．空气负离子在卫生保健中的作用［J］．生态科学，18(2)：87－90．

李春媛．2009．城郊森林公园游憩与游人身心健康关系的研究：以福州国家森林公园为例［D］．北京林业大学．

郭德才．2002．在五彩缤纷的世界里—色彩对人体和植物的影响［J］．科学24小时(9)：14．

吴文贵．2006．"森林浴"确实有利健康［J］．养生大世界：B版(5)：39．

吴立蕾，王云．2009．城市道路绿视率及其影响因素：以张家港市西城区道路绿地为例［J］．上海交通大学学报：农业科学版（3）：267－271．

陆基宗．2007．"森林浴"：治病·健身·休闲［J］．东方食疗与保健（4）：67．

李春媛，王成，贾宝全，等．2009．福州国家森林公园游客游览状况与其心理健康的关系［J］．城市生态与城市环境，22(3)：1－4．

郄光发，房城，王成，等．2011．森林保健生理与心理研究进展［J］．世界林业研究，24(3)：37－41．

徐宝，何映．2007．亚健康状态及其研究现状［J］．中国性科学，16(2)：16－17．

刘长清，李晓萍．2010．庐山疗养地自然疗养因子综合分析与应用［J］．中国疗养医学，19(10)：865－866．

刘长清，李晓萍．2010．庐山疗养因子对老年高血压病的疗效观察［J］．中国疗养医学，19(7)：582－583．

高风，贲学芳，杜春艳. 2005. 综合疗养因子对亚健康状态的干预作用[J]. 中国疗养医学，14(6)：410-411.

刘同想，银丹萍，卢斯科，等. 1995. 峨眉山疗养地对老年轻度高血压病的疗效观察[J]. 中华理疗杂志，18(3)：168-169.

温丽艳，邓燕妮. 2010. 杭州疗养因子对老年人血压、血脂的影响[J]. 中国疗养医学，19(7)：581-581.

刘同想，卢斯科，庞素芳，等. 1993. 峨眉山疗养因子对老年冠心病康复作用的研究[J]. 康复与疗养杂志，8(2)：60-62.

余化平，田径，王刚平，等. 2002. 峨眉山自然疗养因子对健康老人肺功能影响的研究[J]. 中国疗养医学，11(2)：3-5.

郭忠良. 1999. 氧疗对中重度慢性阻塞性肺疾病患者运动能力的影响[J]. 中华医学康复杂志. 14：55-59.

李昊. 2010. 户外有氧运动对城市癌症患者恢复期的康复影响研究[J]. 医学与社会，23(10)：28-30.

岳江山，阎守扶. 2008. 有氧运动对癌症患者康复作用的研究现状[J]. 首都体育学院学报，20(3)：52-55.

丁永良，叶展荣. 2007. 负氧离子与癌症防治[A]. 第七届功能性纺织品及纳米技术研讨会论文集[C].

张晓岩，杨学颖，齐佳伟，等. 2010. 海滨自然疗养因子对365例高血压病患者疗效观察[J]. 中国疗养医学，19(11)：961-962.

卓东升. 2005. 医院环境园林绿化与肿瘤病人康复治疗关系初探[J]. 福建医药杂志，27(4)：12-13.

赵冬林，张伟，张晓丽，等. 2014. 综合疗养因子对老年2型糖尿病患者体质指数、血脂异常的干预[J]. 中国疗养医学，23(7)：578-580.

Yamada R, Yanoma S, Akaike M, et al. 2006. Water-generated negative air ions activate NK cell and inhibit carcinogenesis in mice[J]. CancerLett, 239(2)：190-7.

Stephen M K. 1997. A public healthy approach to evaluating the significance of air ion[D]. The University of Texas Healthy Science Center.

KAUFMAN A J, LOHR V I. 2004. Dose plant color affect emotional and physi-ological responses to landscapes[J]. ISHS Acta Horticulture, 639：229-233.